# GRAND PRIX

그랑프리
그림으로 보는 F1 역사

# GRAND PRIX

월 벅스턴 지음, 윤재수 번역

일러스트레이터 다비 아우구스토
서문 스테파노 도메니칼리

# CONTENTS

스테파노 도메니칼리의 서문　7

# 포뮬러 1이란 무엇인가?
9

## THE 1950s
54

## THE 1960s
76

## THE 1970s
100

## THE 1980s
124

# THE 1990s
146

# THE 2000s
168

# THE 2010s
188

# THE 2020s
204

## F1의 미래
221

감사의 글 **232** /// 저자 소개 **234** /// 역자 소개 **235** /// 찾아보기 **236**

# 서문

저는 이탈리아 북부의 작은 도시 이몰라에서 태어났습니다. 작고 조용한 도시였지만, 그 중심에는 세계 최고의 레이스트랙이 있었습니다. 어린 시절 기억에 처음으로 새겨진 것은 레이스카들이 질주하는 소리였습니다. 학교에서는 위대한 모터스포츠의 영웅을 흉내 내며 뛰어놀았고, 트랙 주변의 벽과 나무 사이로 조금이라도 차들을 엿보려 애쓰곤 했습니다.

레이싱은 제 혈관에 흐르고 있습니다. 세계 최고의 모터스포츠 챔피언십 F1의 역사에서 가장 유명한 팀이자 가장 위대한 업적을 쌓은 페라리 덕분에, 레이싱은 모든 이탈리아 사람의 DNA에 깊이 새겨져 있습니다.

제 유일한 꿈은 페라리에서 일하는 것이었습니다. 정말 감사하게도 대학 졸업 직후 페라리에서 일할 기회를 얻었고, 이후 오랜 시간을 F1 팀 스쿠데리아 페라리의 본부가 위치한 마라넬로에서 보냈습니다. 페라리에서 일한 마지막 순간에는 팀 수석의 자리까지 오르기도 했습니다.

현재 저는 F1의 CEO입니다. 작은 도시 이몰라에서 태어난 소년이, 어느 날 자신이 평생 사랑한 모터스포츠를 발전시키고 성장시키는 데 핵심적인 역할을 맡게 된 것입니다. 제겐 아직도 믿기 힘든 사실이며, 정말 큰 영광이 아닐 수 없습니다.

이 이야기를 하는 이유는, 모터스포츠, 특히 F1이 저에게 무엇을 의미하는지 말씀드리고 싶어서입니다.

최근 몇 년 사이 F1이 얼마나 성장했는지, 또 세계적으로 얼마나 큰 인기를 얻게 됐는지 지켜보며, 저는 큰 자부심을 느낍니다. 물론 F1은 과거에도 세계적인 스포츠였지만, 오늘날과 같은 많은 관심과 열정적인 사랑을 받았던 적은 없습니다. 이렇게 늘어난 팬 중에는 이미 레이싱이 DNA의 일부인 사람도 있겠지만, 어떤 이들에게는 F1의 세계가 완전히 새로운 경험일 수 있다는 것 역시 잘 알고 있습니다.

여러분 대부분이 넷플릭스 시리즈 〈F1, 본능의 질주〉와 F1 TV를 통해, 윌 벅스턴에 대해 잘 알고 계시리라 생각합니다. 20년 전 저는 업계에 막 뛰어든 젊은 기자 윌 벅스턴을 처음 만났습니다. 당시 그는 매우... 뭐라고 해야 할까요? ... 열정적이었다고 해야 할까요? 어쨌든 강렬한 인상을 주었습니다. 다행히 그는 지금까지 크게 변하지 않았습니다. F1에 대한 사랑은 흔들린 적이 없었고, 그의 뜨거운 열정 위에 모터스포츠에 대한 깊은 지식과 F1의 역사에 대한 애정이 더해졌습니다. 시간이 흐르는 동안 윌 벅스턴은 F1에 대한 독특한 시각을 남녀노소 팬들에게 쉽고 재밌게 전달하는 환상적인 스토리텔러가 되었습니다.

F1 역사의 중심에 있는 드라이버와 팀에 대해 알기 쉽게 설명하는 안내서를 쓰겠다는 그의 아이디어는 아주 특별한 결과물을 낳았습니다. 이 책을 읽으며, 어떤 위대한 사람이 F1을 거쳐 갔고, 누가 오늘날의 F1을 만들어 왔는지에 대한 이야기를 맘껏 즐겨주시길 바랍니다. 70년이 넘는 역사와 1,000번을 훌쩍 넘긴 레이스를 되돌아보며, 앞으로 펼쳐질 미래에 대한 설렘이 가득 차게 될 것입니다.

― 스테파노 도메니칼리
F1 회장 겸 CEO

# 포뮬러 1이란 무엇인가?

포뮬러 1, 즉 F1은 70년이 넘는 역사를 거치며 세계 모터스포츠의 정점이자, 레이스카와 인간의 한계를 확인하는 궁극의 시험 무대로 자리 잡았습니다. F1은 세계 각지의 화려하고 아름다운 장소에서 한 시즌 동안 스무 차례 이상 그랑프리를 개최합니다. 가장 까다로운 써킷을 누비며 레이스에 출전한 드라이버들에게는 레이싱 경력에서 가장 빛나는 순간이 펼쳐집니다. F1에서 큰 성공을 거두고 챔피언의 자리에 오르는 것은 그 이름이 모터스포츠 역사에서 가장 위대한 드라이버들과 나란히 기록된다는 것을 의미합니다.

F1은 매우 빠른 속도와 함께 매우 큰 위험이 공존하는 세계입니다. F1 드라이버는 시속 320km 이상의 속도에서 다른 차에 몇 밀리미터 간격까지 근접하고, 재앙으로 이어질 수 있는 위험을 무릅쓴 채 배틀을 펼칩니다. 최고의 드라이빙 스킬과 큰 용기를 발휘해, 그날, 그 레이스, 그 순간만큼은 자신이 최고라는 것을 증명해야 합니다. 모터스포츠의 정점을 향한 이들의 여정은 어린 시절부터 시작됩니다. 고-카트 무대에서 재능을 발견했다면, 주니어 오픈-휠 무대를 거쳐 성장을 거듭해 모터스포츠의 정상에 위치한 F1까지 진출할 수 있습니다. 이 과정에서 경쟁심은 점점 날카로워지고, 어떤 난관과 도전이라도 모두 이겨내겠다는 열정과 갈망이 마음 깊숙이 자리 잡습니다. 이들은 시간이 흐르는 동안 재능을 발휘하고, 다양한 경험을 쌓고, 승리하고, 패배하고, 끈기를 발휘하고, 기술을 연마합니다. 이들에게는 이 모든 것을 한데 모아 궁극의 드라이버로 성장하는 것이 목표입니다.

F1 드라이버는 역사상 가장 빠르고 가장 높은 수준으로 발전한 오픈-휠 레이스카를 조종합니다. 마치 바퀴 달린 로켓과 같은 F1 레이스카는, 수많은 전문가로 이뤄진 팀에서 레이스만을 위해 특별하게 설계한 수천 개의 고유 부품들로 만들어집니다. 경쟁에서 승리하기 위해서는 콕핏 속 드라이버의 능력 못지않게 레이스카를 만드는 사람들의 전문성이 뒷받침되어야 합니다. 그리고, 이렇게 승리의 영광을 좇는 과정에는 수억 달러의 막대한 비용이 투입됩니다. 레이스가 펼쳐지면 드라이버는 배틀의 열기 속에 파묻힌 가운데 정확한 판단을 내려야 하고, 핏 월에서 내리는 전략적 결단은 레이스의 승패를 좌우합니다. 핏 크루는 몇 초 사이에 실수 없이 타이어 교체를 마치고 가능한 한 빨리 레이스카를 다시 트랙에 내보내야 하며, 눈 깜짝할 사이에 이런 모든 판단과 행동이 이뤄져야만 승리를 기대할 수 있습니다. 승리한 팀의 일원이라면, 그날, 그 순간만큼은 그 누구보다 자신들의 레이스카가 빨랐고, 그 어떤 팀보다 자신들이 조직적으로 움직였으며, 다른 어떤 드라이버보다 자신들의 드라이버가 더 뛰어났음을 확인하게 됩니다.

승리하는 것은 언제나 어려운 목표지만, 계속 승리한다는 것은 훨씬 더 어려운 도전 과제입니다. 패자가 되었다면 아픔을 딛고 다시 싸움에 나서야 하고, 승자를 따라잡기 위해 끝없이 노력해야 합니다. 때로는 모든 것을 갈아엎어야 합니다. 그리고, 모터스포츠 최고의 영예인 두 개의 타이틀 'F1 드라이버 월드 챔피언십'과 'F1 컨스트럭터 월드 챔피언십'을 차지하면서 자신들의 시대를 열 때까지, 뼈를 깎는 노력을 계속해야 합니다.

그렇다면 최고의 자리에 오르기 위해 무엇이 필요할까요? 모든 시대를 관통하는 최고의 드라이버는 누구일까요? 어떻게 F1은 전 지구적 현상이 되었고, 이 스포츠의 미래는 어떻게 될까요?

이 책에서 여러분은 F1의 과거와 현재, F1 챔피언십이 진화해 온 놀라운 과정, 그리고 한 세대를 대표하는 명차를 만들었던 위대한 팀의 이야기를 만나게 될 것입니다. 이 책은 F1의 역사를 10년 단위로 여행하고, 왕좌에 오른 모든 챔피언을 소개합니다. 마음 같아서는 F1을 거쳐 간 모든 드라이버를 다루고 싶지만, 시간과 지면의 한계 때문에 그런 사치를 부리지 못하는 것이 아쉽습니다. 대신, 각 시대에서 충분한 재능을 갖추고도 챔피언 타이틀을 손에 넣지 못했던 위대한 드라이버를 한 명씩 소개하고, 각 세대에서 기억해야 할 드라이버들에 대한 설명도 추가했습니다. 그리고, 시간을 거슬러 모터스포츠 역사상 가장 위대한 레이스를 다루는 페이지도 준비했습니다.

천재적인 기술자와 최고 수준의 스포츠가 만납니다. 꿈꾸던 어린이가 영웅이 되고, 치열한 경쟁의 열기 속에 시대의 아이콘이 탄생합니다. 이것이 모터스포츠의 정점입니다. 이것이 바로 포뮬러 1입니다.

| 아부다비(1) | 바레인(1) | 중국(1) | 영국(4) | 이탈리아(4) | 대한민국(1) |
|---|---|---|---|---|---|
| 야스 마리나 | 사키르 | 상하이 | 에인트리<br>브랜즈 햇치<br>도닝턴<br>실버스톤 | 이몰라<br>몬짜<br>무젤로<br>페스카라 | 목포 |

아르헨티나(1)
부에노스아이레스

벨기에(3)
니벨
스파-프랑코샹
졸더

프랑스(7)
클레르몽-페랑
디종
르 카스텔레
르망
마니-쿠르
랑스
루앙

헝가리(1)
부다페스트

일본(3)
아이다
후지
스즈카

말레이시아(1)
쿠알라룸푸르

호주(2)
애들레이드
맬버른

브라질(2)
리우데자네이루
상파울루

인도(1)
그레이터 노이다

멕시코(1)
멕시코시티

오스트리아(2)
스필베르크
젤트베크

캐나다(3)
몽-트랑블랑
몬트리올
모스포트

독일(3)
베를린
호켄하임
뉘르부르크링

아제르바이잔(1)
바쿠

# F1 레이스가 펼쳐지는 곳은?

70년 넘는 역사를 자랑하는 F1은 전 세계를 무대로 레이스를 펼쳐왔습니다. 오늘날 F1 캘린더에는 20개 이상의 나라가 포함되어 있고, 매년 스무 차례 이상 그랑프리가 펼쳐지고 있습니다. 단 7개 레이스로 구성됐던 1950년의 첫 번째 시즌부터 지금까지 계속 F1 그랑프리를 개최하고 있는 써킷도 있습니다. 이번 단락에서는 지금까지 F1 그랑프리가 펼쳐졌던 모든 장소를 살펴보겠습니다!

● 현역 써킷　● 과거의 써킷

GRAND PRIX

# 상징적인 F1 써킷

F1 역사에는 챔피언십 시즌보다 더 많은 수의 그랑프리 개최지가 있었습니다. 모든 써킷이 F1 역사 속에서 나름의 역할을 했지만, 그 중 일부는 다양한 이야기와 사건 사고가 어우러지면서, F1을 대표하는 상징적인 써킷으로 특별하게 여겨지고 있습니다.

## 모나코

모나코 써킷은 많은 사람에게 궁극의 시가지 써킷이자 가장 화려한 그랑프리 개최지로 여겨집니다. 한쪽은 높은 산, 다른 한 쪽은 지중해의 푸른 바다로 둘러싸인 몬테-카를로의 도로 위에서 1929년부터 F1 그랑프리가 개최됐습니다. 만약 지금 누군가 새로운 레이스 이벤트로 모나코 그랑프리를 제안한다면 비웃음거리가 될 것이 분명합니다. 모나코의 좁은 트랙 폭에 비해 F1 레이스카는 너무 빠르고, 작은 도시 국가의 주요 도로망을 장기간 폐쇄하면서 레이스 이벤트를 개최한다는 발상은 말도 안 되는 것처럼 들리기 때문입니다. 그러나, 모나코 그랑프리는 F1의 왕관을 장식하는 가장 화려한 보석으로 오랫동안 캘린더에 남아 있습니다. 모나코보다 더 큰 도전은 없습니다. 모나코보다 더 까다로운 써킷, 더 가혹한 써킷은 존재하지 않습니다. 방호벽 사이로 배치된 19개의 코너, 3.3km의 써킷을 퀄리파잉 기준으로 1분 10초에 근접한 랩 타임으로 공략해야 합니다. 모나코의 좁은 트랙을 달리는 감각에 익숙해진 드라이버들은 최면에 든 것 같은 무아지경에 빠진다고 얘기합니다. 집중력이 조금만 흐트러져도, 작은 실수 하나만으로도 레이스는 바로 끝나버립니다. 두 번째 기회는 없습니다. 이보다 더 높은 수준의 기술 수준을 요구하는 써킷도 없습니다. 다른 어느 무대에서의 승리도 모나코 그랑프리의 우승과 바꿀 수 없습니다. 지금까지 그래왔던 것처럼 앞으로도 계속 그럴 것입니다.

THEN

NOW

## 스즈카

NOW

1960년대 후반, 혼다소이치로는 일본 스즈카에 위치한 새 자동차 공장 근처에 상설 써킷을 만들기로 결심했습니다. 1960년 공장이 문을 열었고, 2년이 더 지난 뒤 그가 품었던 레이스트랙을 만든다는 꿈이 이뤄졌습니다. 스즈카에서 F1 그랑프리가 처음 개최될 때까지 다시 25년이 필요했지만, 한 차례 그랑프리를 유치한 뒤로는 스즈카가 F1 일본 그랑프리를 대표하는 무대이자 세계에서 가장 많은 사랑을 받는 트랙 중 하나로 자리 잡았습니다. 스즈카는 F1에서 유일한 8자 형태 레이아웃의 써킷입니다. 빠르고 부드럽게 이어지는 'S-커브', 바깥으로 기울어진 '역캠버' 코너, 그리고 계속되는 높이 변화의 조합은 레이스카와 드라이버 모두에게 엄청난 도전입니다. 두 개의 오른쪽 코너가 이어지는 '데그너'의 복합 코너부터 긴 왼쪽 코너 '스푼', 그리고 악명 높은 고속 코너 '130R'까지 스즈카의 각 코너가 어려운 문제를 냅니다. 종종 그랬던 것처럼 날씨의 변수까지 더해지면 역사에 길이 남을 명경기가 만들어집니다. 완벽한 써킷 공략이 매우 어려운 스즈카는 드라이버들의 역량을 가늠하는 기준으로 여겨지기도 합니다. 스즈카만큼 F1 드라이버들에게 널리 사랑받는 써킷은 없습니다.

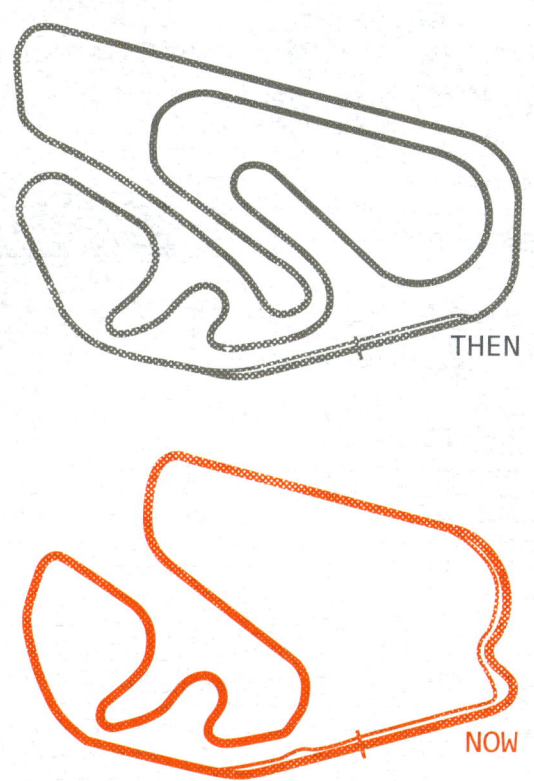

THEN

NOW

## 인디애나폴리스

세계에서 가장 유명한 써킷 중 하나인 인디애나폴리스 모터 스피드웨이는 두 가지 레이아웃으로 F1 역사에 자취를 남겼습니다. 챔피언십 출범 직후 10년 동안 인디 500이 F1 월드 챔피언십의 한 라운드로 캘린더에 포함됐지만, 실제로 F1 규정에 맞는 레이스카가 인디 500에 출전한 적은 없었습니다. 덕분에 사각형 오벌 써킷을 200랩 달리는 특별한 이벤트 인디 500은, 통계와 기록을 정리하는 사람들에게 골치 아픈 문제를 던졌습니다. 1950년부터 1960년까지 인디 500 우승자는, F1 규정에 따라 진행된 레이스가 아니었기 때문에 F1 그랑프리 우승자로 통계에 포함시키지 않습니다. 그러나, 이들은 여전히 F1 월드 챔피언십 라운드의 우승자였고, 공식 기록 역시 이들의 성적을 인정해 모순이 생깁니다. 인디 500은 1960시즌 이후 F1 월드 챔피언십의 캘린더에서 제외됐지만, 2000시즌 미국 그랑프리의 무대로 결정되면서 F1 챔피언십이 인디애나폴리스에 돌아왔습니다. 미국 그랑프리 개최를 위해 기존 인디애나폴리스의 트랙 안쪽에 새로운 구간이 추가되었고, 기존 오벌 트랙의 1/3 정도를 인디 500과 반대 방향으로 달리는 구간이 더해진 새 레이아웃이 특별히 설계되었습니다. 인디애나폴리스에서의 미국 그랑프리는 2007시즌까지 이어졌습니다. 현재 인디애나폴리스에서 F1 그랑프리가 열리지는 않지만, 인디카에서 5월의 축제 인디 500의 개막을 알리는 이벤트인 인디 그랑프리에서 F1 그랑프리의 레이아웃을 여전히 사용하고 있습니다.

## 인터라고스

1940년 건설된 인터라고스는 1970년대와 1980년대 여러 차례 브라질 그랑프리의 무대가 되었고, 1990년 다시 대회를 유치한 뒤로는 오늘날까지 꾸준히 F1 챔피언십 그랑프리를 개최해 왔습니다. 초창기 인터라고스는 길이가 거의 8km에 달했고, 현재 그랜드스탠드 위치의 왼쪽 코너 두 개를 전속력 질주하며 시작하는 레이아웃이었습니다. 이후 트랙은 지나갔던 길을 되돌아와 '쿠르바 두 솔'에 이르러 지금과 반대 방향으로 코너를 지났고, 이후로는 우리가 잘 아는 지금과 같은 인터라고스의 후반부를 달렸습니다. 1990년 현대적인 레이아웃으로 재탄생해 지금까지 디자인에 큰 변화가 없는 인터라고스는, 30년 동안 최고의 챔피언십 시즌을 가늠하는 기준이 되었던 수많은 명경기의 무대가 되었습니다. 인터라고스는 계속되는 높이 변화로 유명한데, '중싸웅'을 빠져나온 뒤 스타트 라인까지 이어지는 가파른 오르막길이 특히 인상적입니다. 또한, 물 흐르듯 이어지는 코너의 흐름은 자연스럽게 치열한 접전과 박진감 넘치는 레이싱을 유도합니다. 인터라고스는 오랫동안 F1 드라이버들이 가장 선호하는 써킷 중 하나였습니다. 써킷에는 언제나 인파가 몰려들고, 팬들이 그랜드스탠드를 가득 메웁니다. 수많은 팬들의 F1에 대한 열정 덕분에, 인터라고스에서 펼쳐지는 그랑프리의 열기는 항상 뜨겁습니다.

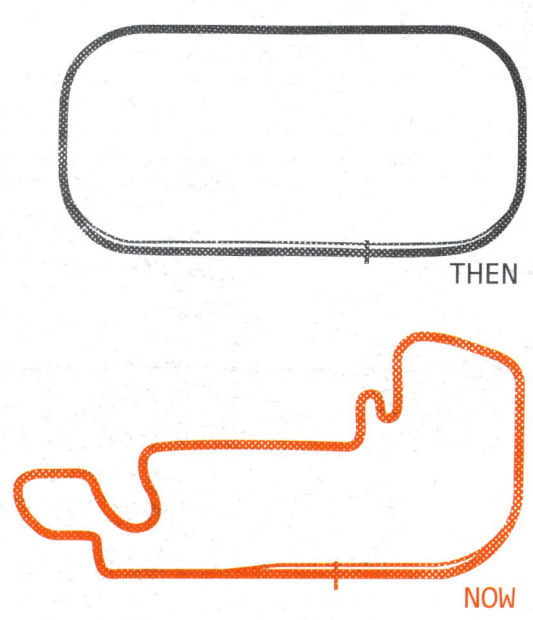

THEN

NOW

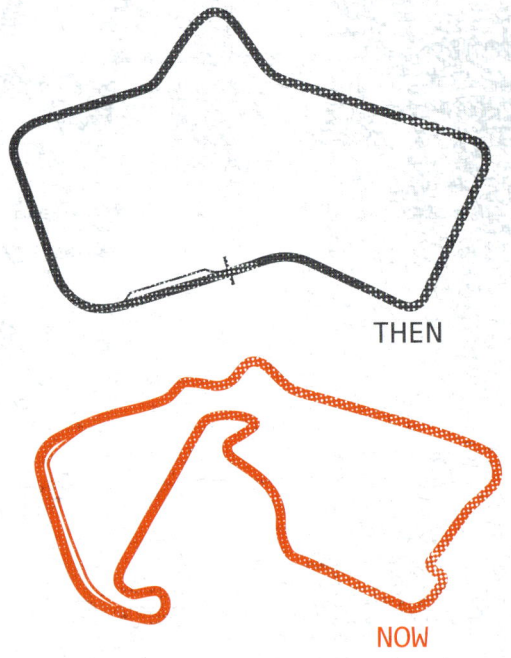

THEN

NOW

## 실버스톤

최초의 F1 월드 챔피언십 그랑프리는 1950년 영국 중부에 위치한 제2차 세계대전 시기의 공군 비행장에서 개최됐습니다. 초기 실버스톤은 단 여덟 개 코너로 이뤄진 단순하고 매우 빠른 레이아웃이었고, 고속 써킷은 점차 드라이버들에게 큰 인기를 얻었습니다. 초창기부터 현재까지 F1과 함께 한 실버스톤은 여러 차례 레이아웃이 바뀌었습니다. 가장 큰 변화는 1990년대 초반 이뤄졌는데, 현재 악명 높은 '마고츠 앤 베케츠' 구간이 이때 탄생했습니다. 마고츠 앤 베케츠는 작은 언덕을 넘으며 이어지는 블라인드 코너를 매우 빠른 속도로 통과하는 엄청나게 까다로운 복합 코너 구간입니다. 2010년에는 핏 레인과 출발선의 위치를 바꾸는 큰 변화가 있었고, 기존 트랙 안쪽에 많은 코너가 추가되면서 써킷 길이가 4.6km에서 5.8km로 늘어났습니다. 여전히 드라이버들이 가장 좋아하는 써킷 중 하나인 실버스톤에는 긴 가속 구간과 물 흐르듯 이어지는 고속 코너, 갑자기 분위기를 바꾸는 느린 코너들이 조화를 이루고 있으며, 추월을 시도할 만한 구간도 배치되어 있습니다. 변덕스러운 영국 날씨가 화창한 여름 햇살을 비추든, 폭우를 쏟아붓든 관계없이, 언제나 치열한 경쟁이 펼쳐지는 것이 실버스톤과 영국 그랑프리의 특징입니다. 최초의 챔피언십 그랑프리에서 그랬던 것처럼, 언제나 헌신적인 팬들이 구름처럼 몰려드는 모습은 실버스톤을 F1의 상징적인 개최지로 만들고 있습니다.

## 뉘르부르크링

지구상에 뉘르부르크링만큼 신비로움과 두려움을 동시에 불러일으키는 곳은 없습니다. 1927년 건설된 뉘르부르크링의 전체 코스 '게잠트슈트레케'는 독일 아이펠 산맥의 험난한 숲속에 구불구불하게 이어지는 187개의 코너와 28km의 길이로 구성된 복잡한 써킷이었습니다. 1951년 F1 그랑프리가 개최됐을 때, 전설로 남은 '노르트슐라이페'의 단축 레이아웃이 사용되었습니다. 길이는 다소 줄어든 22km였고, 160개 코너로 레이아웃이 구성됐습니다. 이 써킷은 위험하기로 악명이 높았고, 안전을 보장하는 것은 거의 불가능에 가까웠습니다. 덕분에 뉘르부르크링은 '녹색 지옥'이라는 별명을 얻었습니다. 써킷 전체에 방호벽을 설치하고 유명한 점프 구간을 제거하는 등 안전 문제 개선을 위한 다양한 노력이 있었지만, 뉘르부르크링을 완전히 위험하지 않게 만들지는 못했습니다. 써킷이 너무 컸기 때문에, 사고가 발생하면 구조 인력이 도착할 때까지 너무 오랜 시간이 걸린다는 근본적인 문제도 남아 있었습니다. 결국 1970년대 후반 뉘르부르크링은 월드 챔피언십에서 제외됐습니다. 1980년대 중반 악명 높은 북쪽 코스 노르트슐라이페의 남쪽에 새로운 그랑프리 써킷이 건설됐습니다. 4.5km 길이의 그랑프리 써킷 'GP-슈트레케'는 현대적인 트렌드에 맞춰 설계됐지만, 약간의 높이 변화를 곁들여 노르트슐라이페의 특징을 조금이나마 담으려고 노력했습니다. 지금까지 22회의 F1 그랑프리가 노르트슐라이페에서, 19회는 GP-슈트레케에서 개최됐습니다. 그러나, F1 캘린더가 유럽을 벗어나 세계로 확장되는 흐름 속에, 재정 문제를 겪던 뉘르부르크링은 2010년대 중반부터 F1 공식 일정에서 제외됐습니다. 그러나, 여전히 강렬한 트랙의 아우라와 노르트슐라이페가 제시했던 무시무시한 도전 과제들은, 뉘르부르크링을 F1 역사에서 가장 큰 경외심을 불러일으키는 써킷으로 자리매김하게 했습니다.

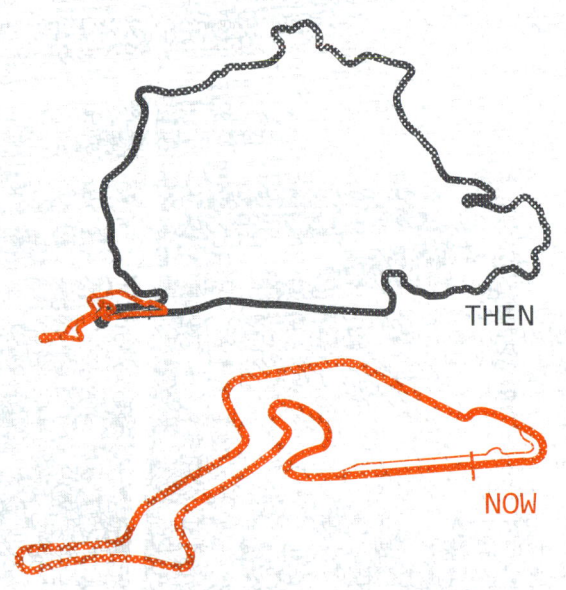

THEN

NOW

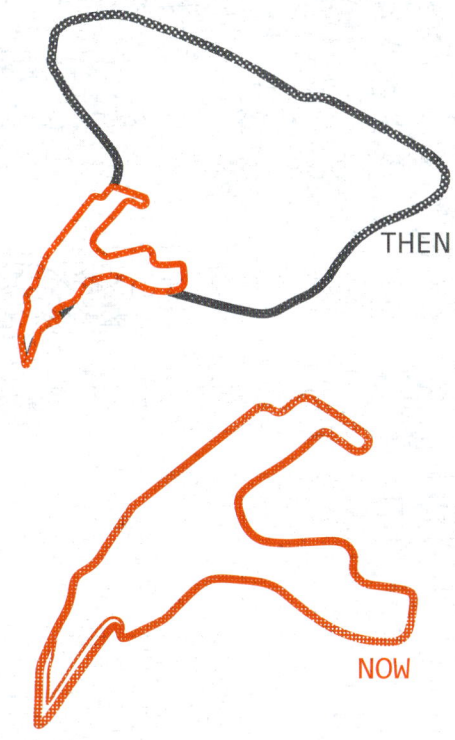

THEN

NOW

## 스파-프랑코샹

1920년 벨기에의 프랑코샹과 말메디, 스타블로 사이를 연결하는 도로를 달리며 흥미를 느낀 두 친구는, 자신들이 달린 길을 연결해 써킷의 레이아웃을 만들었습니다. 스파-프랑코샹은 이렇게 탄생했습니다. 당시 엄청난 높이 변화와 작은 마을을 가로지르는 긴 고속 구간이 어우러진 험난한 도전 과제들은, 15km라는 길이가 오히려 짧다고 느껴지게 할 정도였습니다. 제2차 세계대전 중 이 지역은 독일의 마지막 대반격이자 단일 전투로는 미국 역사에서 가장 큰 전투였던 벌지 대전투로 유명해졌습니다. 전쟁이 끝난 뒤 그랑프리 레이싱이 재개되었을 때 트랙의 길이는 14km로 짧아졌고, 새로운 F1 월드 챔피언십이 탄생한 이후로는 캘린더에서 가장 어려운 써킷으로 자리 잡았습니다. 특히, 무시무시한 '마스타 킹크'는 세계에서 가장 어려운 코너 중 하나로 여겨졌습니다. 하지만, F1 레이스카의 속도가 지나치게 빨라지면서 트랙은 점점 더 위험해졌고, 1969시즌에는 벨기에 그랑프리가 보이콧되기도 했습니다. 결국, 10년 뒤 스파-프랑코샹은 지금과 같은 7km 길이로 단축됐습니다. 기존 레이아웃에서 시골 마을 사이로 사라지는 경로 대신, 말메디에서 우회전해 언덕을 따라 내리막길을 달려 언덕 아래에서 기존 레이아웃과 합류해 출발선으로 돌아오는 새로운 레이아웃이 탄생했습니다. 현재 스파-프랑코샹은 F1 캘린더에서 가장 긴 써킷이며, 드라이버들에게 진정한 도전 과제로 남아 있습니다.

## 몬짜

이탈리아의 패션 수도 밀라노 인근 몬짜 왕립 공원은 1980시즌을 제외한 모든 시즌 F1 월드 챔피언십 이탈리아 그랑프리의 개최지였습니다. '티포시'라고도 불리는 페라리의 열정적인 팬들에게 성지처럼 여겨지는 몬짜는, 다른 어떤 그랑프리 써킷과도 비교할 수 없는 독특한 분위기를 자랑합니다. 종종 이탈리아의 열렬한 광신도들은, 레이스를 조금이라도 더 잘 보기 위해 집 지붕이나 나무 위에 오르기도 합니다. 1922년 건설 직후의 몬짜는 5.5km의 로드 트랙과 4.5km의 오벌 트랙이 더해진 10km 길이의 레이아웃이었습니다. 현재의 몬짜에 해당하는 로드 트랙은 마지막 백 스트레이트로 이어지는 왼쪽 코너 하나를 제외하면 모두 오른쪽 코너로만 구성되었는데, 이 구간의 레이아웃은 현재까지도 전체적으로 큰 틀을 유지하고 있습니다. 두 개로 구분된 스타트/피니시 스트레이트를 활용해 10km 전체를 사용할 당시, 드라이버는 로드 트랙을 모두 통과한 뒤 오벌 트랙에서 전속력으로 질주하고, 다시 로드 트랙으로 돌아오면서 몬짜의 한 바퀴를 마무리했습니다. 1971년 최고의 속도만을 추구하던 레이아웃이 마지막으로 사용되었고, 여러 위치에 시케인이 추가되면서 긴 직선 구간에서의 속도를 늦췄습니다. 그러나, 여전히 몬짜는 F1 캘린더에서 가장 빠른 써킷으로 여겨지고 있습니다. 엄청나게 빠른 속도를 유지하면서 달리는 특징 덕분에, 대부분의 시즌에 이탈리아 그랑프리에서 레이스가 가장 빨리 끝나기도 합니다. 모두가 사랑하는 몬짜는 한두 마디 말로는 완전히 설명하기 어려운 마법과 같은 장소입니다. 마치 바람이 전하는 속삭임처럼, 오랜 세월 트랙을 감싼 나무들이 F1 역사 속 모든 챔피언을 지켜보며 간직해 온 이야기가 몬짜 써킷 곳곳에 깃들어 있습니다.

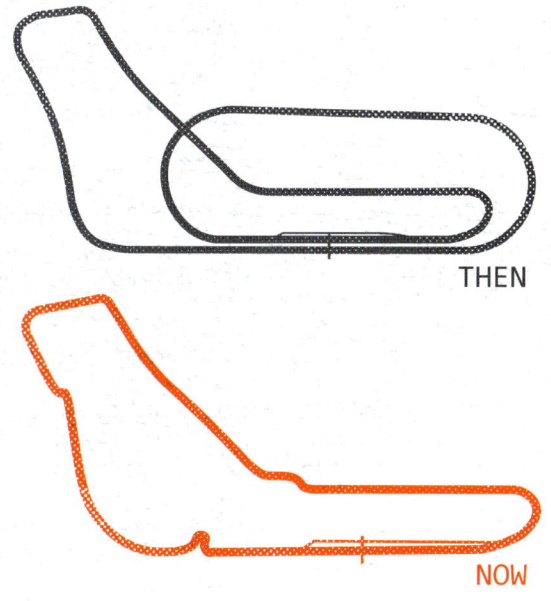

THEN

NOW

# F1의 기초

가장 뛰어난 드라이버라도, F1에서의 성공을 보장할 수 없습니다. 레이스에서 우승하고 챔피언십 타이틀을 차지하기 위해서는 최고의 팀과 최고의 레이스카가 필요합니다. 언뜻 드라이버가 영웅으로 보일 수 있지만, F1은 팀 스포츠입니다. 현재 F1은 '컨스트럭터'라 불리는 10개의 팀으로 구성되어 있습니다. 규정에 따라, 각 팀은 자신들의 레이스카를 직접 디자인하고 제작해야 합니다. 또한, 모든 팀은 월드 챔피언십 레이스에 두 대의 레이스카를 출전시킬 의무가 있습니다. 과거에는 일정한 규칙에 따라 주어진 번호를 달고 레이스에 출전했지만, 현재 각 드라이버는 자신의 카 넘버를 직접 선택할 수 있습니다. 지난 시즌의 챔피언이라면 1번을 사용할 수 있는 권리도 주어집니다.

매년 세계 각지에서 최대 24회의 그랑프리가 개최되고, 각 팀은 그랑프리마다 두 명의 드라이버를 출전시킵니다. 각 레이스의 최종 순위에 따라 드라이버와 소속 팀에게 같은 챔피언십 포인트가 주어집니다. 시즌이 모두 마무리되면 가장 많은 포인트를 누적한 드라이버가 'F1 월드 드라이버 챔피언'이 되고, 소속 드라이버들의 포인트를 합산해 가장 많은 포인트를 누적한 팀은 'F1 월드 컨스트럭터 챔피언'이 됩니다. F1이 복잡하게 여겨지는 이유 중 하나는 각 팀의 두 드라이버가 팀을 위해 힘을 모으면서도, 팀메이트보다 자신이 더 뛰어나다는 것을 증명하면서 개인 타이틀 획득을 위해 경쟁한다는 점입니다.

페라리는 F1 역사에서 가장 오래된 팀이고, 가장 큰 성공을 거둔 팀이기도 합니다. 페라리는 모든 F1 챔피언십 시즌에 참가한 유일한 팀이며, F1 월드 컨스트럭터 챔피언 타이틀을 16회 획득해 역대 최고의 자리를 차지하고 있습니다. 컨스트럭터 챔피언 타이틀 획득 횟수에서 윌리엄스는 9회, 맥라렌과 메르세데스는 8회로 페라리의 뒤를 잇고 있습니다. 드라이버 챔피언십의 경우 페라리가 15회, 맥라렌이 12회, 메르세데스가 9회에 걸쳐 소속 드라이버를 챔피언 자리에 앉혔습니다. 이 중 루이스 해밀턴과 미하엘 슈마허가 각각 일곱 차례 챔피언 타이틀을 차지해 역대 최다 기록을 함께 보유하고 있으며, 후안 마누엘 판지오는 다섯 차례 F1 월드 드라이버 챔피언의 자리에 올랐습니다.

드라이버는 계약에 따라 소속 팀으로부터 급여를 받습니다. 각 드라이버가 받게 되는 최종 금액은 챔피언십 포인트와 포디엄 피니시, 우승과 챔피언십 결과 등 성적과 관련된 복잡한 보너스가 더해져 결정됩니다. 각 팀은 스포츠를 운영하는 F1 그룹으로부터 전체 영업 이익의 일정 비율과 챔피언십 순위에 따라 정해진 상금, 역사적인 기여도 등에 따라 정해진 보상을 종합해 배당금을 받습니다. 또한, 각 F1 팀은 개별적인 팀 스폰서로부터 후원 계약에 따라 자금을 마련할 수 있습니다.

이런 스폰서십 계약은 흔히 리버리라고 부르는 레이스카의 도장 색상을 바꾸기도 합니다. 일부 팀은 전통적인 레이싱 컬러(예를 들면 페라리는 항상 이탈리아를 상징하는 빨간색 중심의 리버리를 사용합니다)를 사용하지만, 다른 팀들은 매년 스폰서를 상징하는 색상에 맞춰 리버리를 변경하기도 합니다. 같은 팀의 두 레이스카는 규정에 따라 대부분 일정한 리버리를 사용하지만, 간혹 특정 레이스(기념일이나 새로운 스폰서 발표 등)에 특별한 리버리를 사용할 수도 있습니다.

F1 역사 속에서 모두 170개 이상의 팀이 챔피언십에 출전했지만, 현재 레이스에 참가할 수 있는 팀의 수는 최대 12팀으로 제한되어 있습니다. F1 챔피언십에 참가하기를 원하는 새로운 팀은 복잡한 승인 절차를 거쳐야 하며, 참가 비용으로만 수억 달러를 지불한 뒤 챔피언십 참가를 위한 라이센스를 얻을 수 있습니다. 물론, 기존 팀을 인수할 경우 이런 높은 진입 장벽을 피할 수 있고, 실제로도 많은 신생팀이 이런 방식으로 탄생했습니다.

예를 들어, 1970시즌부터 티렐의 이름으로 F1 챔피언십에 참가했던 팀이 매각되면서 1999년 BAR이라는 이름으로 재탄생했고, 2006년 혼다가 팀을 사들였습니다. 2008년을 끝으로 혼다가 F1 철수를 선언한 뒤, 2009년 팀의 자산을 인수해 브런GP가 탄생했습니다. 이듬해 메르세데스-AMG가 브런GP의 출전권을 사들이면서 2010시즌부터 F1 챔피언십에 출전하고 있습니다. 1990년대 후반 BAR이 티렐 팀과 F1 챔피언십 참가 자격을 인수했을 때 매각 대금은 대략 5천만 달러였지만, 현재 F1 팀과 챔피언십 참가 자격을 얻기 위한 비용은 최소 10억 달러 이상인 것으로 추정되고 있습니다.

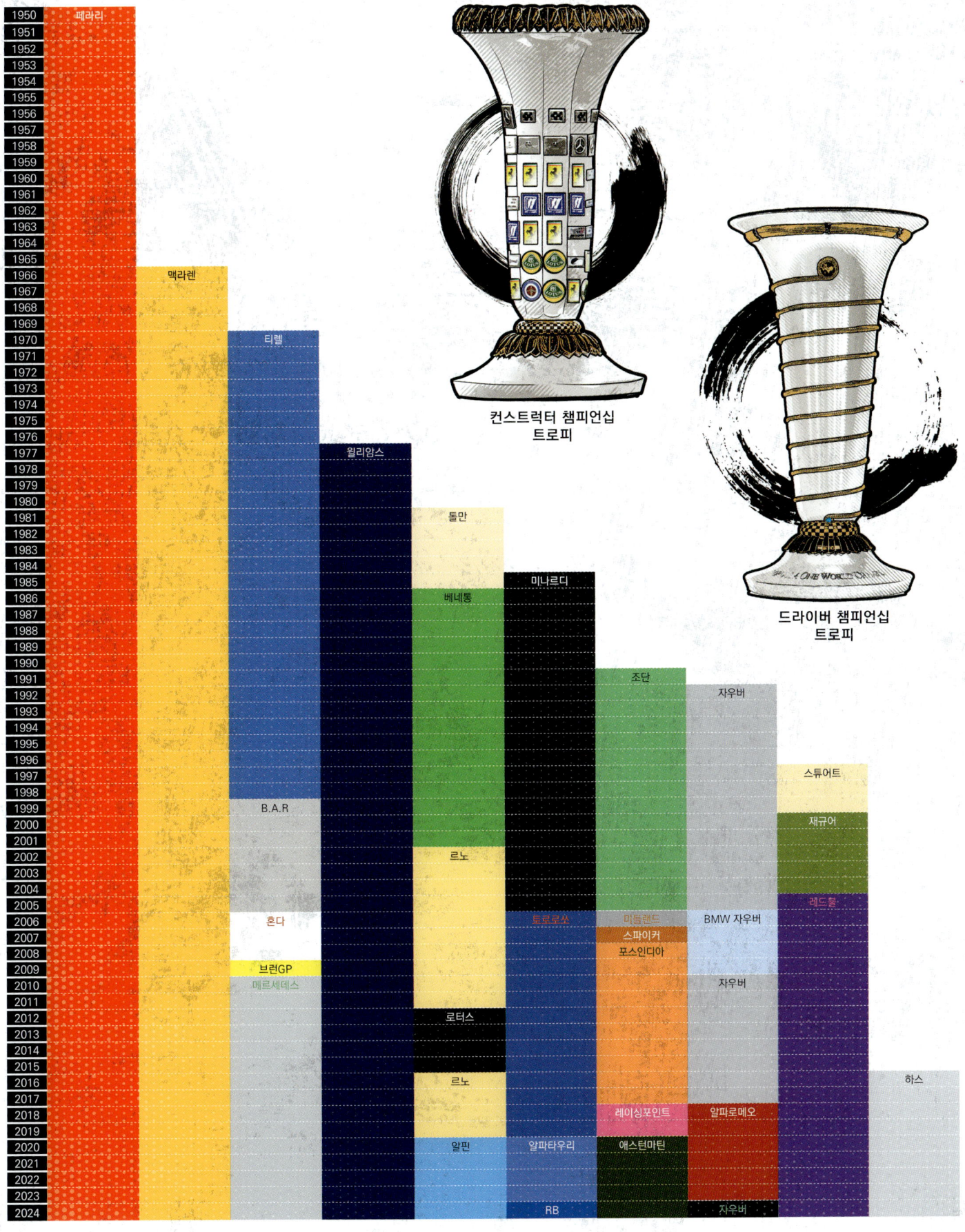

# 그랑프리 주말의 포맷

F1 그랑프리 주말은 금요일부터 일요일까지 일정으로 구성됩니다. 프랙티스 세션부터 순위를 결정하는 본격적인 경쟁 세션까지 트랙 위에서 펼쳐지는 다양한 프로그램이 일정에 포함됩니다.

보통 팀과 드라이버는 한 시간씩, 모두 세 차례 펼쳐지는 프랙티션 세션을 통해 써킷 특성에 맞춘 레이스카의 셋업 조정을 계속합니다. 많은 팀이 새로 개발한 부품을 테스트하면서 레이스카 성능이 향상되는지 확인하기 위해 프랙티스 세션을 활용하기도 하고, 다운포스 생성량과 레이스카 셋업을 조율해 드라이버가 편안하다고 느끼는 것은 물론 랩 타임을 단축할 수 있도록 노력합니다.

프랙티스 세션이 모두 끝난 뒤에는 한 랩을 달렸을 때 누가 가장 빠른지 확인하는, 세 개의 세션으로 구분된 토요일 퀄리파잉이 진행됩니다. 각 세션에서 가장 느린 드라이버는 일정 기준에 따라 다음 세션 진출에 실패하고, 마지막 세션에서는 최상위 10개 그리드의 자리를 결정하는 경쟁이 펼쳐집니다. 20명의 드라이버 중 퀄리파잉 각 세션에서 가장 빠른 기록을 작성한 순서대로 일요일 레이스의 그리드, 즉 출발 위치가 결정됩니다. 드라이버들은 가능한 한 앞선 위치에서 출발하기 위해 노력하는데, 이는 앞선 그리드가 레이스에서 우승하거나 더 많은 포인트를 얻는 데 유리하기 때문입니다. 때로는 빠른 차를 가진 상위권 드라이버가 퀄리파잉에서 부진해 대열 뒤쪽에서 출발할 때도 있는데, 간혹 이렇게 대열 후미에서 출발한 드라이버가 선두권으로 치고 올라가면서 흥미진진한 레이스를 연출하기도 합니다.

모든 써킷은 좀 더 정밀한 시간 계측을 위해 정해진 세 개의 섹터(섹터 1, 섹터 2, 섹터 3)로 구분됩니다. 각 레이스카에는 써킷의 정해진 위치에서 신호를 주고받아 시간을 측정하는 센서가 장착되어 있는데, 이를 통해 시청자들도 누가 얼마나 잘 달리고 있는지 확인할 수 있습니다. 특정 섹터의 기록이 초록색으로 표시된다면 개인 최고 기록을 작성했다는 뜻이고, 보라색 섹터는 모든 드라이버 가운데 가장 빠른 기록이라는 것을 나타냅니다. 이런 정보 화면에서 기록은 모두 소수점 셋째 자리(1/1000초)까지 나타냅니다.

프랙티스 세션이 진행되는 동안 각 팀과 드라이버는 공기역학적 셋업과 기계적인 셋업을 조정할 수 있지만, 퀄리파잉 세션부터 추가적인 셋업 변경이 금지됩니다. 레이스카 셋업은 퀄리파잉부터 레이스까지 고정되며, 정해진 시점 이후 셋업을 변경할 경우 그리드 강등이나 그리드가 아닌 피트에서 뒤늦게 출발하는 '핏 레인 스타트' 등의 페널티를 받게 됩니다.

일요일 레이스는 프랑스어로 '큰 상'을 뜻하는 '그랑프리'라고 불리며, 300km 이상의 거리를 달려 순위 경쟁을 펼치는 경기입니다. 각 드라이버는 그랑프리 주말마다 같은 수의 타이어를 공급받아 사용하는데, 2024년을 기준으로 마른 노면에 사용하는 드라이 타이어로는 소프트 타이어 8세트, 미디엄 타이어 3세트, 하드 타이어 2세트가 제공됩니다. 또한, 노면이 약간 젖은 상황을 위한 인터미디어트 타이어 5세트와 트랙에 물이 아주 많을 때 사용하는 웻 타이어 2세트가 함께 제공됩니다. 드라이 타이어의 경우 부드러울수록 속도가 빠르지만 마모 역시 빠르게 진행되고, 단단한 타이어는 더 오래 사용할 수 있지만 기대할 수 있는 속도가 느리다는 단점이 있습니다. 드라이버들은 레이스에서 원하는 시점에 타이어를 교체할 수 있지만, 드라이 타이어만 사용한 레이스에서는 반드시 두 종류 이상의 타이어를 사용해야 합니다. 많은 팀에서 타이어를 교체하는 핏 스탑을 단 한 번만 수행하는 '원 스탑' 전략을 선호하는데, 가능하다면 핏 레인에서 서행하는 시간을 줄이고 트랙에서 달리는 데 시간을 투자하고 싶기 때문입니다. 만약 레이스에서 비가 내리는 웻 컨디션이 선언되면 두 종류 이상 타이어를 사용해야 한다는 규칙은 적용되지 않고, 드라이 타이어나 웻 타이어를 자유롭게 사용할 수 있습니다. 현재 F1에서 레이스 도중 재급유, 즉 연료 보충은 허용되지 않습니다.

그랑프리에서 상위 10명의 드라이버에게 포인트가 주어지는데, 우승자는 25포인트를 획득합니다. 나머지 아홉 명에게는 순서대로 각각 18, 15, 12, 10, 8, 6, 4, 2, 1포인트가 주어집니다. 2024년까지는 10위 이상의 성적을 거둔 드라이버가 레이스에서 가장 빠른 랩 타임을 기록했을 때 추가로 1포인트가 주어지기도 했습니다. 만약 11위 이하의 드라이버가 패스티스트 랩을 기록했다면, 누구에게도 추가 포인트가 주어지지 않았습니다.

일부 그랑프리 주말에는 레이스 형식의 경쟁 세션을 추가하기 위해 도입된 '스프린트'가 편성되기도 합니다.

드라이버와 팀은 그랑프리 결과에 따라 같은 포인트를 얻는데, 시즌 중 팀을 옮긴 드라이버는 어디서 획득했든 자신의 드라이버 포인트를 유지합니다. 팀 역시 누가 획득했든 해당 경기에서 소속 드라이버가 획득했던 포인트를 팀 포인트로 유지합니다. 팀 포인트는 팀에 속한 것이고, 드라이버가 이적하더라도 바뀌지 않는다는 뜻입니다.

## 표준 그랑프리
### 주말 포맷

 **금요일**

프랙티스 1 – 1시간
프랙티스 2 – 1시간

**토요일**

프랙티스 3 – 1시간
퀄리파잉 – 1시간
**Q1**
상위 15명 Q2 진출
16위부터 20위까지 순위 결정
**Q2**
상위 10명 Q3 진출
11위부터 15위까지 순위 결정
**Q3**
탑10 드라이버의 순위 경쟁
1위부터 10위까지 순위 결정

 **일요일**

그랑프리
(305km 이상 레이스 –
약 260km의 모나코만 예외 적용.
중단 시간 제외 최대 2시간.
중단 시간 포함 최대 3시간)

## 스프린트 편성
### 주말 포맷

 **금요일**

프랙티스 1 – 1시간
스프린트 퀄리파잉 – 44분
(퀄리파잉과 같은 형식이지만
더 짧게 진행)

 **토요일**

스프린트
(100km 이상 레이스. 스프린트 퀄리파잉 결과
에 따라 그리드 결정)

그랑프리 퀄리파잉
(표준 그랑프리 주말 포맷의
퀄리파잉과 동일)

 **일요일**

그랑프리
(표준 그랑프리 주말 포맷의
그랑프리 레이스와 동일)

# 현재 레이스카 규정

F1 팀을 '컨스트럭터'라고 부르는데, 이는 사전적인 정의대로 자신들의 레이스카를 직접 '제작(construct)'해야 하기 때문입니다. 엔진이나 기어박스, 그 외에 다른 몇몇 정해진 부품을 구입하는 것은 허용되지만, 최종적으로 레이스카를 스스로 설계하고 직접 제작해야 합니다. 모든 레이스카에는 외부에 노출되는 바디워크부터, 보이지 않는 차량 내부 부품까지 수천 개의 맞춤 제작된 부품이 필요합니다. 이 때문에 모든 F1 레이스카는 철저하게 맞춤 제작되고, 각 팀만의 고유한 특징을 갖게 됩니다.

최대 폭 200cm, 최대 높이 95cm로 규정된 현재 F1 레이스카의 크기는 역사상 가장 큽니다. 길이에 대한 명시적인 제한은 없지만, 휠베이스, 즉 앞바퀴 축과 뒷바퀴 축 사이의 거리가 360cm 이하로 정해져 있기 때문에 각 팀의 레이스카 길이는 비슷한 편입니다.

F1 레이스카의 바퀴는 반드시 네 개여야 합니다. 당연한 얘기처럼 들릴 수 있지만, 과거에 6개의 바퀴를 달고 출전한 F1 레이스카도 있었습니다! 구동 방식은 반드시 뒷바퀴 굴림이어야 하고, 앞바퀴는 조향만을 담당합니다. 사륜 구동은 허용되지 않습니다.

레이스카의 섀시는 '서바이벌 셀'을 포함해야 하는데, 서바이벌 셀 속의 드라이버는 자기 몸에 정확히 맞도록 본을 떠서 만든 탈착식 시트에 앉은 뒤 6점식 '하네스'로 단단히 고정됩니다. 엔진은 서바이벌 셀 바로 뒤에 연결되고, 그 뒤로는 전진 8단, 후진 1단의 기어박스가 배치됩니다.

오랫동안 F1 레이스카는 윙과 복잡한 공기역학 부품들을 통해 엄청나게 강력한 다운포스를 만드는 것으로 유명했습니다. 공기역학적 성능이 좋다면 공기의 흐름을 원하는 대로 유도해 차를 아래쪽으로 누르는 힘을 만들고, 이를 통해 강한 그립을 확보할 수 있습니다. 그러나, 2022시즌 규정 변경 이후 다운포스 생성에서 윙의 역할을 제한하는 쪽으로 레이스카 디자인 방향이 바뀌었습니다. 현재의 F1 레이스카는 윙과 눈에 띄는 공기역학 부품뿐만 아니라, 차 아래쪽에 그라운드 이펙트를 유도하는 터널을 배치해 강력한 공기역학적 효과를 얻고 있습니다. 그라운드 이펙트는 압력이 낮은 공간을 만들어 레이스카를 아래로 잡아당기는 효과로, 결국 다른 공기역학 부품의 역할과 마찬가지로 강한 그립을 만들 수 있습니다. 그라운드 이펙트를 활용한 덕분에 레이스카 주변에 발생하는 '더티 에어'라고 불리는 불규칙한 공기의 흐름이 줄어들고, 결과적으로 뒤따르는 차가 좀 더 가깝게 따라붙을 수 있습니다. 모든 F1 레이스카에는 DRS라 부르는 드래그 감소 시스템이 장착되는데, DRS는 리어 윙의 슬롯을 열어 저항을 줄이는 방법으로 직진 구간에서 속도를 높일 수 있게 하는 시스템입니다. 레이스에서는 앞 차와 1초 이내로 근접했을 때, 지정된 구간에서 추월을 위해 DRS를 사용할 수 있습니다.

현재 F1 엔진은 1.6L V6 터보-하이브리드 엔진입니다. 최대 회전수는 15,000rpm으로 제한되고, 최대 출력은 약 750마력에서 1,000마력 사이로 추정됩니다. 연료 분사 압력은 최대 500bar로 규정되어 있으며, 레이스에서 연료 사용량은 110kg, 연료 흐름은 10,500rpm 이상에서 시간당 100kg으로 제한됩니다.

현재 터보-하이브리드 '파워유닛(PU)'은 '엔진(ICE)' 외에 다양한 요소로 구성됩니다. '터보차저', 제동 중 에너지를 회수하고 재활용하는 'MGU-K', 많은 열이 발생하는 배기 시스템에서 에너지를 회수해 재활용하는 'MGU-H', 배터리와 같은 '에너지 스토어(ES)', 모든 시스템을 통제하는 '제어 유닛(CE)'까지 모두 파워유닛을 구성하는 요소들입니다. 한 시즌 동안 레이스카마다 최대 4개의 PU 핵심 부품을 사용할 수 있고, 연결된 배기 시스템은 여덟 세트까지 허용됩니다. 정해진 것보다 많은 PU 구성 요소를 사용할 경우, 레이스에서 그리드 페널티가 부과됩니다.

드라이버의 몸무게를 포함한 F1 레이스카의 무게는 798kg 이상이어야 합니다. 관리자 역할을 하는 '오피셜'들은 차량의 규정 준수 여부를 확인하기 위해 그랑프리 주말을 시작할 때 모든 레이스카를 '웨이 브릿지'에 올려 무게를 측정합니다. 그랑프리가 진행되는 동안 언제든 다시 레이스카의 무게를 잴 수 있으며, 레이스가 끝난 뒤에는 무게와 함께 다른 규정 준수 여부를 확인하는 검차가 진행됩니다.

F1에서는 10여 년 전 재급유가 금지되었고, 현재는 일반적인 휘발유와 비슷한 110kg의 연료로 레이스를 완주해야 합니다. 레이스가 끝나면 연료 샘플을 채취해 규정에 맞는지 확인합니다.

F1 휠 림에는 피렐리의 18인치 'P Zero' F1 타이어가 사용되는데, 전체 지름은 28.3인치입니다. 뒷바퀴에는 구동축의 회전을 버틸 수 있는 강한 그립이 필요하기 때문에 앞바퀴보다 더 넓은 타이어가 사용됩니다.

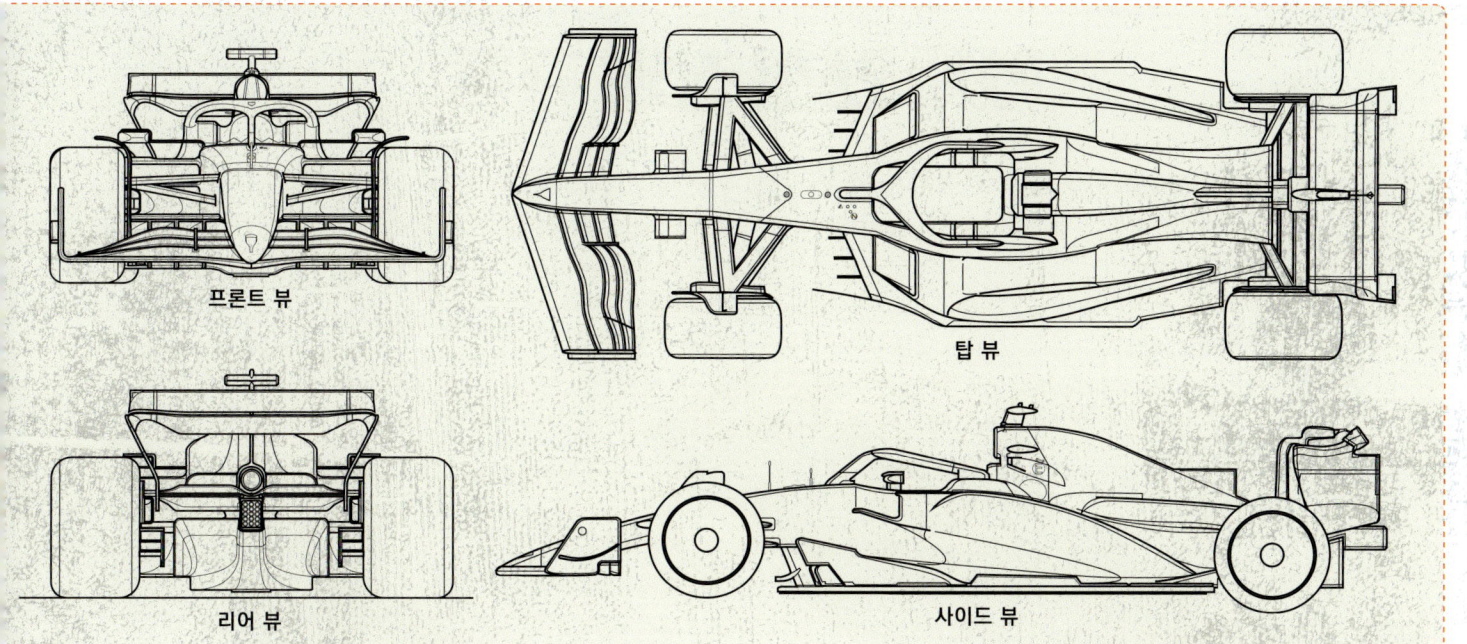

프론트 뷰 · 탑 뷰 · 리어 뷰 · 사이드 뷰

## 파워유닛

- 터보 웨이스트게이트와 테일 파이프
- 흡기 플레넘
- 컴프레서
- 하이브리드 배터리와 CE
- 이그조스트 매니폴드
- 1.6L V6 엔진
- 하이브리드 케이블

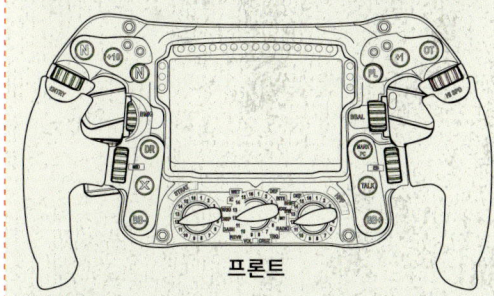

- ERS-H MGU
- 터보차저
- ERS-K MGU
- 크랭크샤프트 측 기어
- 배터리 연결 케이블

## 스티어링 휠

리어

프론트

F1 스티어링 휠은 단순히 조향을 위한 도구 이상의 의미를 갖고 있습니다. 다양한 버튼과 다이얼, 토글스위치 등을 조합해 수백 가지 옵션을 조작할 수 있고, 미세한 레이스카 셋업의 조절에도 영향을 미칩니다. 드라이버는 복잡한 조작 방법을 모두 외워야만 하는데, 치열하게 레이스를 펼치는 동안 화면을 보기 위해 잠시 스티어링 휠 쪽으로 시선을 돌릴 여유가 없기 때문입니다. 스티어링 휠 뒤쪽에 배치된 패들을 사용해 기어를 변경할 수 있고, 핸드 클러치도 스티어링 휠 뒤쪽에 배치되어 있습니다. 이런 조작들은 얼핏 꽤 복잡해 보이지만, 일방적으로 입력된 기능을 수행하는 기계 장치의 수준을 넘어 복잡한 컴퓨터로 발전한 현재의 F1 스티어링 휠에서는 가장 단순한 작업에 불과합니다.

# 안전 장비

F1은 안전한 레이스카를 만들기 위해 지난 70년간 기술적 혁신과 규정 변경을 계속해 왔습니다. 모터스포츠는 매우 빠른 속도에서 펼쳐지기 때문에 100% 안전해질 수는 없지만, 오늘날의 F1 레이스카에는 사고 상황에서 드라이버를 보호하기 위한 다양한 기능과 장비가 장착되어 있습니다.

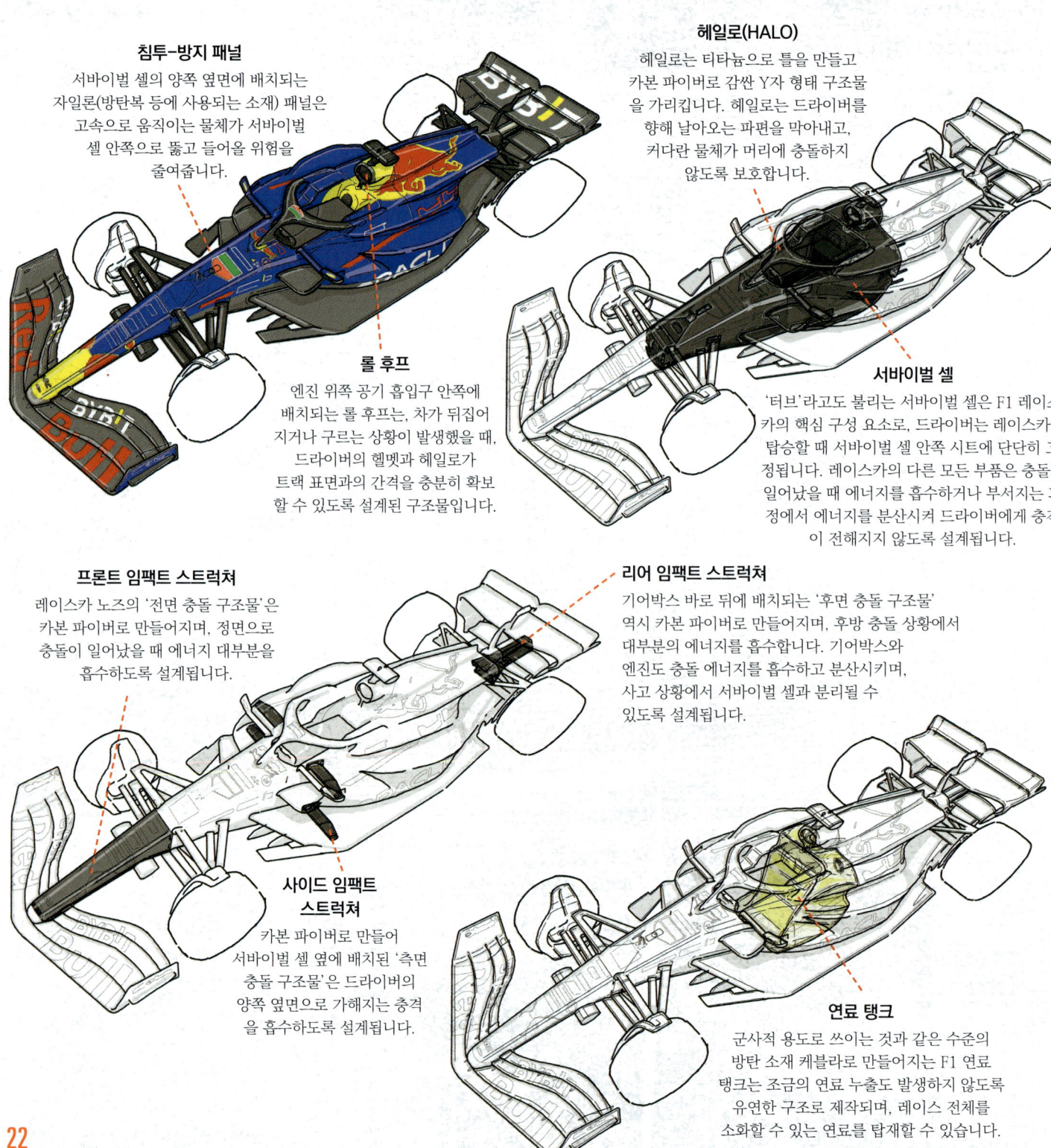

**침투-방지 패널**
서바이벌 셀의 양쪽 옆면에 배치되는 자일론(방탄복 등에 사용되는 소재) 패널은 고속으로 움직이는 물체가 서바이벌 셀 안쪽으로 뚫고 들어올 위험을 줄여줍니다.

**헤일로(HALO)**
헤일로는 티타늄으로 틀을 만들고 카본 파이버로 감싼 Y자 형태 구조물을 가리킵니다. 헤일로는 드라이버를 향해 날아오는 파편을 막아내고, 커다란 물체가 머리에 충돌하지 않도록 보호합니다.

**롤 후프**
엔진 위쪽 공기 흡입구 안쪽에 배치되는 롤 후프는, 차가 뒤집어지거나 구르는 상황이 발생했을 때, 드라이버의 헬멧과 헤일로가 트랙 표면과의 간격을 충분히 확보할 수 있도록 설계된 구조물입니다.

**서바이벌 셀**
'터브'라고도 불리는 서바이벌 셀은 F1 레이스카의 핵심 구성 요소로, 드라이버는 레이스카에 탑승할 때 서바이벌 셀 안쪽 시트에 단단히 고정됩니다. 레이스카의 다른 모든 부품은 충돌이 일어났을 때 에너지를 흡수하거나 부서지는 과정에서 에너지를 분산시켜 드라이버에게 충격이 전해지지 않도록 설계됩니다.

**프론트 임팩트 스트럭쳐**
레이스카 노즈의 '전면 충돌 구조물'은 카본 파이버로 만들어지며, 정면으로 충돌이 일어났을 때 에너지 대부분을 흡수하도록 설계됩니다.

**리어 임팩트 스트럭쳐**
기어박스 바로 뒤에 배치되는 '후면 충돌 구조물' 역시 카본 파이버로 만들어지며, 후방 충돌 상황에서 대부분의 에너지를 흡수합니다. 기어박스와 엔진도 충돌 에너지를 흡수하고 분산시키며, 사고 상황에서 서바이벌 셀과 분리될 수 있도록 설계됩니다.

**사이드 임팩트 스트럭쳐**
카본 파이버로 만들어 서바이벌 셀 옆에 배치된 '측면 충돌 구조물'은 드라이버의 양쪽 옆면으로 가해지는 충격을 흡수하도록 설계됩니다.

**연료 탱크**
군사적 용도로 쓰이는 것과 같은 수준의 방탄 소재 케블라로 만들어지는 F1 연료 탱크는 조금의 연료 누출도 발생하지 않도록 유연한 구조로 제작되며, 레이스 전체를 소화할 수 있는 연료를 탑재할 수 있습니다.

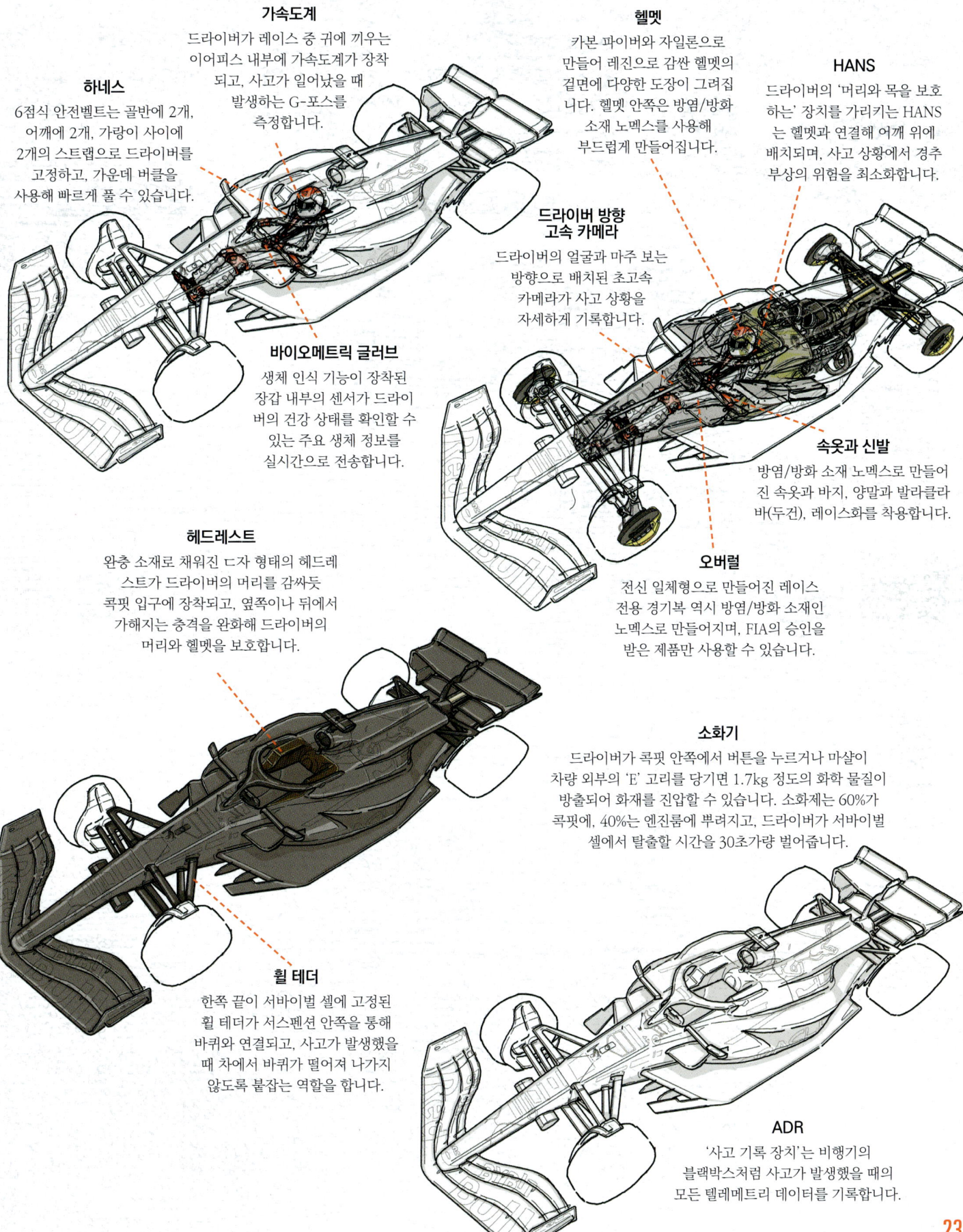

# 설계, 개발, 테스트

현대적인 F1 무대에서 우연히 벌어지는 일은 하나도 없습니다. 트랙은 물론 레이스카를 설계/제작하는 팀 본부에서도 성능에 영향을 주는 모든 요소를 실시간으로 파악하고 분석합니다. 각 차량에 장착된 300개의 센서는 그랑프리 주말마다 1TB 이상의 데이터를 전송합니다. 각 F1 팀은 한 시즌 동안 100억 개 이상의 데이터 포인트를 수집하고, 수집한 모든 데이터를 분석해 장점을 발굴하거나 문제를 해결하며 최고의 F1 레이스카를 만들기 위해 노력합니다.

수십 년 전부터 F1 레이스카의 설계는 수작업 대신 컴퓨터의 도움을 받는 CAD 기반으로 대체되었습니다. 디지털 설계로 만들어진 데이터 속 가상의 레이스카를 '물체 주위 유체의 흐름을 수학적으로 예측해 내는 CFD(전산 유체역학)'로 테스트하고, 60% 크기의 실물 축소 모형을 만들어 윈드 터널 속에서 실제 공기 흐름을 분석합니다.

완성된 F1 레이스카는 팀 본부 공장의 '7축 분석 장비'에서 테스트되기도 합니다. 이 장비는 특정 트랙에서 경험할 수 있는 가로/세로 방향의 하중 이동을 재현해, 실제 세계에서 작용하는 힘을 확인하게 합니다. '셰이커'라고 불리는 장비는 서로 다른 트랙의 특정 연석, 써킷에서 만날 수 있는 요철, 그리고 최고 속도로 달리거나 치열한 경쟁을 펼칠 때 서스펜션이 받게 되는 여러 방향의 힘을 재현합니다.

이렇게 F1 레이스카와 부품의 설계와 테스트가 이뤄지는 과정에서, CFD와 윈드 터널을 사용할 수 있는 테스트 시간은 다양한 규정에 따라 제한됩니다. 챔피언십 순위가 낮은 팀에게 더 많은 시간이 허락되고, 챔피언 타이틀을 차지한 팀은 가장 적은 시간의 테스트로 경쟁에 나서야 합니다.

그러나, 아무리 설계가 뛰어나고 가상 세계 속에서 좋은 성능을 발휘하더라도, 실제 트랙에 나섰을 때 레이스카와 부품이 원하는 성능을 낼 것이라고 장담할 수 없습니다. 그랑프리 주말 트랙에 나선 뒤에야 비로소 진정한 테스트를 할 수 있으며, 그랑프리 기간 외에 차와 새로운 부품을 테스트할 수 있는 시간은 규정에 따라 제한됩니다.

각 시즌의 신차는 전통적으로 1월이나 2월에 공개되고, 새 시즌의 첫 번째 그랑프리는 3월에 편성되는 것이 보통입니다. 현재 첫 그랑프리가 펼쳐지기 전에 신차를 테스트해 볼 수 있는 기간은 단 3일간 진행되는 프리-시즌 테스트뿐입니다. 모든 팀이 같은 트랙에 모여 각자의 신차를 동시에 테스트하는 프리-시즌 테스트 기간에는, 팀마다 한 대의 레이스카만 투입할 수 있기 때문에 드라이버들은 전체 25시간의 테스트 시간을 적절히 나눠 테스트에 임합니다.

시즌이 시작되면 각 F1 팀은 그랑프리 주말에만 현재의 레이스카와 새로운 개발 부품을 사용할 수 있습니다. 타이어 공급자의 개발 테스트 등을 위한 지정된 기간을 제외하면, 레이스 주말 이외에 자체 개발 프로그램 등을 위한 테스트는 금지됩니다. 이런 규제를 통해 대형 팀이 더 많은 테스트로 소형 팀에 비해 유리한 상황을 만들지 못하도록 하고, 전체적으로 모든 팀의 개발 비용 절감을 기대할 수 있습니다. 그러나, 2년 이상 지난 구형 레이스카에 대한 테스트는 자유롭게 진행할 수 있는데, 개발 속도가 매우 빠른 F1에서 2년 이상 지난 차량은 사실상 경쟁력이 없기 때문입니다.

테스트에 대한 제약이 많지만, 시뮬레이터를 통해 개발 부품을 미리 경험하는 방법이 있습니다. 현재 각 F1 팀에서 가장 엄격하게 관리되는 비밀 병기 중 하나인 시뮬레이터는 최신형의 경우 가격이 수백만 달러에 달합니다. 가장 정교한 최고의 시뮬레이터는 현실 세계에서 각 개발 부품이 성능에 미치는 변화를 매우 정확하게 재현할 수 있습니다. 이런 시뮬레이터는 그랑프리 주말 외의 기간에도 드라이버가 훈련을 계속할 수 있는 훌륭한 대안이 되기도 합니다.

현실 세계에서 테스트가 매우 제한적인 만큼, 현대적인 F1 챔피언십에서 데이터의 중요성은 두드러질 수밖에 없습니다. 각 F1 팀은 CFD의 가상 세계, 윈드 터널, 시뮬레이터에서 확인한 데이터와 실제 세계에서 측정한 데이터 사이의 상관관계를 명확히 밝혀내야만 효율적으로 F1 레이스카를 개발할 수 있습니다.

# 깃발 신호와 세이프티 카

모터스포츠에서 드라이버에게 메시지를 전하는 가장 빠른 방법은 트랙 주변에서 깃발을 사용하는 것입니다. 드라이버들은 모터스포츠에 입문할 때부터 항상 깃발 신호를 주목하도록 교육받습니다. 비록 최근 스티어링 휠의 알림 기능이나 트랙 주변의 LED 패널 등을 통해 중요한 상황을 알리는 경우가 많아졌지만, 물리적인 깃발 신호는 여전히 공식적으로 가장 우선적인 공지 시스템입니다. 유일하게 신호등 시스템을 우선하는 것은 레이스 출발 신호의 경우뿐인데, 스타트 라인 위쪽에 배치된 다섯 개의 불빛이 차례로 켜진 뒤 동시에 꺼지는 순간 레이스가 시작됩니다.

페이스 카라고도 불리는 세이프티 카는, 트랙에서 큰 사고가 발생했을 때 차들의 속도를 줄이기 위해 사용됩니다. 세이프티 카를 활용하면, 레드 플래그 선언으로 레이스를 중단시키지 않고도 트랙 마샬들이 상황을 정리하거나 응급 의료팀이 사고 지점에 접근할 수 있습니다. F1에서는 웻 컨디션에서 속도를 늦추고 상황이 나아져 레이스를 재개할 수 있을 때까지 기다리기 위해 세이프티 카를 활용하기도 합니다. 악천후로 레드 플래그가 선언되고 레이스가 중단됐을 경우, 트랙 상황을 점검하고 레이스 재개가 가능한지 확인하기 위해 세이프티 카가 트랙을 달리기도 합니다.

F1 그랑프리에는 공식 응급 의료팀이 탑승하는 메디컬 카도 준비되는데, 메디컬 카에는 사고 현장에서 응급조치에 사용할 수 있는 의료 장비가 탑재됩니다. 만약 트랙의 특정 구간만 위험하다고 판단될 경우에는 '버추얼 세이프티 카(VSC)' 상황이 선언될 수 있습니다. VSC 상황에서는 실제 세이프티 카가 트랙에 진입하지 않는 대신, 위험 요소가 남아 있는 구간을 지날 때 속도를 줄이도록 하는 구간 속도 제한이 적용됩니다.

**그린 플래그**
세션의 시작. 옐로우 플래그 구간 다음 구간이 그린 플래그인 경우 다음 구간에는 문제가 없음. 정상 속도로 복귀

**옐로우 플래그**
전방에 위험 상황. 감속

**더블 옐로우 플래그**
전방 트랙 위에 큰 위험 요소. 바로 정지할 수 있도록 준비

**옐로우 플래그와 'SC' 표지판**
감속 및 세이프티 카 상황

**오일기**
트랙에 사고 파편이나 미끄러운 유류

**레드 플래그**
세션 중단. 속도를 줄이고 피트로 복귀

**체커드 플래그**
세션 종료

**블루 플래그**
뒤에서 빠른 차 접근. 뒷 차를 보내줄 준비

**화이트 플래그**
전방에 서행 차량

**오렌지 볼기**
즉시 피트 복귀 및 수리

**흑백 반기**
경고. 비신사적 행동에 대한 주의

**블랙 플래그**
실격

# 타이어

타이어는 F1에서 가장 중요한 요소입니다. 레이스카의 모든 출력은 네 개의 타이어를 통해 지면에 전달됩니다. F1 그랑프리에서 원하는 결과를 얻으려면 상황에 맞는 최적의 타이어를 선택해야 합니다.

현재 F1에는 가장 단단한 C1부터 가장 부드러운 C5까지 다섯 종류의 드라이 타이어가 사용됩니다. 그랑프리마다 다섯 가지 컴파운드 중 세 종류의 컴파운드가 선택되고, 가장 부드러운 '소프트' 타이어는 빨간색, '미디엄' 타이어는 노란색, 가장 단단한 '하드' 타이어는 흰색으로 표시합니다. 타이어가 부드러울수록 접지력이 높고 더 강한 그립을 기대할 수 있지만, 더 빨리 닳는 단점이 있습니다. 하드 타이어는 더 오래 사용할 수 있지만, 기대할 수 있는 랩 타임은 더 느립니다. 미디엄 타이어는 중간 정도의 특징을 갖고 있습니다. 각 팀은 두 가지 이상의 컴파운드를 사용해 레이스 전체를 소화할 수 있도록 전략을 수립해야 합니다. 또한, 노면이 젖어 있을 때 사용할 수 있는 두 종류의 웻 타이어가 있습니다. 비가 적게 오는 상황에 사용하는 '인터미디에이트' 타이어는 녹색으로 표시하고, 더 강한 비가 내릴 때 사용하는 '웻' 타이어는 파란색으로 표시합니다.

드라이버들은 타이어를 '윈도우' 안에 두어야 한다고 설명합니다. 이는 타이어가 적절한 범위 안에 있을 때 최대 성능을 발휘할 수 있다는 것을 의미하는데, 보통 주행 중 타이어 온도와 관련이 있습니다. 공격적인 드라이빙은 타이어를 과열시킬 수 있지만, 반대로 너무 부드럽게만 달린다면 타이어가 차갑게 식어버릴 수 있습니다. 이 때문에 타이어 온도는 적절한 작동 윈도우 안에서 유지되어야만 합니다.

드라이 타이어는 차에 장착되기 직전까지 '블랭킷' 속에서 적정 온도로 가열되고, 가능한 한 최고의 성능을 발휘할 수 있는 온도에 가까운 상태로 관리됩니다. 그러나, 웻 타이어에는 타이어 워머의 사용이 금지되어 있기 때문에 주변 온도와 같은 상태 그대로 레이스카에 장착됩니다.

현재 F1 타이어는 단 하나의 제조사가 독점 공급하고 있지만, 역사를 돌아보면 모두 9개 브랜드가 F1 타이어를 공급했습니다. 여러 차례 F1 챔피언십에서 복수의 타이어 공급자가 경쟁을 펼쳤는데, 이런 경쟁은 레이스에서 전략을 더 복잡하게 만들거나 다양한 흥미로운 요소들을 더해주기도 했습니다.

**피렐리** 1950–1958, 1981–1986, 1989–1991, 2011–현재

**파이어스톤** 1950–1960, 1966–1975

**던롭** 1950–1970, 1976–1977

**엥글베르트** 1950–1958

**콘티넨탈** 1954–1955, 1958

**에이본** 1954, 1956–1959, 1981–1982

**굿이어** 1964–1998

**브릿지스톤** 1976–1977, 1997–2010

**미쉐린** 1977–1984, 2001–2006

# 훈련

겉으로 보기에는 그렇지 않을 수 있지만, F1은 육체적으로 매우 힘들고 극한의 신체 능력을 요구하는 스포츠입니다. F1 드라이버는 팔다리는 물론 강한 코어 근육을 갖춰야 하고, 심폐 능력과 균형 감각, 지구력과 체력 모두 뛰어나야 합니다. 일반 스포츠는 물론 모터스포츠를 통틀어 보더라도 F1만큼 특별한 훈련 과정과 식단 조절까지 요구하는 곳은 없습니다.

F1 드라이버는 마치 '욕조에 누워 수도꼭지 위에 발을 올린 것과 같은 자세'로 콕핏에 단단히 고정되기 때문에, 코어 근육의 힘이 매우 중요합니다. 드라이버는 약 160kg을 밀어내는 힘으로 카본 브레이크를 작동시키면서 몇 밀리미터 단위로 매우 정교한 미세 조정을 해야 하기 때문에, 다리 근육, 특히 왼쪽 다리 근육을 단련해야 합니다.

F1 드라이버는 가속할 때 2G, 감속할 때 6G 이상의 G-포스를 견딜 수 있도록 강한 목 근육을 만드는 훈련도 수행해야 합니다. 2G라면 머리와 헬멧을 합친 무게의 두 배, 6G라면 여섯 배의 무게를 목 근육으로 버텨내야 하기 때문입니다. 코너를 공략하는 동안 5G 이상의 힘이 지속적으로 작용할 수 있으며, 진행 방향을 바꿀 때 순간적으로 작용하는 힘의 방향이 바뀌기도 합니다.

실전에서 F1 드라이버의 심박수는 175bpm을 넘어가고, 때로는 체온이 40°C 이상으로 오르기도 합니다. 방염/방화 소재의 오버럴과 속옷을 착용한 드라이버는 극단적인 환경에 노출된 레이스에서 4kg 이상의 체중 손실을 경험하기도 합니다. 많은 양의 땀을 흘리면서 겪는 체중과 수분 손실은 드라이버의 인지 기능에 영향을 주기도 합니다.

이 때문에 드라이버는 레이스카에 탑승할 때 경험하는 여러 가지 힘을 견딜 수 있도록 훈련을 계속해야 하며, 목과 다리, 팔 근육을 각각 강화하기 위해 특별히 고안된 전용 기계를 사용합니다. 훈련 중에는 유산소 운동 역시 매우 중요하게 여겨지며, 일부 드라이버는 그랑프리가 없는 주말에 철인삼종경기처럼 강한 지구력을 요구하는 스포츠 경기에 출전하기도 합니다. F1 드라이버는 내구력을 중요시하는 다른 스포츠와 비슷하게 가벼운 체중과 강한 힘을 동시에 요구하지만, 비정상적으로 낮은 체중을 막기 위해 F1에서는 드라이버와 시트를 더해 80kg 이상의 무게를 규정했습니다.

모든 F1 드라이버는 개인 트레이너를 두고 있는데, 이들은 체육관에서 훈련할 때는 물론 수면 패턴과 식단 관리까지 일상생활의 모든 부분을 통제합니다. 이들의 통제 아래 F1 드라이버는 닭고기와 생선, 채소와 제한된 탄수화물 성분의 식사로 건강하고 깔끔한 식단을 유지합니다. 레이스가 끝난 뒤 가끔 특별한 식사 시간을 갖거나 포디엄에 오른 기념으로 샴페인을 즐기기도 하지만, 대부분의 경우 주류나 건강에 좋지 않은 음식의 섭취는 엄격히 금지됩니다.

# 물류와 화물 운송

F1 챔피언십 시즌은 10개월간 20개 이상의 지역을 방문합니다. 레이스의 수 자체가 많기 때문에 준비 기간이 부족할 때가 많고, 2주 연속으로 그랑프리가 편성되는 경우가 많아지고 있습니다. 가끔은 3개국에서 3주 연속 경기가 펼쳐지기도 합니다. 따라서, 각 팀에게 필요한 장비를 원활하게 운송하는 것은 F1 월드 챔피언십에서 매우 중요한 과제입니다.

원활한 이동을 위해, 모든 F1 팀은 개러지, 핏 월, 호스피탤리티 등을 만들 수 있는 화물 패키지를 5세트 이상으로 나누어 구성하고 있습니다. 각 화물 패키지 세트는 전 세계를 이동하는 복잡한 일정에 따라 움직이고, 때로는 한 세트가 지리적으로 가까운 지역에 오래 머무르기도 합니다. 비용 절감을 위해 장거리를 이동하는 경우 해상 운송과 항공 운송을 적절히 혼합해 운용하고, 유럽 국가를 오가며 그랑프리가 펼쳐지는 기간에는 트럭으로 장비를 운송합니다.

유럽 레이스의 경우, 패독과 개러지의 구성품들은 그랑프리가 완전히 종료되기 전에 이미 철수 작업이 시작되고, 일요일 저녁에는 거의 300대에 육박하는 트럭이 다음 그랑프리 개최지로 출발합니다. 이렇게 작업을 서두르기 때문에 새로운 그랑프리 개최지에서는 화요일부터 설치 작업이 시작될 수 있습니다. 유럽 레이스에서는 트럭 자체를 활용하는 '모터홈'이 사용되기도 하는데, 각 팀의 임시 본부가 되는 모터홈의 뒷부분은 거대한 테트리스 조각을 맞추는 것과 같은 과정으로 만들어집니다.

유럽을 벗어나 세계를 누비는 레이스의 경우, 개러지와 호스피탤리티를 구성하는 화물을 F1 화물 운송 파트너 DHL이 배정한 6대 이상의 보잉747 항공기를 기준으로 맞춤 설계한 특별한 컨테이너에 담습니다. F1 팀은 레이스카를 포함해 우선순위가 높은 화물을 위한 특수 팔레트를 3개씩 운용하는데, 레이스카의 섀시는 가장 중요한 부분이기 때문에 반드시 항공편으로 이동합니다. 레이스에 맞춰 투입되는 업데이트 부품들 역시 항공 운송을 이용합니다.

매년 해상 운송을 통해 500톤, 항공 운송으로 600톤 이상의 장비가 운송되며, 한 시즌 동안 전 세계를 이동하는 거리는 150,000km에 달합니다. 그랑프리 사이에 경기가 없는 주말이 있다면 모든 장비는 팀 본부로 보내지고, 점검을 거쳐 필요할 경우 수리, 재도색과 재조립을 거쳐 다음 그랑프리 개최지로 보내집니다. F1 화물 운송의 조직적 운용은 마치 군사 작전과 같은 정밀함이 요구되고, F1과 DHL, 각 팀의 수백 명의 팀원들이 힘을 모아 완벽한 물류를 수행했을 때만 그랑프리와 챔피언십이 정상적으로 유지될 수 있습니다.

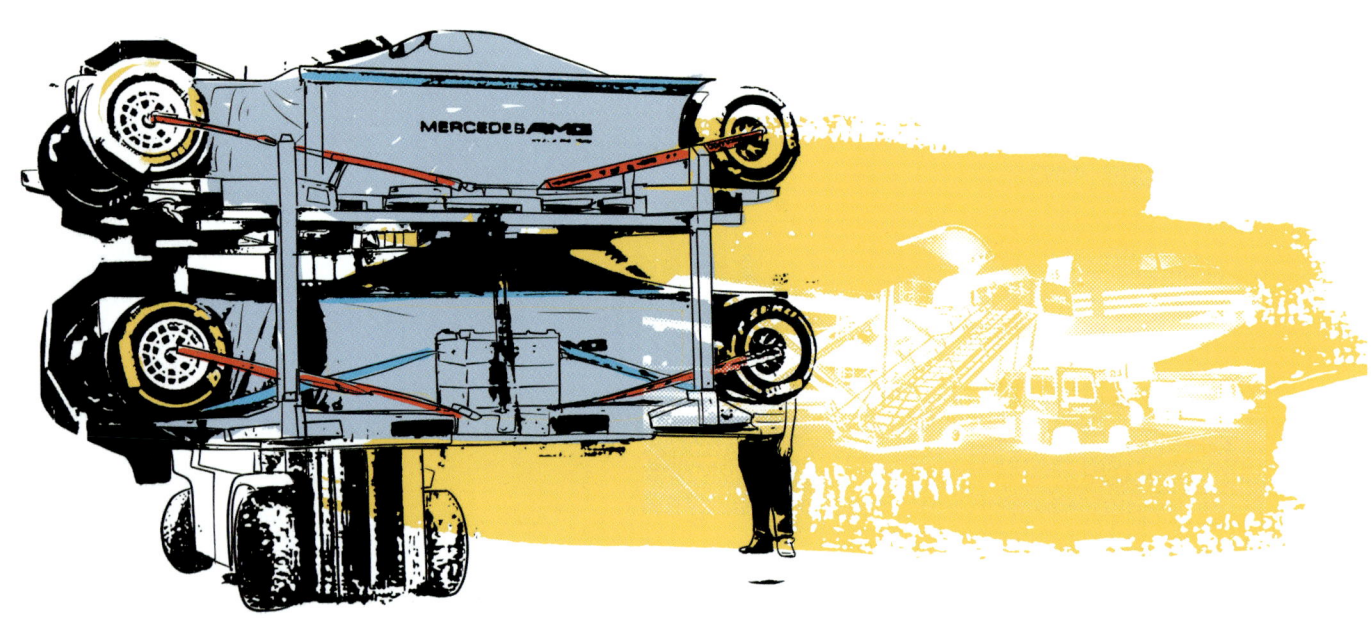

# FIA와 F1

포뮬러 1 월드 챔피언십이 출범할 때부터 '국제자동차연맹(FIA : Féderation Internationale de l'Automobile)'이 F1의 운영을 감독해왔습니다. 현재 FIA는 세 가지 카테고리로 구분된 규정을 통해 F1의 운영을 관리하는데, 각각 수백 페이지에 달하는 규정에 관심이 있다면 FIA 공식 웹사이트에서 확인할 수 있습니다.

'기술 규정'은 F1 레이스카 설계 과정에서 따라야 하는 모든 기준을 정의하고, 섀시, 엔진, 타이어 등 각 부품의 규격과 제작 기준을 제시합니다. '운영 규정'은 그랑프리 이벤트의 운영 방식을 제시하고, 그랑프리 주말의 구성은 물론 모든 프랙티스, 퀄리파잉, 레이스의 운영 방식, 트랙 위에서의 경쟁 과정에서 지켜야 할 규칙을 포함합니다. F1 운영 규정과 별개로 CSI라고 불리는 개론적인 규정이 존재하는데, CIS는 F1을 포함해 FIA가 관리하는 모든 모터스포츠 챔피언십의 행동 강령을 규정하고 있습니다. 2020년대에 새로 도입된 '재정 규정'은 과도하게 많은 F1 팀의 운영 및 개발 자금 부담을 억제하고, 대형 제조사가 소규모 독립팀에 비해 불공정하게 우위를 점하지 못하도록 하는 '예산 상한제'를 담고 있습니다. 재정 규정은 F1 팀이 사용할 수 있는 금액의 상한선과 허용되는 지출 항목을 명확하게 규정합니다. FIA는 이런 규정들이 잘 지켜지는지 감시하고, 규정을 위반할 경우 제재해야 할 책임이 있습니다.

레이스가 펼쳐지는 주말 FIA에서 가장 중요한 역할을 하는 곳은 레이스 디렉터와 심판이라고 할 수 있는 스튜어드, 기술 감독관과 기술 관련 전문 인력들이 포함된 '레이스 컨트롤'입니다. 레이스 컨트롤은 각 레이스카가 규정에 맞는지 확인하는 과정부터 깃발 신호, 세이프티 카 상황의 발령, 사고 유발에 대한 제재까지 그랑프리 주말의 모든 경쟁 과정을 감독합니다. 또한, FIA는 F1 그랑프리의 안전을 책임집니다. 그랑프리 개최를 원하는 써킷은 런오프와 방호벽, 펜스 설치와 최신 의료 설비 배치 등과 관련된 엄격한 기준을 충족해야 합니다. 모든 F1 그랑프리에 FIA 의료 책임자와 FIA 닥터가 대기하고, 자원봉사자로 참가해 드라이버와 팬의 안전을 지키는 트랙 마샬에 대한 훈련도 이뤄집니다. FIA는 인쇄물과 온라인을 통해 인증된 공식 기록과 문서를 발행하기도 합니다.

FIA는 모터스포츠와 민간 교통 분야를 각각 전문적으로 다루는 수많은 위원회와 협의회로 복잡하게 구성되어 있습니다. 또한, FIA는 모든 규정 위반과 그에 따른 제재에 대해 항소가 있을 경우, 가장 먼저 이를 심의하는 기관이기도 합니다.

과거 포뮬러 1 매니지먼트 또는 FOM이라 불렸던 회사로서의 F1은 스포츠의 홍보, 영업과 모든 사업 관련 업무를 담당합니다. 회사로서의 F1은 레이스 캘린더를 구성해 FIA의 승인을 받고, 매 시즌 컨스트럭터 챔피언십 순위에 따라 각 팀에 배당금을 나눠줍니다. F1은 팀들의 화물 운송과 물류를 돕고, 각 그랑프리에서 팀원과 특별한 손님들의 출입증을 발행하고 관리하며 이벤트의 보안을 책임집니다.

모든 그랑프리 주말, 전 세계에 생방송으로 송출할 TV 중계 영상을 제작하는 것은 회사로서의 F1이 책임져야 하는 가장 큰 임무 중 하나입니다. F1은 전 세계 방송사들과 중계 방송에 대한 계약을 협상하고, 중계방송을 담당할 방송사에 대한 인증도 담당합니다. F1은 2010년대 후반 자체적인 디지털 TV 네트워크 방송인 F1 TV를 출범시켰고, 이를 통해 세계에서 가장 빠르게 성장하고 팔로워가 가장 많은 스포츠의 디지털 컨텐츠와 소셜 미디어 컨텐츠를 제작하고 있습니다. F1은 회사 내에 커뮤니케이션 부서와 마케팅 부서에 인력을 배치해 스포츠의 홍보와 새로운 팬을 유치하기 위해 노력하는 한편, 각종 라이센스 관련 계약을 협상하거나 VIP 패독 클럽 운영을 감독하기도 합니다.

# 포뮬러 1을 향한 드라이버의 여정

2014년, FIA는 카팅부터 F1에 이르는 '통합 경로' 체계를 출범시켰고, 어린 드라이버가 오픈-휠 레이싱의 정점에 도달할 때까지의 과정을 단순화하고 체계화했습니다. 각 단계를 밟고 올라갈 때마다 레이스카는 더 복잡해지고, 출력은 점점 강해집니다. 이를 통해 각 드라이버는 모터스포츠 무대에서 경력을 이어 나가는 데 필요한 기술들을 차례로 익히고 성장할 수 있습니다.

오늘날 대부분의 드라이버는 작은 고-카트로 경쟁하는 카팅에서 커리어를 시작합니다. 주니어 수준의 국가 단위 이벤트에서 시작해, FIA와 국제 카팅 위원회(CIK-FIA)가 승인하는 국제 대회나 챔피언십 무대에 진출합니다. 많은 어린 드라이버들이 열 살이 되기 전에 고-카트를 타기 시작하고, 10대 초중반까지 경력을 쌓은 뒤 싱글-시터 레이스에 참가할 자격을 얻게 됩니다.

카트 무대를 떠난 드라이버는 보통 15세부터 출전할 수 있는 국가 단위 카테고리인 '포뮬러 4(F4 : FORMULA 4)'에 진출합니다. F4 레이스카는 1.4L부터 2.0L까지 사이의 직렬 4기통 엔진을 탑재하고, 앞뒤로 윙이 부착된 싱글-시터 레이스카에 슬릭 타이어가 장착됩니다.

다음 단계는 '포뮬러 리저널(FR : FORMULA REGIONA)'입니다. 포뮬러 리저널은 국가 단위 경쟁을 넘어 더 넓은 지역 단위로 진행되는 국제적인 싱글-시터 챔피언십으로, 2L 엔진과 6단 반자동 기어박스를 탑재한 F3 레이스카가 사용됩니다.

'FIA 포뮬러 3 챔피언십(FIA F3 : FIA FORMULA 3 CHAMPIONSHIP)'이 다음 단계입니다. 16세부터 참가할 수 있는 FIA F3는 전 세계에서 모인 드라이버들이 같은 레이스카로 경쟁하는 월드 챔피언십으로 F1 그랑프리 주말 서포트 레이스로 진행됩니다. 공기 저항을 줄이는 DRS가 장착된 달라라 섀시와 자연흡기 V6 메카크롬 엔진의 F3 레이스카는 최고 속도가 300km/h에 달하고, F1과 마찬가지로 피렐리 타이어를 사용합니다. 2017시즌의 F1 레이스카와 유사하게 디자인됐던 F3 레이스카는, 2025시즌부터 그라운드 이펙트의 효과가 대폭 강화된 새로운 섀시를 사용할 예정입니다.

F1을 향한 여정의 마지막 단계는 과거에 포뮬러 2, 포뮬러 3000, GP2 등 여러 가지 이름으로 불렸던 'FIA 포뮬러 2 챔피언십(FIA F2 : FIA FORMULA 2 CHAMPIONSHIP)'입니다. 17세부터 참가할 수 있는 FIA F2는 F1 그랑프리 주말 서포트 레이스로 진행되는 월드 챔피언십으로, DRS가 장착된 달라라 섀시와 메카크롬의 3.4L 터보 엔진을 장착한 레이스카로 경쟁합니다. 최고 속도 335km/h에 F1 스타일의 18인치 피렐리 타이어를 사용하는 F2 레이스카에는 합성 지속가능 연료가 사용된다는 특징도 있습니다. 2024시즌부터 FIA F2에는 F1 스타일의 디자인의 레이스카가 도입됐습니다. 이와 함께 새로운 F2 레이스카는 드라이버들이 좀 더 쉽게 접근할 수 있도록 제동 및 조향 기능이 개선되고, 인체공학적인 설계가 적용되면서 강화된 안전 기준에 맞춰 제작되었습니다.

각 단계에서 성공을 거두면 더 높은 카테고리로 진출할 수 있는 라이센스가 부여되고, 각 챔피언십의 순위에 따라 주어지는 포인트를 충분히 모으면 최종 목표인 F1 슈퍼 라이센스를 획득할 수 있습니다. F1 출전 자격에 해당하는 슈퍼 라이센스는 드라이버가 F1 무대에서 경쟁할 만한 경험과 실력을 갖췄음을 인증합니다. F1 그랑프리에 출전하려면 최소 40포인트의 슈퍼 라이센스 포인트가 필요한데, FIA F2 챔피언십을 상위 3위 이상으로 마친다면 한 번에 40포인트를 바로 획득할 수 있습니다. FIA F3 챔피언에게는 30포인트, 포뮬러 리저널 챔피언에게 18포인트, F4 챔피언에게 12포인트가 주어집니다. FIA F2의 상위 3명과 마찬가지로 미국에서 펼쳐지는 인디카의 챔피언에게도 슈퍼 라이센스를 바로 획득할 수 있는 40포인트가 주어집니다.

FIA
포뮬러 1
월드 챔피언십

FIA
포뮬러 2
챔피언십

FIA 포뮬러 3
챔피언십

포뮬러 리저널

포뮬러 4

카팅

# F1 이외의 레이싱

이 책은 F1을 다루고 있지만, 전 세계에서 F1과 다른 형태의 놀라운 레이싱이 다양하게 펼쳐지고 있습니다. F1과 다른 모터스포츠 분야를 대표하는 챔피언십들은, 모두 나름의 목표를 향해 흥미로운 방식으로 치열한 경쟁을 펼칩니다. F1과 구분된 분야라고 얘기했지만, 각각의 챔피언십에서 경쟁해 우수한 성적을 거둔다면 슈퍼 라이센스 포인트를 얻을 수 있습니다. F1 이외의 챔피언십에서 타이틀을 획득한 드라이버는 F1에 진출할 기회를 얻을 수도 있다는 의미입니다.

## 인디카

1920년대 이전부터 미국 오픈-휠 레이싱의 정점에 자리를 잡은 인디카는 몇 차례 형식을 바꾸면서 지금까지 그 전통을 이어오고 있습니다. 현재 달라라가 독점 공급하는 섀시와 소수의 엔진 제조사(2024년 기준으로 혼다와 쉐보레)가 만드는 엔진을 사용하는 인디카는, 세계에서 경쟁이 가장 치열한 짜릿한 싱글-시터 챔피언십으로 여겨집니다. 인디카 챔피언십은 로드 써킷, 시가지 써킷과 오벌 트랙 등 다양한 무대에서 레이스를 펼치는데, 이들 중 가장 중요한 이벤트는 110년 역사를 자랑하는 인디 500입니다. 슈퍼 라이센스가 없더라도 인디카 챔피언십에 참가할 수 있지만, 반대로 매 시즌 인디카 시리즈의 상위 10명에게는 슈퍼 라이센스 포인트가 주어집니다. 인디카 챔피언의 자리에 올랐다면 바로 F1 출전 자격을 얻을 수 있는 40포인트를 획득합니다. 인디카는 피더 시리즈 시스템으로 '인디로 가는 길'을 운영하고 있으며, FIA의 '통합 경로'와 마찬가지로 어린 드라이버들이 체계적으로 성장할 수 있도록 지원하고 있습니다.

## 포뮬러 E

포뮬러 E는 100% 전기로 움직이는 레이스카로 경쟁하는 오픈-휠 챔피언십이며, 세계 주요 도시에 임시 시가지 서킷을 구성해 경기를 치릅니다. 모든 팀은 같은 표준 섀시를 사용하지만, 각 제조업체는 나름의 파워트레인과 소프트웨어를 개발할 수 있습니다. 챔피언십에서 상위 10위 안에 든 드라이버는 슈퍼 라이센스 포인트를 획득하는데, 포뮬러 E 월드 챔피언에게는 30포인트가 주어집니다.

## 나스카

전미 스톡카 자동차 경주 협회, 즉 나스카는 1920년대 미국 금주법 시대에 경찰을 피해 도망치기 위해 일반 승용차를 개조했던 밀주업자들로부터 유래했습니다. 오늘날 나스카 챔피언십은 일반 승용차의 형태를 띤 레이스 전용 차량인 '스톡카'를 사용해 로드 써킷과 오벌 트랙에서 경쟁합니다. 한 시즌 동안 미국 각지를 오가며 30회 이상 레이스를 펼치는 나스카는 미국에서 가장 인기 있는 모터스포츠이기도 합니다. 나스카 챔피언십 상위 8명은 F1 슈퍼 라이센스 포인트를 획득하며, 챔피언 타이틀을 획득한 드라이버는 15포인트를 얻습니다.

### 내구 레이싱

과거 스포츠카 레이싱이라 불리던 내구 레이싱은 여러 드라이버가 교대로 레이스카를 몰아 정해진 시간 동안 써킷에서 가장 먼 거리를 주행하는 모터스포츠를 가리킵니다. 가장 유명한 내구 레이싱은 세계 내구 챔피언십(WEC)의 핵심 이벤트인 '르망 24시간'입니다. 예전에는 일반인도 구매할 수 있는 양산 모델만 참가할 수 있던 시기도 있었지만, 2000년대에 접어든 이후 WEC 최상위 클래스는 내구 레이싱만을 위해 특별히 제작한 프로토타입 레이스카가 경쟁하는 무대가 되었습니다. 현재 내구 레이싱의 최상위 클래스는 하이퍼카로, 국제적인 챔피언십 WEC와 미국 중심의 내구 레이싱인 IMSA 스포츠카 챔피언십의 규정을 통합하기 위해 도입된 규격(IMSA는 LMDh 규격 사용)을 따릅니다. WEC에서 상위 10위 안에 든 드라이버는 F1 슈퍼 라이센스 포인트를 획득하고, IMSA의 경우 상위 8명이 슈퍼 라이센스 포인트를 얻습니다. 각 챔피언십에서 챔피언 타이틀을 차지한 드라이버에게는 각각 30포인트(WEC)와 18포인트(IMSA)가 주어집니다.

### 투어링카

국가 단위로 펼쳐지는 투어링카 챔피언십은 모터스포츠 초창기부터 존재했고, 일반 도로에서 사용할 수 있는 평범한 자동차로부터 레이스 전용으로 개조한 버전까지 발전해 왔습니다. 가장 유명한 투어링카 챔피언십은 독일의 'DTM'과 호주의 '슈퍼카 챔피언십'이 있습니다. 이들 챔피언십에서 좋은 성적을 거둔 드라이버들 역시 슈퍼 라이센스 포인트를 얻을 수 있습니다.

### 랠리

랠리는 일반 도로에서 정해진 한 지점으로부터 다른 지점까지 주행하는 모터스포츠 분야로, 세계 각지의 아스팔트, 비포장도로, 모래나 얼음 위를 달리는 경우까지 다양한 환경에서 펼쳐집니다. 랠리는 다른 많은 모터스포츠 분야와 달리 써킷에서 레이스카 여러 대가 동시에 주행하며 경쟁하는 대신, 드라이버가 따로 기록을 작성해 경쟁하는 타임 트라이얼 형식으로 진행합니다. FIA가 주관하는 'WRC'가 최상위 랠리 챔피언십으로 자리잡고 있으며, '다카르 랠리'와 '바하 1000' 등의 랠리 이벤트도 유명합니다. 그러나, 랠리 챔피언십이나 이벤트는 슈퍼 라이센스 포인트 지급 대상에 포함되지 않습니다.

# 팩토리

2023년 문을 연 AMR 기술 캠퍼스는 세계 최고의 전문 생산 시설이자 F1 팀의 본부입니다. 실버스톤 서킷 인근에 만들어진 AMR 기술 캠퍼스는 약 4만 제곱미터의 면적 위에 세 개의 건물로 구성되었고, 800명 이상의 직원이 근무하고 있습니다.

애스턴마틴의 F1 팀 운영을 위한 모든 것이 이곳에 집결해 있으며, 한 가지 예외로 파워유닛은 근처 브릭스워스의 메르세데스 파워트레인 공장에서 제작합니다. 2026년부터는 HRC(혼다)가 파워유닛을 제작해 독점 공급하면서 애스턴마틴이 완전한 워크스 팀으로 거듭날 예정입니다.

AMR 기술 캠퍼스에서 가장 큰 두 개의 부서는 디자인 오피스와 제조 및 가공 부서로, 두 부서가 본관 건물을 절반씩 나눠 사용하고 있습니다. 이와 함께 전자장비 부서, 트림 작업실, 검사팀, IT 부서, 물류 그룹, 사업 그룹, 마케팅 그룹, 최고위 경영진들의 사무실이 배치되어 있고, 인상적인 로비와 트로피 룸까지 다양한 공간이 있습니다. 2024년 말에는 팀원을 위한 레스토랑과 체육관도 마련될 예정입니다.

### 제조 부서

F1 규정에 따라 모든 '컨스트럭터'는 레이스카를 구성하는 부품 대부분을 직접 제작해야 합니다. 기술이 아무리 발전하더라도 여전히 직접 금속을 다듬고 부품을 만드는 기술자와 장인의 역할은 절대적입니다. 이런 특별한 기술을 보유한 팀원들은 제조 및 가공 부서에서 활약하는데, 복잡한 형태의 배기 시스템부터 카본 파이버로 제작하는 바디워크와 플로어 등 다양한 부품을 정교하게 만드는 임무를 맡고 있습니다.

### 윈드 터널

F1 레이스카 설계 과정에서 가장 중요한 장비 중 하나인 윈드 터널은, 대형 실린더 내부 한쪽 끝에 거대한 팬을 배치한 시설입니다. 60% 크기로 축소한 F1 레이스카 모형을 준비해 바닥이 움직이는 롤링 로드 위에 배치하고, 바람을 밀어 넣어 레이싱 속도로 달릴 때 차체 주변 공기의 흐름을 재현합니다. 이런 공기 흐름을 분석해, 레이스카 디자인 과정에서 의도했던 공기 역학적 효과가 원하는 만큼 발생하는지 파악할 수 있습니다.

### 레이스 베이

최초의 F1 팀 본부부터 오늘날의 F1 팀 팩토리까지 계속 존재한 공간이 바로 레이스 베이입니다. 레이스 베이는 레이스카가 처음 시동을 걸고 생명을 얻는 곳으로, 최초의 차량 조립은 물론 각 레이스 이후의 해체, 수리, 재조립 등이 모두 레이스 베이에서 진행됩니다. 레이스 베이는 기본적으로 그랑프리 기간 F1 팀의 개러지를 확장한 것과 같은 형태로 구성되며, F1 레이스카에게는 집과 같은 공간이라고 볼 수 있습니다. F1 레이스카는 레이스 베이에서 그랑프리를 향해 길을 나서고, 경주가 끝난 뒤에는 항상 레이스 베이로 돌아옵니다.

### 미션 컨트롤

미션 컨트롤은 그랑프리 주말마다 써킷에서 수집한 테라바이트 단위의 데이터가 팩토리로 실시간 전송되는 F1 팀의 살아 숨 쉬는 심장부입니다. 트랙에도 모든 변수를 모니터링하는 전담 팀이 배치되지만, 미션 컨트롤에서 치명적인 문제를 먼저 발견하고 경고해 주는 경우도 많습니다. 마치 NASA의 케이프 커내버럴이나 존슨 우주 센터에 배치된 미션 컨트롤과 비슷하지만, 때로는 F1 팀의 미션 컨트롤에서는 더 많은 정보를 더 짧은 시간 안에 처리합니다. 미션 컨트롤은 데이터 분석의 중심 허브 역할을 하는 부서로, 레이스 전략을 다루는 것부터 때로는 엔진 손상을 방지하기 위해 레이스카의 리타이어를 결정하는 것까지 F1 팀의 모든 활동에 영향을 줍니다.

# 개러지

모든 F1 그랑프리 기간 각 팀은 자신들만의 작업 환경을 구축할 수 있는 공간을 할당받습니다. 개러지는 연료와 타이어, 예비 부품 등 그랑프리 주말 팀 운영에 필요한 모든 것을 보관하는 공간이기도 합니다. 개러지는 그랑프리 기간 팀의 IT 허브 역할도 맡고 있으며, 모든 팀원이 통신에 사용하는 라디오와 헤드셋 역시 개러지에 보관되고 운영됩니다. 레이스카로부터 전해진 텔레메트리 데이터는 개러지 내의 메인 스크린이나 개러지 벽 뒤에 배치된 다수의 모니터에서 확인할 수 있고, 엔지니어들의 사무실과 팩토리로도 전송됩니다. 연료 공급 업체는 개러지 안에 할당된 전용 구역에서 연료 샘플을 테스트하며, 엔진으로부터 떨어져 나와 연료나 오일에 포함된 매우 작은 조각들을 검사해 엔진 마모율을 확인합니다.

개러지는 F1 팀의 활동 중심지로, 레이스카의 셋업 변경과 발생한 모든 문제를 해결하기 위한 작업도 이곳에서 이뤄집니다. 각 레이스카는 별도의 레이스 베이를 가지고

있으며, 필요할 경우 차량을 완전히 분해하거나 재조립할 수 있는 공간이 할당됩니다. 모든 드라이버에게는 자신만의 미캐닉과 엔지니어 팀이 배정되고, 개러지 내에 개인 소지품과 헬멧을 보관할 수 있는 전용 공간도 마련됩니다.

그랑프리 기간에는 많은 손님과 VIP가 방문하기 때문에, 대부분의 F1 개러지 안쪽에 방문객을 위한 별도의 관람 구역이 갖춰집니다. 스폰서 관련자와 손님들은 개러지 내부의 전용 관람 구역에서 그랑프리가 진행되는 동안 팀의 작업 모습을 생생하게 목격할 수 있습니다.

핏 월은 그랑프리 공식 세션이 진행되는 동안 팀의 핵심 인원들이 앉아 있는 공간으로, 주행 프로그램에 영향을 주는 중요한 결정을 내리는 장소입니다. 이들은 다수의 모니터를 통해 각종 데이터를 확인하고, 팀의 다른 구성원이나 콕핏에 탑승한 드라이버와 무전으로 소통할 수 있습니다. 페라리의 경우 1호차의 레이스 엔지니어, 스포팅 디렉터, 팀 수석, 수석 트랙 엔지니어, 수석 전략 엔지니어, 2호차의 레이스 엔지니어까지 여섯 명이 순서대로 핏 월에 자리를 잡습니다.

## 핏 스탑

핏 스탑은 모든 레이스에서 가장 중요한 순간입니다. 드라이 컨디션에서 펼쳐지는 레이스의 경우, 모든 드라이버는 규정에 따라 두 종류 이상의 슬릭 타이어를 사용해야 하는데, 이는 최소 한 번의 핏 스탑을 수행해야 한다는 의미입니다. 핏 스탑을 수행하면 레이스에서 매우 큰 시간 손해를 보는데, 이 때문에 핏 스탑은 레이스의 승패를 결정짓는 요인이 되기도 합니다. 오늘날의 F1에서는 한 번의 핏 스탑에 20명 이상의 인원이 투입되며, 타이어 교체를 포함해 필요한 작업을 가능한 한 빠르게 마친 뒤 다시 트랙으로 내보냅니다.

레드불은 오랫동안 F1 핏 스탑의 기준을 높여왔던 팀입니다. 2019 브라질 그랑프리에서 레드불은 당시 사용되던 13인치 타이어 네 개를 단 1.82초 만에 교체해 세계 신기록을 수립했습니다. 2022시즌부터 훨씬 무거운 18인치 타이어가 도입되면서 핏 스탑 시간이 느려질 것이라 예상됐지만, F1 팀들은 간혹 2초 이내의 핏 스탑에 성공하고 있습니다. 가장 빠르게 핏 스탑을 수행하는 팀은 여전히 레드불이지만, 이 글을 쓰고 있는 시점을 기준으로 세계 기록은 1.80초에 핏 스탑을 완료한 맥라렌이 보유하고 있습니다.

그렇다면 레드불은 어떻게 핏 스탑을 빠르게 마칠 수 있을까요?

일단 레이스카가 표시된 위치에 멈추면, 앞뒤에서 '프

론트 잭맨'과 '리어 잭맨'이 차를 들어 올려 바퀴가 지면에서 떨어지도록 합니다.

　이후 네 명의 '거너'가 각 바퀴의 중앙 너트에 휠 건을 꽂은 뒤 휠과 일체형 타이어를 분리합니다. 바퀴마다 한 명씩의 핏 크루가 기존에 장착되어 있던 타이어를 제거하고, 이어서 다른 핏 크루가 새 타이어를 장착합니다. 타이어가 장착되면 거너가 휠 너트를 단단히 고정해 타이어 교체를 완료합니다.

　타이어 교체 작업이 진행되는 동안 차가 흔들리지 않도록 붙잡아 지탱하는 두 명의 핏 크루가 배치되고, 전용 전동 드라이버를 준비한 두 명의 핏 크루가 차 앞에서 프론트 윙의 각도를 조정하기도 합니다. 프론트 잭맨과 리어 잭맨이 사용하는 잭이 고장 날 경우를 대비해 예비 잭을 준비한 핏 크루도 대기하고, 엔진이 멈췄을 때 다시 시동을 걸 수 있는 스타터와 함께 대기하는 핏 크루도 있습니다. 드물게 콕핏의 스티어링 휠에 문제가 발생했을 경우, 예비 스티어링 휠로 교체하는 작업을 담당하는 핏 크루가 배치되기도 합니다. 레이스카의 노즈와 프론트 윙이 손상됐다면, 이를 교체하는 핏 크루들이 추가 배치됩니다.

　모든 작업이 완료되면 레이스카가 내려지고 트랙을 향해 출발하는데, 이 모든 과정이 2초 이내에 이루어지기도 합니다.

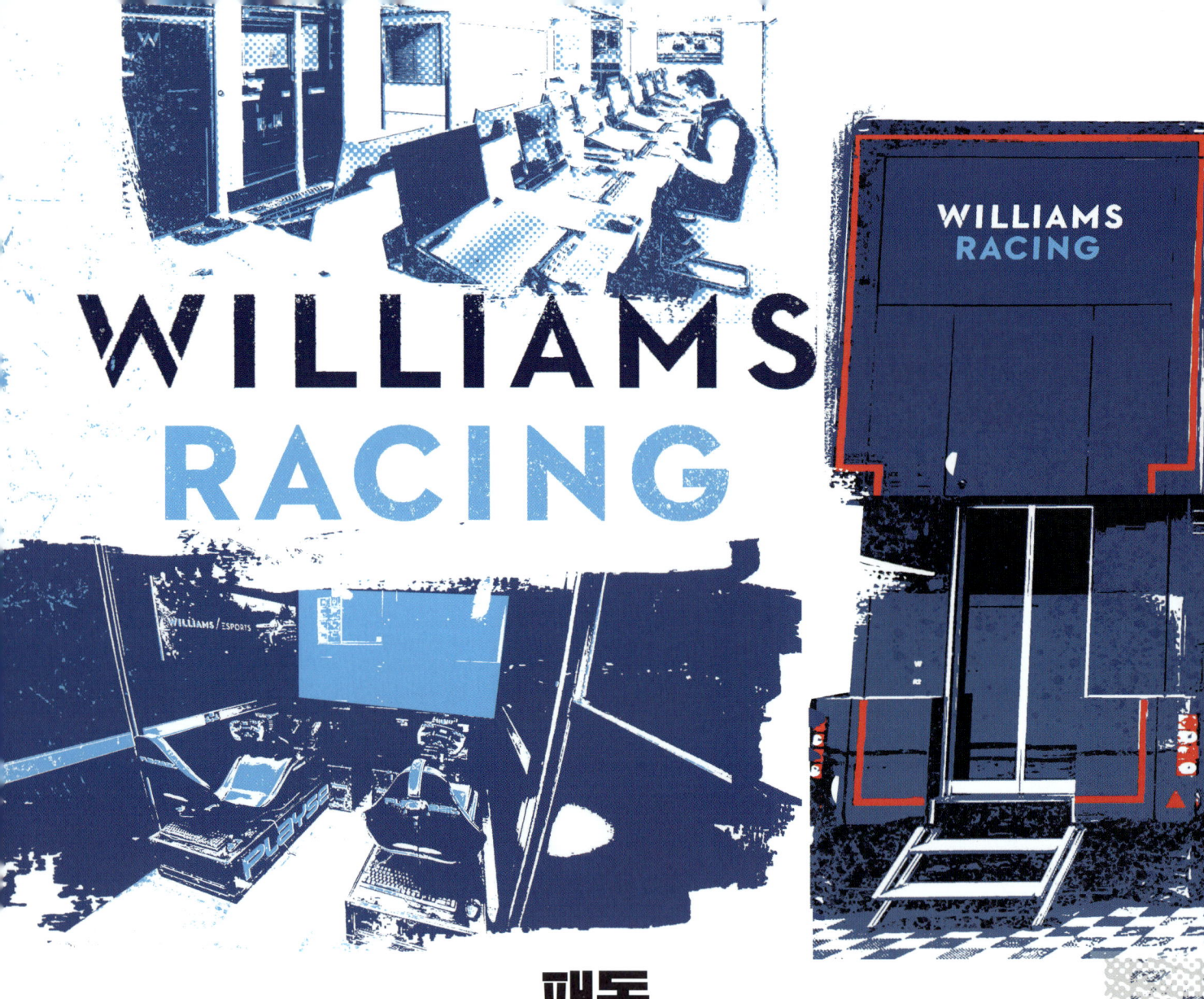

## 패독

유럽에서 그랑프리가 펼쳐지는 기간의 경우 팀들은 필요한 모든 장비를 트럭에 실어 운반하지만, 이 트럭들이 단순히 짐만 옮기는 것은 아닙니다. 트럭들은 2층 구조의 건물로 변신해 짐을 보관하거나 사무실로 사용되기도 하고, '트리하우스'라고 불리는 고가의 엔지니어링 허브를 구축하는 기반이 되기도 합니다.

오랜 전통을 가진 F1 팀 윌리엄스는 그랑프리 주말 동안 4대의 트럭을 운용해, 예비 부품과 사무실 등이 포함된 팀 빌딩을 구축하고 트리하우스를 세울 수 있는 기반을 만듭니다. 트리하우스 안에 준비된 엔지니어링 룸은 각종 전략을 수립하고 조율하기에 적합한 최적의 작업 환경을 제공합니다.

패독의 다른 한쪽에는 트럭들이 마치 테트리스 게임처럼 '모터홈'이라 불리는 접객 시설을 구축합니다. 모터홈은 그랑프리가 펼쳐지는 써킷에서 F1 팀의 집과 같은 역할을 하는데, 마케팅 및 커뮤니케이션 부서와 팀 운영을 담당하는 스탭의 사무실, 드라이버가 쉬면서 레이스를 준비하는 전용 공간이 모두 모터홈 안에 마련됩니다.

모터홈 1층은 손님을 맞이하거나 식사를 할 수 있는 접객 공간으로, 뒤쪽에는 레스토랑처럼 수준 높은 요리를 준비할 수 있는 대형 주방이 배치됩니다. 팀과 드라이버가 초청한 VIP는 1층에 마련된 전용 공간을 이용하고, 때로는 가상 세계에서 트랙을 체험할 수 있는 시뮬레이터 룸을 이용할 수도 있습니다. 모터홈 2층에는 트랙과 패독을 한눈에 담을 수 있는 옥상 데크가 있는데, 편한 좌석과 다양한 음료가 제공되는 바가 있어 쾌적한 관람 환경을 제공합니다.

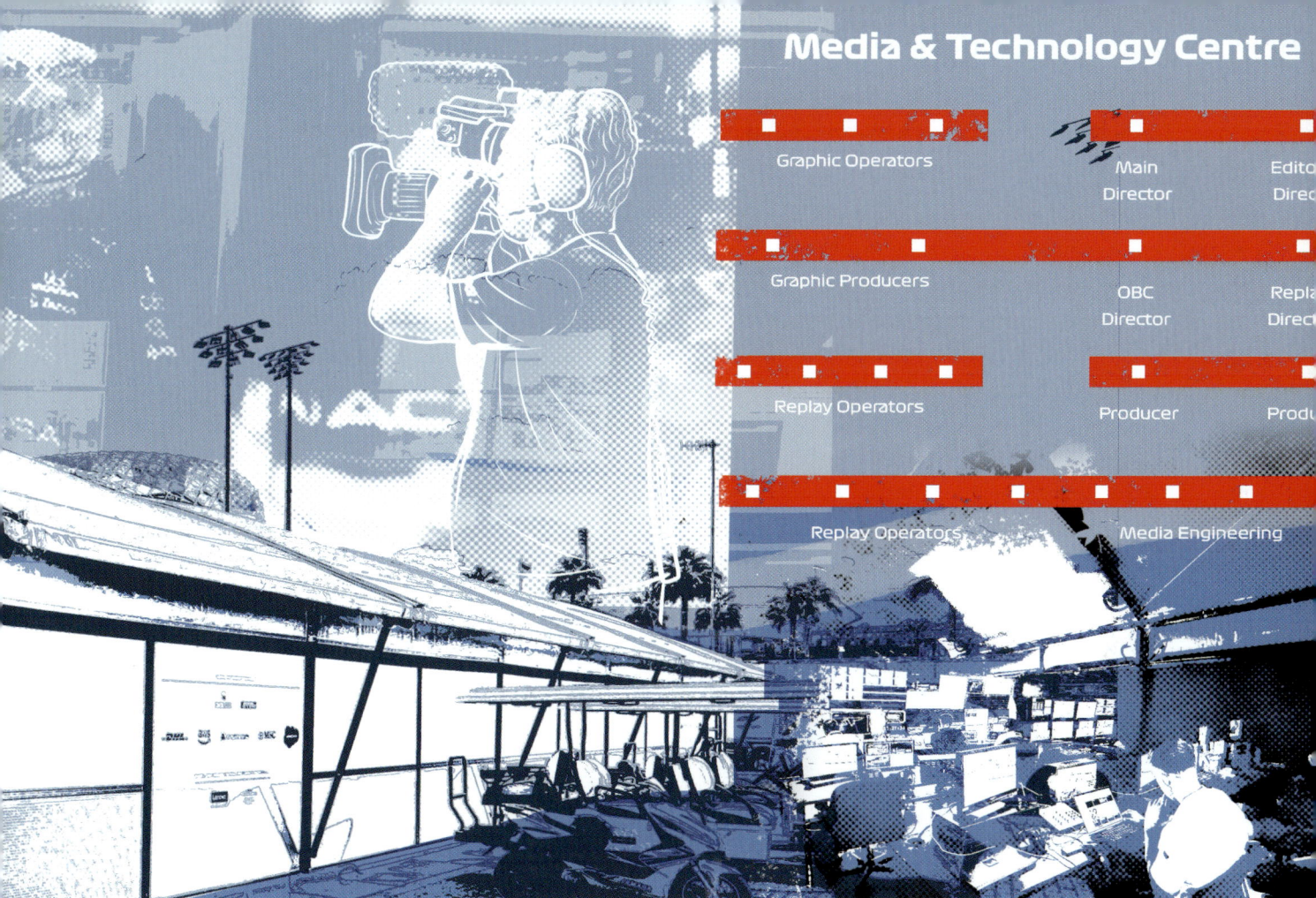

# Media & Technology Centre

F1은 세계 모터스포츠의 정점으로 여겨지고 있으며, 그에 걸맞은 세계 최고 수준의 중계방송 제작 능력으로 유명합니다. F1의 중계방송은 전 세계 180개 지역 15억 명의 시청자에게 전해집니다. 본격적인 중계의 시작을 알리는 브라이언 타일러의 F1 테마 음악이 울려 퍼지는 순간부터 세션 종료 후 최종 순위가 표시될 때까지, 시청자가 확인하는 모든 장면은 F1 소속의 '월드 피드' 국제 방송팀이 연출하고 제작합니다.

방송 중계의 운영은 두 개의 주요 허브를 중심으로 이뤄집니다. 먼저 영국 '빅긴 힐'의 '미디어 & 테크널러지 센터(M&TC)'는 세계 최대의 원격 제작 시스템을 운영하고 있는데, 140명의 직원이 트랙에서 전송된 120종류의 라이브 비디오 스트림을 동시에 수집합니다. 또 하나의 허브는 각 그랑프리 열흘 전 써킷 내부에 설치되는 '이벤트 테크널러지 센터(ETC)'로, 750개의 장비와 75명의 인력이 현장에서 스트림을 제작해 M&TC로 전송합니다. 현장과 영국 본부로 나눠진 팀은 프로듀서와 디렉터로 구성된 '프론트 벤치'가 이끌고 있습니다. 프론트 벤치는 각종 타이밍 정보와 CG 그래픽은 물론 리플레이와 팀 라디오 등을 활용해, F1의 모든 시각적 정보와 청각적 자극이 어우러진 한 편의 교향곡을 연출해 절정의 쾌감을 전달합니다.

그랑프리 주말마다 500테라바이트의 데이터가 전송되는데, 이는 NASA의 허블 우주 망원경이 1년 동안 전송하는 데이터의 50배 이상입니다. 레이스 중에는 레이스카 1대당 최대 7개씩 총 90개의 온보드 카메라가 사용되고, 트랙에 배치된 28개의 카메라와 두 대의 핏 월 카메라가 트랙 주변에서 벌어지는 모든 장면을 포착합니다. 핏 레인과 관중석에는 자유롭게 이동하는 8명의 카메라 오퍼레이터가 다양한 장면을 촬영하고, 전문적인 파일럿이 조종하는 헬리콥터에 장착된 자이로 카메라가 생동감 넘치는 화면을 만들어 냅니다. 여기에 더해 레이스카와 트랙 주변에 설치된 147개의 마이크는 트랙 위에서 만들어지는 다양한 소음과 관중의 함성을 생생하게 포착합니다. 트랙에 매설된 30개의 타이밍 루프가 랩 타임 정보 등 모든 기록의 정밀도를 보장하는 것까지, 중계방송 제작 과정의 모든 요소가 어우러져 F1 그랑프리의 스릴과 감동을 극대화할 수 있도록 세심하게 설계되어 있습니다.

# 세계대전 이전 시대

마차를 타던 시절부터 사람들은 자신의 탈것으로 경주하기를 원했습니다. 고대 그리스와 로마에서 전차 경주를 펼치던 수천 년 전부터 이미 레이스에 대한 갈망은 사람들의 본성이었습니다. 그런 의미에서 자동차의 발명 직후 제조사나 차의 소유주가 얼마나 빠르게, 멀리 달릴 수 있는지 시험하려 했던 것은 그다지 놀라운 일이 아닙니다.

1876년 독일의 엔지니어 니콜라우스 오토가 최초의 내연기관을 설계한 것으로 알려져 있는데, 이 엔진은 연료와 공기의 혼합기를 압축한 뒤 점화해 피스톤을 회전시키는 방식으로 작동했습니다. 1885년 칼 벤츠는 현재 많은 사람이 최초의 자동차라고 부르는 탈것을 만들었고, 칼 벤츠의 아내 베르타 벤츠는 최초의 장거리 주행을 통해 이 발명품이 믿을만하고 쓸만하다는 것을 사람들에게 널리 알렸습니다.

자동차는 곧 세계인의 상상력을 사로잡았고, 기술 혁신을 선도하던 제조사들은 자동차의 개념을 빠르게 발전시켰습니다. 1894년 프랑스 파리에서 루앙까지 80km를 달리며 자동차의 신뢰성을 확인하는 최초의 모터스포츠 이벤트가 개최됐고, 이듬해 파리에서 보르도를 거쳐 다시 파리로 돌아오는 방식으로 오늘날 '경주'라고 부를만한 첫 번째 레이스 이벤트가 펼쳐졌습니다. 1906년 프랑스 르망의 103km 트랙에서 프랑스 자동차 클럽 주최로 최초의 그랑프리가 개최되었고, 르노를 몰았던 헝가리의 페렌 시스가 우승을 차지했습니다. 프랑스어로 '그랑프리'는 '큰 상'을 의미하는데, 20세기 초에 시작된 그랑프리 레이싱의 전통은 현재까지 이어지고 있습니다.

최초의 그랑프리가 펼쳐지던 시절을 포함해 모터스포츠 초창기의 이벤트에서는 차에 문제가 생겼을 때 대응하기 위해 드라이버와 함께 미캐닉이 반드시 동승해야 했습니다. 한편, 시골길을 달려 먼 거리를 이동하는 초창기 도시간 레이스가 참가자와 관중 모두에게 위험하다는 인식이 확대되면서, 1910년 이전에 상설 전용 써킷 건설이 시작됐습니다. 호주의 애스펜데일, 영국의 브룩랜즈, 미국의 인디애나폴리스 등이 최초의 상설 전용 써킷입니다. 제1차 세계대전으로 대부분의 모터스포츠가 중단됐지만, 전쟁이 끝난 뒤 1920년대에 접어들면서 더 많은 써킷이 건설됐습니다. 1922년 이탈리아 그랑프리를 개최한 몬짜는 프랑스를 제외하고 국제적으로 인정받는 대형 그랑프리 이벤트를 개최한 최초의 도시가 되었습니다.

2년 뒤인 1924년, 현재 FIA의 전신인 AIACR이 유럽 지역의 그랑프리 운영을 감독하기 시작했고, 1930년대 중반까지 세계 곳곳에서 20개 이상의 그랑프리가 개최됐습니다. 자동차 기술이 빠르게 발전함에 따라 차의 속도는 점차 빨라졌고, 점점 더 위험해지는 그랑프리에 출전하는 드라이버에 대한 사람들의 경외심도 커졌습니다. 1920년대까지만 해도 레이스의 출발 순서는 추첨을 통해 운에 맡겼지만, 1933 모나코 그랑프리에서 최초의 퀄리파잉이 도입되면서 드라이버의 실력에 따라 스타팅 그리드를 결정하는 전통이 시작됐습니다.

1934년 AIACR은 싱글-시터 레이스카에 대한 새로운 규정을 도입했습니다. 차량 무게는 750kg를 초과할 수 없었지만, 엔진 크기에 대한 제약은 없었습니다. 당시 그랑프리 출전 차량은 국가를 상징하는 지정된 색상을 사용했는데, 프랑스는 파란색, 이탈리아는 빨간색, 영국은 초록색, 독일은 흰색이었습니다. 그런데, 독일 메르세데스는 무게를 줄이기 위해 흰색 페인트를 제거하면서 은색 금속 재질이 그대로 노출됐고, 덕분에 '실버 애로우'의 전설이 탄생했습니다. 독일을 대표하는 메르세데스와 현재 아우디의 전신인 아우토 우니온은 이탈리아 국적으로 젊은 엔초 페라리가 운영하는 알파로메오와 경쟁하며 1930년대 중반 그랑프리 무대를 지배했습니다.

루돌프 카라치올라, 딕 시먼, 타찌오 누볼라리, 루이 시홍 등은 막강한 엔진과 엄청난 속도를 자랑하는 그랑프리 레이스카의 드라이버로 모터스포츠의 전설이 되었습니다.

그러나, 제2차 세계대전의 발발로 인해 전 세계의 모터스포츠가 중단됐습니다. 많은 드라이버가 써킷이 아닌 전쟁터에서 그들의 용기를 발휘했으며, 일부는 스파이로 활동하기도 했습니다. 그러나 전쟁이 끝난 직후 사람들은 곧 평화로운 시기의 엔터테인먼트를 찾기 시작했습니다. 전쟁 중 공군 기지였던 장소가 새로운 써킷으로 탈바꿈했고, 전쟁 이전에 만들어졌던 오래된 레이스카들이 다시 트랙에 복귀했습니다. 전쟁 후 단 1년 만에 전 세계 모터스포츠의 정점에 선 그랑프리 레이싱이 다시 개최되기 시작했고, 그랑프리 레이싱은 완전히 새로운 이름을 얻었습니다.

# 레이스카 디자인의 진화

**로터스 78**
그라운드 이펙트 혁명

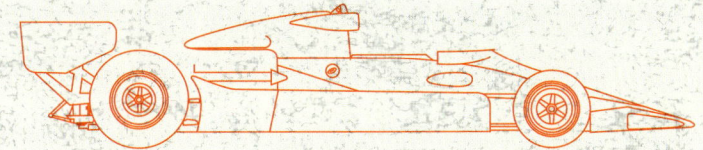

1978

**맥라렌 MP4/1**
카본 파이버 모노코크 섀시를
적용한 최초의 F1 레이스카

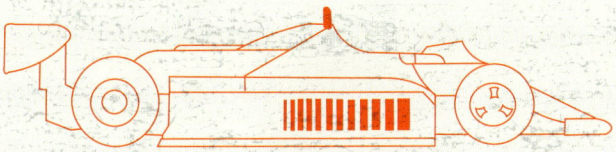

1981

**윌리암스 FW14B**
최첨단 전자장치, 드라이버 에이드,
액티브 서스펜션

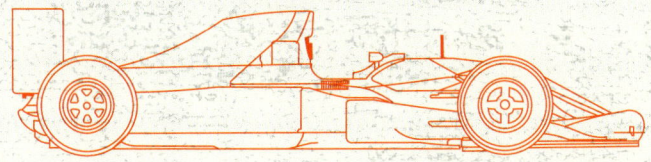

1992

**페라리 F2004**
챔피언 타이틀 획득 신기록을
수립한 페라리

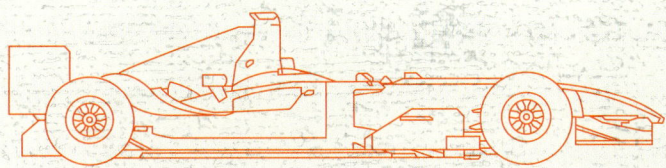

2004

**맥라렌 MP4/23**
2000년대 중반 공기역학 전쟁의
정점

2008

**브런 BGP 001**
새로운 규정과 간소화된
공기역학 규격의 시대를 열고
빅 팀들을 제압

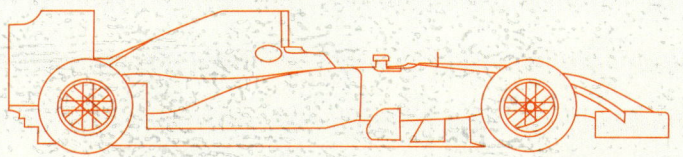

2009

**메르세데스 W10**
터보-하이브리드 시대 최고
성능의 레이스카

2019

**레드불 RB19**
22회의 그랑프리에서 21승을
달성한 F1 역사상 가장 성공적인
레이스카

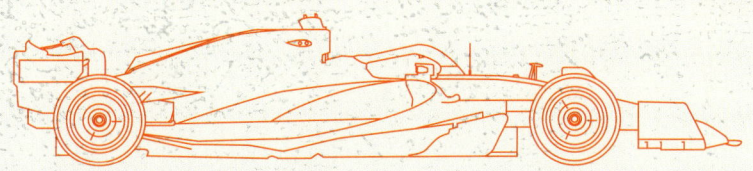

2023

# 드라이버 장비의 진화

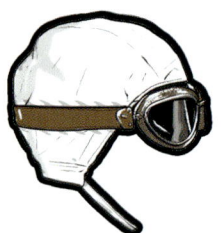

**1950**

천으로 만들어진
모자 착용

**1952**

헬멧 착용 의무화
폴로 헬멧 형식의 에버로악
코르크 클래식 헬멧 유행

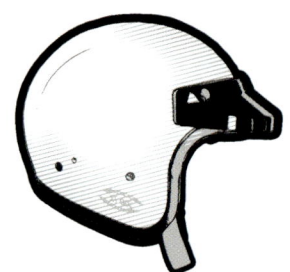

**1954**

전투기 조종사 헬멧 형식의 헬멧 디자인
유리섬유로 외피 제작
폴리스티렌 패딩
스넬 충돌 테스트를 통과한 최초의
헬멧은 벨 500X

**1966**

벨 스타 헬멧
풀-페이스 헬멧
안감에 노멕스 사용

**1970년대**

FIA, 헬멧 제조 규격 제시, 의료용
산소를 공급할 수 있는 구조 의무화
노멕스 재질의 스카프 선택 가능

**1980년대 - 1990년대**

FIA, 헬멧 규격 변경 및 조항 추가
무게 감소, 턱끈 의무화
일반적인 구조 변화

**2000년대**

카본 파이버 사용으로 무게 반감
(약 1kg)
HANS 도입

**2010년대**

자일론 바이저 스트립
공기역학적 효과가 있는 작은 날개 추가

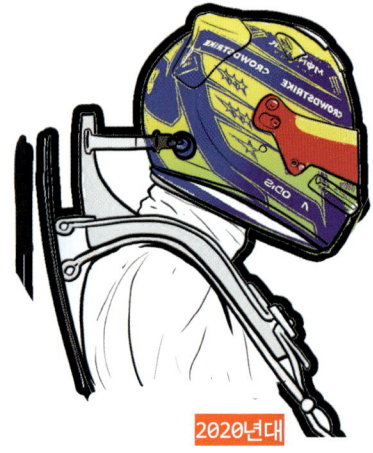

**2020년대**

카본 파이버와 케블라로 제작
바이저 시야 창의 폭 감소

**헬 멧**

**1950년대**

규정 없음
일반 의류 착용 가능
일부 운전자는 면바지 착용

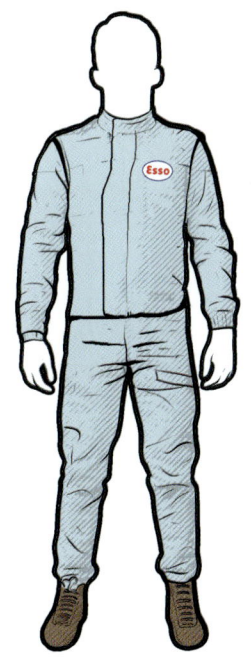

**1963**

FIA, 방화복 착용 의무화

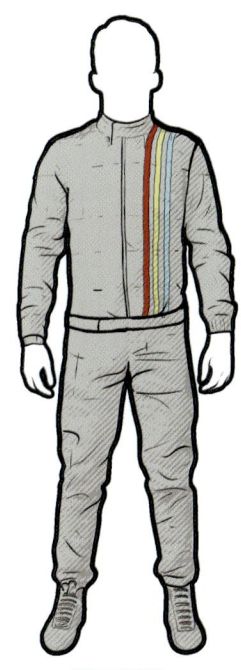

**1970년대**

노멕스와 케블라 사용으로 방화 성능 향상
일부 드라이버는 NASA의 우주복 표준에
맞춘 5겹 슈트 사용

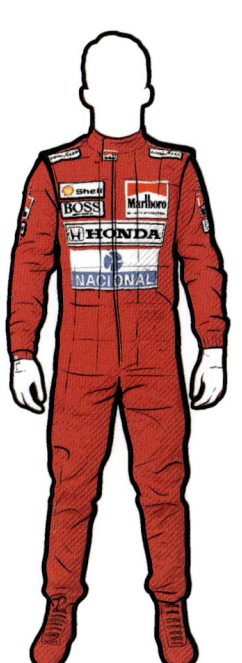
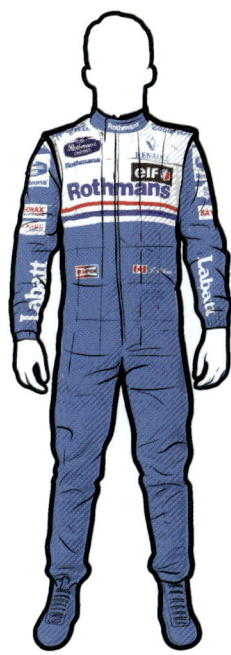

**1980년대-2010년대**

향상된 노멕스로 더 얇고 가벼워짐, 방화 성능 향상
스폰서 로고 노출에 일반 패치 대신 데칼 인쇄 방법을 사용해 무게를 줄이고 불연성 강화

# 오버럴

**1950년대**
일반 승용차와 같은 대형 휠
알루미늄과 나무 사용

**1960년대**
좁은 콕핏에 적합한 작은 휠
가죽 겉감 사용

**1970년대**
휠 중앙에 패딩
엔진 강제 종료 스위치

**1980년대**
팀 라디오 버튼
스웨이드 그립
빠르게 분리할 수 있는 구조
채택

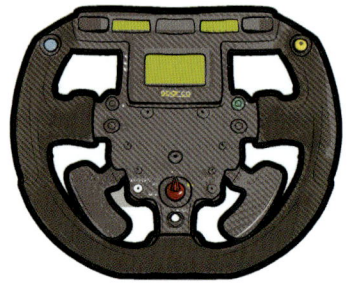

**1990년대**
패들 시프트
핸드 클러치

**1990년대대 후반**
카본 파이버로 제작
기능성 다이얼 도입

**2000년대**
맞춤형 고무 그립
나비 형태의 레이아웃
50개 이상의 다이얼과 버튼
작은 디지털 스크린

**2010년대**
대형 멀티-메뉴 스크린
다이얼, 토글스위치,
버튼 다수 배치

**2020년대**
다수의 토글스위치와 버튼,
온스크린 메뉴를 통해
수백 가지 변수 조절 가능

# 스티어링 휠

# 써킷의 진화

**1950년대**
서킷 안전 규정 없음
일부 트랙에 건초 더미 장벽 설치

**1960년대**
FIA, 서킷 안전 검사 시작

**1970년대**
건초 더미 사용 금지
핏 월 의무화
가드레일, 데브리 펜스, 캐치 펜스, 그래블 런오프 도입
마샬 포스트와 서비스 로드 의무화

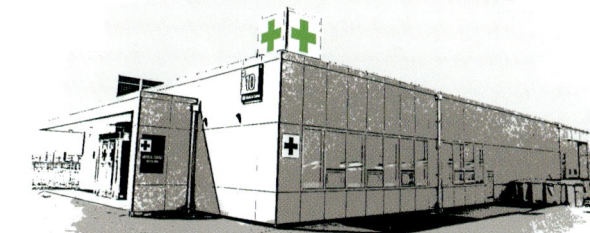

**1980**
상설 메디컬 센터 의무화

**1980년대**
타이어 월 도입
타이어 월 최소 높이 지정
일부 가드레일을 콘크리트 월로 대체
캐치 펜스 금지

**1990년대**
타이어 월 규정 개정
핏 월에 데브리 펜스 추가
핏 레인 속도 제한
연석 유형과 높이 표준화

**2000년대**
포장된 타막 런오프 등장
텍프로 배리어
타이어 배리어에 연결 구조 사용

**2010년대**
붕괴 방지 기술이 적용된 개선된 데브리 펜스 도입

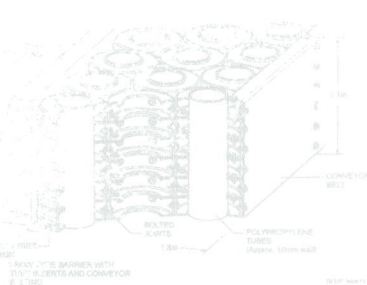

**어쩌면 포뮬러 A라고 불렸을지도 모릅니다.**

포뮬러 I라는 이름이 제안되기도 했습니다. 그러나, 1946년 오늘날 우리가 알고 있는 포뮬러 1의 첫 번째 규정에 대한 합의가 이뤄졌습니다. 참가자를 늘리고 경쟁력 있는 무대를 만들기 위해, 4.5L 자연흡기 엔진과 1.5L 슈퍼차저 엔진을 장착한 레이스카들이 함께 경쟁할 수 있는 규정이 만들어졌습니다. 크고, 무겁고, 엔진이 콕핏 앞쪽에 배치됐던 당시의 F1 레이스카는, 조종하기 힘들고 위험한 것으로 악명 높았습니다. 1947년 프랑스 '포'에서 초창기 F1 규정이 적용된 최초의 그랑프리가 개최되었고, 마제라티 4CL과 함께 넬로 파가니가 우승을 차지했습니다. 그러나, F1 월드 챔피언십은 1950년이 되어서야 공식적으로 출범할 수 있었습니다. 최초의 F1 월드 챔피언십 그랑프리는 1950년 5월 13일, 제2차 세계대전 중 공군 비행장 주변 도로를 따라 만들어진 영국 잉글랜드의 실버스톤 써킷에서 개최됐습니다.

F1 1950시즌은 모두 7개의 레이스로 구성되었습니다. 6개 그랑프리는 F1 규정을 따르는 레이스 이벤트였고, 나머지 한 차례의 이벤트는 미국에서 가장 유명하면서도 중요한 레이스 '인디애나폴리스 500(인디 500)'이었습니다. F1 드라이버와 팀이 인디 500에 참가하는 일은 거의 없었지만, 미국에서 펼쳐지는 레이스를 포함해 전 세계적인 챔피언십이라는 인상을 주기 위해 F1 초창기 10년 동안 인디 500이 캘린더에 포함됐습니다. 나머지 레이스는 모두 유럽에서 펼쳐졌는데, 실버스톤, 모나코, 스파, 몬짜 등 오랜 전통을 가진, 오늘날까지도 F1 캘린더에 남아 있는 써킷들이 무대가 되었습니다. 그러나, F1의 팬층이 두꺼워지고 많은 사람에게 사랑받기 시작하면서, F1 캘린더 역시 세계 각국으로 확장됐습니다. 1953년에는 아르헨티나, 1958년에는 모로코가 F1 월드 챔피언십을 처음 개최했고, 1959년에는 미국도 인디 500이 아닌 F1 규정을 따르는 그랑프리를 보유한 국가가 됐습니다.

F1 초창기 그랑프리는 매우 길고 고된 레이스였습니다. 초기 레이스 중에는 시골길을 따라 500km 이상을 달리는 경우가 많았고, 레이스카에 준비된 안전장치는 거의 없는 것과 다름없었습니다. 트랙 경계는 건초 더미나 흙을 쌓은 둑으로 표시했는데, 이들이 트랙을 벗어난 레이스카를 막을 수 있는 유일한 방어선이었습니다. 연료 재급유에는 금속 재질의 커다란 연료통과 낡은 깔때기를 동원했습니다. 바이크에 사용하는 것과 같은 트레드 폭이 좁은 타이어를 사용했고, 휠 중앙에 배치된 휠 너트를 망치로 두드리는 방식으로 타이어를 교체했습니다. 드라이버들은 티셔츠를 입고 가죽 신발을 신었으며, 1952시즌이 되어서야 헬멧 착용이 의무화되었습니다. 안전벨트는 존재하지 않았고, 위험은 어디에나 도사리고 있었습니다.

초창기 F1 그랑프리에서는 피니시 라인을 먼저 통과한 5명의 드라이버에게 포인트가 주어졌는데, 한 대의 레이스카에 두 명 이상의 드라이버가 교대로 탑승했을 경우 포인트는 균등하게 분배되었습니다. 초창기 F1 월드 챔피언십에서는 한 시즌 치른 경기 중 가장 좋은 성적을 거둔 네 개 그랑프리의 결과만 반영되었고, 이후 F1 캘린더에 포함된 경기가 늘어남에 따라 차례로 상위 5개, 상위 6개의 결과가 반영되는 것으로 규정이 조정되었습니다. 재미있게도 일부 그랑프리의 성적만 반영하는 챔피언십 규정은 상당히 오랫동안 이어졌고, 1991시즌이 되어서야 한 시즌 동안 펼쳐진 모든 경기에서 획득한 포인트가 F1 월드 챔피언십 결과에 반영되기 시작했습니다.

초창기 F1 월드 챔피언십은 드라이버 챔피언십뿐이

었고, 1958년에 이르러서야 컨스트럭터 챔피언십이 도입됐습니다. F1 드라이버들은 다른 모터스포츠 경기에도 자유롭게 출전할 수 있었으며, 챔피언십에 포함되지 않는 F1 넌-챔피언십 그랑프리는 물론, F2, F3, 스포츠카와 인디카 등 다양한 레이스에 자주 참가했습니다. F1 드라이버들은 자신의 모든 여유 시간을 투자해 무대와 형식을 가리지 않고 레이싱에 대한 열정을 불태웠지만, 많은 레이스에 출전하는 만큼 사고로 목숨을 잃는 경우도 많았습니다.

그러나, 오늘날과 마찬가지로 과거에도 드라이버가 레이스에서 승리하려면 뛰어난 팀과 가장 빠른 차가 필요했습니다. F1 월드 챔피언십의 첫 번째 시즌이었던 1950시즌에는 알파로메오가 바로 그 최강팀이었는데, 알파로메오는 출전하지 않은 인디 500을 제외한 모든 레이스에서 우승을 차지했습니다. 1951시즌에는 알파로메오의 이탈리아 라이벌 페라리가 세 차례 그랑프리에서 우승하며 도전했지만, 여전히 최강팀이었던 알파로메오 소속 드라이버가 챔피언 타이틀을 차지했습니다.

1952시즌에는 알파로메오와 영국의 BRM 등 대형 팀이 철수하면서, F1에 참가할 수 있는 팀의 수가 줄어들었습니다. 이런 위기에 대응하기 위해 F1은 두 시즌 동안 F2 레이스카의 챔피언십 그랑프리 참가를 허용해 엔트리 리스트의 양을 늘렸습니다. 이 시기에는 페라리가 가장 강력한 팀의 자리를 지켰고, 페라리를 대표하는 드라이버가 2년 연속 드라이버 챔피언의 자리에 올랐습니다. 1954시즌 2.5L 자연흡기 엔진 규정이 도입되면서 대형 팀이 다시 F1 참가를 선언했고, 이 시기 F1에 뛰어든 메르세데스는 두 시즌 동안 챔피언십을 지배했습니다.

1955시즌은 모터스포츠 역사에서 가장 어두운 시간이었습니다. 르망 24시간 레이스에서 끔찍한 사고가 발생했고, 수백 명의 관중이 다쳤고 80명 이상이 목숨을 잃었습니다. 이 사고로 인해 전 세계 여러 나라에서 모터스포츠가 일시적으로 금지됐고, 스위스에서는 오늘날까지 일부 이벤트를 제외한 모터스포츠가 금지된 상태입니다. 사고 당시 코스를 벗어나 참사를 일으킨 레이스카는 메르세데스의 차였고, 메르세데스는 1955년 말 F1과 세계 주요 모터스포츠 무대에서 모두 철수했습니다. 메르세데스의 팩토리 팀은 55년이 지난 2010년이 되어서야 F1 무대에 복귀했습니다.

이탈리아와 독일의 대형 팀이 초창기 F1을 지배했지만, 1950년대 후반에는 이들에 맞선 소규모 영국 팀들이 존재감을 드러내기 시작했습니다. 소규모 영국 팀들의 기술적 혁신은 이후 F1의 발전 방향과 레이스카의 모습을 영원히 바꿔 놓았습니다. F1 월드 컨스트럭터 챔피언십이 도입된 첫 번째 시즌이었던 1958시즌, 반월이라는 영국의 소형 팀이 컨스트럭터 타이틀을 차지했습니다. 이후 기술 부문의 혁명적 변화가 무서운 속도로 진행됐고, 쿠퍼는 자신들의 소형 F3 레이스카를 F1 규정에 맞춰 발전시키는 아이디어를 내놨습니다. 쿠퍼는 엔진을 드라이버 앞에 두는 대신 차 뒤쪽에 엔진을 배치한 '리어 엔진' 레이스카로 F1 그랑프리에서 우승한 최초의 팀이 되었고, 1950년대의 마지막 두 시즌 동안 드라이버와 팀 챔피언 타이틀은 모두 쿠퍼가 차지했습니다. 쿠퍼의 혁명과 함께 무거운 '프론트 엔진' 레이스카의 시대가 종식된 셈입니다. 1950년대를 거치며 F1은 전쟁 이전의 기술적 원형에서 탈피하기 시작했고, 전후 긴축 경제의 영향력에서도 벗어나 1960년대로 향하고 있었습니다. F1이 맞이할 미래는 기술적 혁신이 폭발적으로 진행되고, 미디어의 영역이 확장되면서 전 세계인의 상상력을 자극하는 화려함이 가득한 완전히 새로운 시대였습니다.

레이스 33 /// 우승 5 /// 포디엄 20 /// 폴 포지션 5 /// 패스티스트 랩 5

# GIUSEPPE FARINA

《《 쥬세페 파리나 · 1회 챔피언 》》

첫 번째 F1 월드 드라이버 챔피언은 F1이 어떤 뿌리를 가졌는지 가장 잘 보여주는 인물이었습니다.

쥬세페 파리나는 부유한 가정에서 태어났고, 항상 자신이 최고라고 믿을만한 환경 속에 성장했습니다. 어떤 사람은 파리나를 오만하다고 평가했고, 다른 쪽에서는 자신감이 충만한 것뿐이라고 생각하기도 했습니다. 이렇게 오만으로도 비칠 수 있는 자신감은 큰 용기와 결합했고, 역사의 한 페이지를 장식한 그만의 접근 방식과 드라이빙 스타일을 완성했습니다.

친구들에게 '니노'라는 애칭으로 불렸던 파리나는 이탈리아 자동차 산업의 중심지 토리노에서 태어났습니다. 그의 아버지는 자동차 공장을 운영했고, 그의 삼촌 피닌은 세계에서 가장 세련된 자동차 디자인으로 유명한 '피닌파리나'를 설립했습니다. 삼촌 피닌은 어린 조카 니노를 옆에 태운 채 레이스에 출전하곤 했고, 파리나는 점차 레이싱에 흥미를 느끼기 시작했습니다. 파리나는 19세의 나이에 처음으로 직접 레이스 이벤트에 출전했는데, 아쉽게도 사고에 휘말리면서 완주에는 실패했습니다.

학창 시절의 파리나는 공부를 잘했지만, 다양한 운동에도 재능을 드러냈습니다. 파리나는 축구 선수로 뛰어났고, 스키를 탈 때 용감했으며, 육상 경기에 나서면 빨랐습니다. 법학 박사 학위를 취득한 뒤 이탈리아 기병대에 입대해 전차 연대에서 복무하기도 했지만, 파리나의 마음은 항상 레이싱에 있었습니다. 쥬세페 파리나는 1930년대 들어 엔초 페라리의 눈에 띄어 드라이버로 고용되었는데, 엔초 페라리는 사고가 잦지만 속도만큼은 빠른 젊은 드라이버에게서 가능성을 보았습니다. 페라리는 파리나를 전설적인 드라이버 타찌오 누볼라리의 팀메이트로 짝지었고, 그가 기술을 배울 기회를 만들어 주었습니다. 파리나는 점차 성숙한 드라이버로 성장했지만, 어린 시절부터 꼬리표처럼 따라다닌 사고가 너무 잦다는 평가는 그의 커리어 내내 떠나지 않았습니다.

파리나의 드라이빙 스타일은 레이스카에 가혹하기로 악명 높았습니다. 파리나는 매우 급격하고 강하게 차를 몰아붙였고, 종종 기계적 한계를 넘는 조작을 시도했습니다. 사고를 일으키지 않더라도, 레이스카가 이러한 가혹한 주행을 견디지 못해 고장을 일으키는 경우가 많았습니다. 그러나, 운전석에서 차분해 보이는 파리나의 모습 덕분에 그의 극단적으로 과격한 드라이빙 스타일은 생각만큼 쉽게 드러나지 않았습니다. 파리나는 등을 등받이에 기댄 채 팔을 거의 완전히 곧게 뻗어 스티어링 휠을 잡곤 했는데, 이는 몸을 웅크리고 스티어링 휠을 움켜쥔 자세로 차를 몰았던 다른 경쟁자들과 대조적이었습니다.

F1 챔피언십이 출범한 1950시즌 쥬세페 파리나는 무적에 가까운 알파로메오 158을 몰았습니다. 이 레이스카는 전쟁 이전 그랑프리 레이싱 시대의 유산이었으며, 알파로메오의 기술적 우위 덕분에 그들의 드라이버 중 한 명이 챔피언십 타이틀을 거머쥘 것이 분명했습니다. 파리나는 사상 최초의 F1 챔피언십 그랑프리에서 우승을 차지했고, 이어 스위스와 이탈리아에서 우승을 추가하며 첫 번째 F1 드라이버 월드 챔피언으로 등극했습니다.

파리나는 아내의 반대에도 불구하고 1955시즌까지 경주를 계속했습니다. 그러나 수년간 계속된 사고와 부상 때문에, 복용을 지속하던 모르핀만으로는 더 이상 통증을 이겨낼 수 없었습니다. 독실한 신앙심을 가졌던 파리나는 레이스가 진행되는 동안 성모 마리아가 자신을 보호해 줄 것이라 믿었지만, 아이러니하게도 파리나는 일반 도로에서의 사고로 생을 마감했습니다. F1 은퇴 후 11년이 지난 1966년, 쥬세페 파리나는 알프스에서 자동차 사고로 세상을 떠났습니다. 당시 파리나는 가장 사랑하는 것을 위해 이동 중이었는데, 바로 그랑프리를 관람하는 것이었습니다.

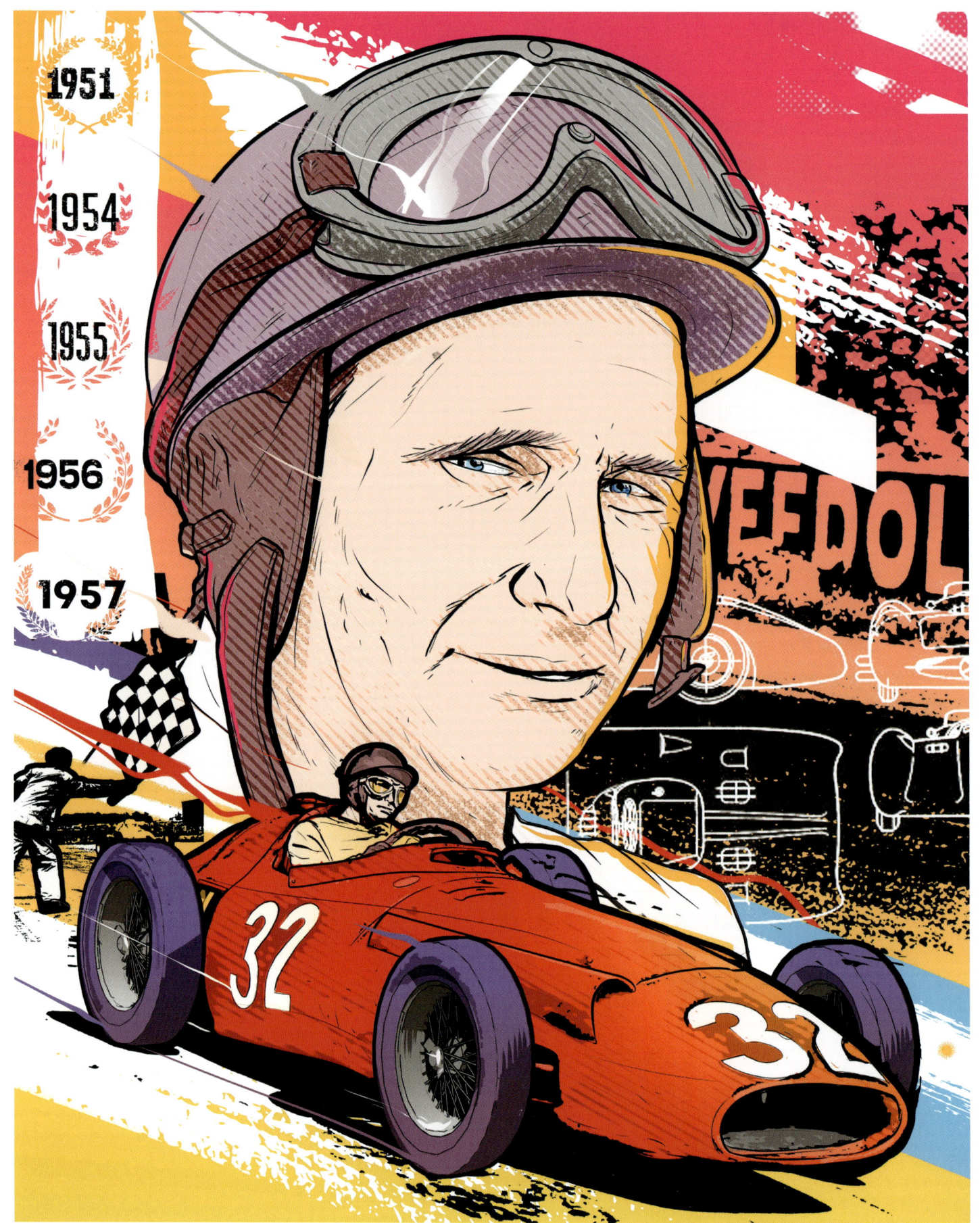

레이스 **51** /// 우승 **24** /// 포디엄 **35** /// 폴 포지션 **29** /// 패스티스트 랩 **23**

# JUAN MANUEL FANGIO

《《 후안 마누엘 판지오 · 5회 챔피언 》》

후안 마누엘 판지오가 얼마나 위대한 드라이버였는지 알기 원한다면, F1의 두 번째 월드 챔피언이 70년 이상이 지난 지금까지도 많은 사람에게 역사상 최고의 드라이버로 여겨진다는 사실을 떠올리면 됩니다. 1911년 아르헨티나의 작은 마을 발카르세에서 태어난 판지오는 13세에 학교를 그만두고 미캐닉으로 일하기 시작했습니다. 건장한 체격에 운동신경도 뛰어났던 판지오는 축구 선수로서 재능을 보여 프로 축구팀으로부터 입단 제의를 받기도 했지만, 그가 제대로 열정을 쏟은 것은 자동차뿐이었습니다.

20대에 접어든 판지오는 자신의 정비소를 만들었고, 직접 차량을 개조해 지역 레이스 이벤트에 참가했습니다. 당시 아르헨티나의 지역 레이스는 시골길을 며칠 동안 달리는 위험한 이벤트였지만, 판지오의 용기와 천부적인 재능은 그에게 여러 차례 우승과 챔피언 타이틀을 안겨주었습니다. 안타깝게도 그 역시 레이스에 언제나 도사리고 있는 위험을 모두 피하지 못했고, 1948년 판지오는 동승자가 사망하는 큰 사고를 겪고 말았습니다. 사고 이후 판지오는 다시는 레이스에 참가하지 않겠다고 맹세했습니다.

그러나, 그의 놀라운 재능을 알아본 아르헨티나 정부는 판지오라면 세계 무대에서도 좋은 성적을 거둘 것이라 판단했고, 설득 끝에 판지오를 레이싱 무대에 복귀시키는 데 성공했습니다. 아르헨티나 정부는 유럽 진출을 위한 막대한 비용을 모두 지원했고, 판지오가 세계 최고의 드라이버들과 경쟁할 수 있는 기회를 만들었습니다. F1 월드 챔피언십이 출범했을 때 판지오의 나이는 이미 마흔에 가까웠지만, 그의 뛰어난 재능과 강인한 육체, 넘치는 체력과 명석한 두뇌는 판지오라는 이름을 전설로 만들기에 충분했습니다. 얼마 지나지 않아 후안 마누엘 판지오는 훨씬 젊은 경쟁자들이 목표로 삼고 따르는 F1 드라이버의 기준이 되었습니다.

1951시즌 알파로메오 소속으로 자신의 첫 번째 F1 월드 드라이버 챔피언 타이틀을 거머쥔 판지오는 이듬해 목이 부러지는 심각한 사고를 겪었습니다. 1년 동안 회복에 전념한 판지오는, 1953시즌 F1 무대에 복귀해 챔피언십 2위에 오르며 건재를 과시했습니다. 1954시즌을 마제라티 소속으로 시작했던 판지오는, 시즌 후반 메르세데스가 F1에 참전하자 독일 제조사의 팩토리 팀으로 이적했습니다. 판지오와 메르세데스의 조합은 압도적으로 강력했고, 1954시즌과 1955시즌 챔피언 타이틀은 모두 그의 것이었습니다.

모터스포츠의 국제 무대에서 철수한 메르세데스를 떠난 판지오는, 1956시즌 페라리로 팀을 옮겨 다시 챔피언의 자리에 올랐습니다. 1957시즌 마제라티로 복귀한 판지오는 앞서 1954시즌 탑승했던 것과 같은 250F와 함께 한 시즌 동안 경쟁했고, 4년 연속 타이틀 획득에 성공하면서 자신의 다섯 번째 챔피언 타이틀을 거머쥐었습니다.

1958시즌을 끝으로 F1에서 은퇴한 판지오는 영원히 깨질 것 같지 않은 놀라운 기록을 여럿 남겼습니다. 그는 자신이 출전한 레이스의 46%에서 우승을 차지했고, 55%의 레이스를 폴 포지션에서 시작해 67%의 레이스에서 포디엄에 올랐습니다. 스포츠카 레이싱에도 나섰던 판지오는 '세브링 12시간'에서만 두 차례 우승했고, 밀레밀리아에서도 세 차례 포디엄 피니시에 성공했습니다.

판지오는 트랙 위에서만 강력한 거인에 머물지 않았고, 신사적인 드라이버의 정점으로 동료들로부터 큰 존경을 받았습니다. 어려움을 겪는다는 것이 무엇인지 잘 알았기 때문에, 항상 겸손하고 친절한 태도를 유지했습니다. 기술적인 탁월함과 매력적인 인격은 판지오를 궁극의 드라이버로 만들었고, 레이스카에 오르는 모든 드라이버에게 영감이 되었습니다. 1995년, 영원히 전설로 남을 후안 마누엘 판지오는 84세를 일기로 세상을 떠났습니다.

레이스 32 /// 우승 13 /// 포디엄 17 /// 폴 포지션 14 /// 패스티스트 랩 12

# ALBERTO ASCARI

《《 알베르토 아스카리 · 2회 챔피언 》》

알베르토 아스카리는 전설적인 F1 팀 페라리 소속으로 챔피언십 그랑프리에서 처음 우승을 차지한 드라이버는 아니었습니다. 그러나, 페라리 최초의 F1 월드 드라이버 챔피언 타이틀을 획득한 것은 알베르토 아스카리였습니다. 아스카리는 많은 사람에게 사랑과 존경을 받는 것은 물론이고 F1에서 가장 안전한 드라이빙 스타일을 고수하면서도 압도적으로 뛰어난 성적을 기록했습니다. 그렇기 때문에, 아스카리가 의문의 테스트 사고로 세상을 떠난 것은 팬들에게 더 충격적이고 가슴 아픈 일이 될 수밖에 없었습니다.

알베르토 아스카리는 1918년 이탈리아 밀라노의 레이싱 가문에서 태어났습니다. 그의 아버지 안토니오 아스카리는 제2차 세계대전 이전의 그랑프리 레이싱에서 가장 유명한 드라이버 중 한 명이었고, 아들 알베르토는 자연스럽게 어린 시절부터 속도와 경쟁의 매력에 둘러싸인 채 성장했습니다. 그러나, 1925 프랑스 그랑프리에서 그의 아버지가 사고로 세상을 떠났을 때, 어린 알베르토는 가혹한 모터스포츠의 본질을 너무 일찍 깨달았습니다. 그럼에도 불구하고, 아버지의 유산을 이어가겠다는 알베르토 아스카리의 굳은 결심은 흔들리지 않았습니다.

모터스포츠에서 알베르토 아스카리의 여정은 모터싸이클 레이싱으로 시작됐지만, 1940년 아버지의 친구 엔초 페라리가 밀레밀리아 참가를 제안하면서 카 레이싱으로 무대를 옮겼습니다. 아버지 안토니오가 세상을 떠났을 때 알베르토에게 아버지와 같은 존재가 되었던 루이지 빌로레시는, 엔초 페라리와 함께 제2차 세계대전이 종료된 후 아스카리가 레이스에 계속 참가하도록 설득했습니다. 빌로레시와 아스카리는 팀메이트로 페라리에서 함께 활약했고, 1952시즌 누구도 멈출 수 없었던 알베르토 아스카리는 7개 그랑프리에서 6승을 거두며 첫 번째 월드 챔피언 타이틀을 거머쥐었습니다. 이어진 1953시즌, 다시 5승을 거둔 아스카리는 F1 최초로 2년 연속 챔피언의 자리에 오른 드라이버가 되었습니다. 알베르토 아스카리는 챔피언 타이틀을 독식한 두 시즌 동안 9연승의 기록을 수립했는데, 이 기록은 2023시즌 막스 베르스타펜이 10연승을 기록할 때까지 70년 동안 유지됐습니다.

페라리 팬들은 약간 통통한 체형을 가졌던 아스카리를 애정을 담아 부를 때, 종종 '치치오'라는 표현을 사용하기도 했습니다. 알베르토 아스카리가 하늘색 티셔츠와 헬멧을 착용하고, 엔초 페라리의 빨간 레이스카를 능숙하게 다루는 모습은 그대로 이탈리아 레이싱의 전설을 상징하는 이미지가 되었습니다. 아스카리는 미신과 징크스를 깊게 믿는 드라이버로도 유명했는데, 스스로 행운이 따른다고 믿었던 레이싱 키트와 헬멧이 담긴 가방을 그 누구도 건드리지 못하게 했습니다.

1954시즌 란치아로 팀을 옮긴 아스카리는, 이듬해 1955시즌 모나코 그랑프리에서 큰 사고를 겪었습니다. 레이스에서 선두를 질주하던 아스카리는 요트들이 정박한 항구 근처의 시케인에서 방호벽을 들이받은 뒤 지중해로 추락했는데, 지켜보던 많은 이들이 생존을 걱정할 만큼 큰 사고에서 다행히 코뼈 골절과 타박상만 입은 채 물 위로 올라올 수 있었습니다.

며칠 후 아스카리는 다른 레이스 참가를 앞두고 페라리의 테스트가 진행 중이던 몬짜 써킷을 방문했습니다. 그는 며칠 전 모나코 그랑프리 사고의 기억을 떨쳐내기 위해 이날 테스트에서도 트랙을 몇 바퀴 돌아야 한다고 주장했는데, 당시 아스카리는 자신만의 행운의 레이싱 키트와 헬멧을 가져오지 않은 상황이었습니다. 테스트에 나선 아스카리는 원인이 밝혀지지 않은 큰 사고를 겪으며 다시 피트로 돌아오지 못했고, 아스카리가 치명적인 사고를 겪은 문제의 코너는 훗날 그의 이름을 기념하는 아스카리 시케인이 되었습니다.

알베르토 아스카리는 그의 아버지가 마지막 사고를 겪었을 당시와 정확히 같은 36세의 나이로 세상을 떠났습니다. 아스카리의 장례 행렬이 지날 때 밀라노의 거리에는 100만 명의 시민이 애도의 물결에 함께했고, 알베르토는 아버지 안토니오의 곁에 안장됐습니다.

레이스 45 /// 우승 3 /// 포디엄 18 /// 폴 포지션 4 /// 패스티스트 랩 6

# MIKE HAWTHORN

《《 마이크 호손 · 1회 챔피언 》》

마이크 호손은 덩치가 크고 호탕한 성격을 지녔고, 인생을 최대한 즐기며 살았던 플레이보이였습니다. 영국 국적 드라이버로는 처음으로 F1 월드 드라이버 챔피언의 자리에 오른 호손은, 트랙 위에서나 굴곡졌던 인생 속에서나 항상 논란을 일으키며 사람들의 이목을 끌었습니다.

1929년 영국에서 태어난 호손은 잉글랜드 남부 브룩랜즈 써킷과 가까운 마을 파넘에서 어린 시절을 보냈습니다. 어린 호손은 자동차 정비소를 운영하는 아버지 아래에서 자동차와 모터싸이클의 세계에 심취했고, 가업을 이을 수 있도록 기술 대학에서 자동차 정비를 공부했습니다. 학업을 마친 뒤 시골길을 빠른 속도로 질주하며 소란을 피우거나 동네 술집에서 젊은 여성들과 어울릴 수도 있었겠지만, 호손은 제2차 세계대전 이후 융성하던 영국의 써킷들을 누비며 자신의 이름을 알리기 시작했습니다.

마이크 호손은 1950년 지역 레이스에 출전하면서 모터스포츠 커리어를 시작했고, 2년 뒤 굿우드 레이스에서의 활약으로 큰 주목을 받았습니다. 폴 포지션에서 출발한 포뮬러 2 레이스 우승은 물론, 포뮬러 리브레 레이스 우승, 넌-챔피언십 F1 레이스에서의 2위까지 모든 성적을 같은 주말에 기록한 것은 사람들을 놀라게 하기에 충분했습니다. 호손은 1952시즌 후반 F1 무대에 쿠퍼 레이스카와 함께 개인 자격으로 출전했고, 챔피언십 최종 순위 공동 4위에 오르는 기염을 토했습니다. 이런 성과로 엔초 페라리의 눈길을 끈 호손은 1953시즌부터 페라리의 붉은 레이스카를 몰기 시작했는데, 페라리에서의 첫 시즌 프랑스 그랑프리에서 후안 마누엘 판지오를 간발의 차이로 제치고 피니시 라인을 가장 먼저 통과하면서 감격적인 첫 승을 거뒀습니다.

키가 크고 건장한 체격에 금발이었던 호손은 어디서든 시선을 사로잡는 존재였습니다. 사람들이 모이는 곳에선 항상 중심에 있었고, 독특한 스타일을 유지하면서도 항상 진지하고 품격 있는 사람이었습니다. 레이스에 나설 때는 오버럴 위에 나비넥타이를 착용하는 것으로 유명했으며, 화려한 사생활과 여성 편력은 종종 신문의 헤드라인을 장식했습니다. 호손은 의회로부터 군 복무 기피에 대한 의혹을 제기받기도 했는데, 의혹의 진실은 불치의 신장 질환으로 늘 고생하던 호손의 군 입대가 거부됐었다는 것이었습니다. 마이크 호손은 매우 용감하기도 했습니다. 그는 1954년 시실리에서 펼쳐진 넌-챔피언십 그랑프리에서 심한 화상을 입고 겨우 목숨을 건졌지만, 시즌이 끝날 때까지 고통을 참아내며 레이스를 계속했습니다.

호손은 트랙 위에서의 논란에서도 자유롭지 않았습니다. 그는 1955 르망 24시간 레이스에서 대재앙을 불러온 랜스 맥클린과 피에르 르베의 사고를 유발했다는 비난을 받았습니다. 끔찍했던 이 사고는 84명의 관중이 사망하는 비극으로 이어졌고, 메르세데스의 모터스포츠 전면 철수와 여러 나라에서 모터스포츠를 금지하는 계기가 되었습니다.

F1에서 여러 차례 팀을 옮기며 같은 영국 출신의 스털링 모스와 환상적인 라이벌 경쟁을 펼치던 마이크 호손은 1957시즌 페라리로 복귀했습니다. 페라리로 돌아온 호손은 팀메이트 피터 콜린스와 깊은 우정을 쌓았고, 마지막 순간까지 떼어놓을 수 없는 형제와 같은 관계를 유지했습니다.

1958시즌 마이크 호손은 스털링 모스를 단 1포인트 차로 제치며 F1 월드 드라이버 챔피언 타이틀을 차지했습니다. 그러나, 시즌 초반 뉘르부르크링에서의 사고로 피터 콜린스가 세상을 떠난 뒤 호손의 레이스에 대한 애정은 차갑게 식어있었습니다. 시즌 종료 직후 은퇴를 선언한 마이크 호손은 석 달 뒤 자동차 사고로 세상을 떠났는데, 이미 의사들은 신장 질환이 악화된 그의 남은 수명이 길어야 18개월이라고 진단했던 것으로 전해집니다.

1950년대

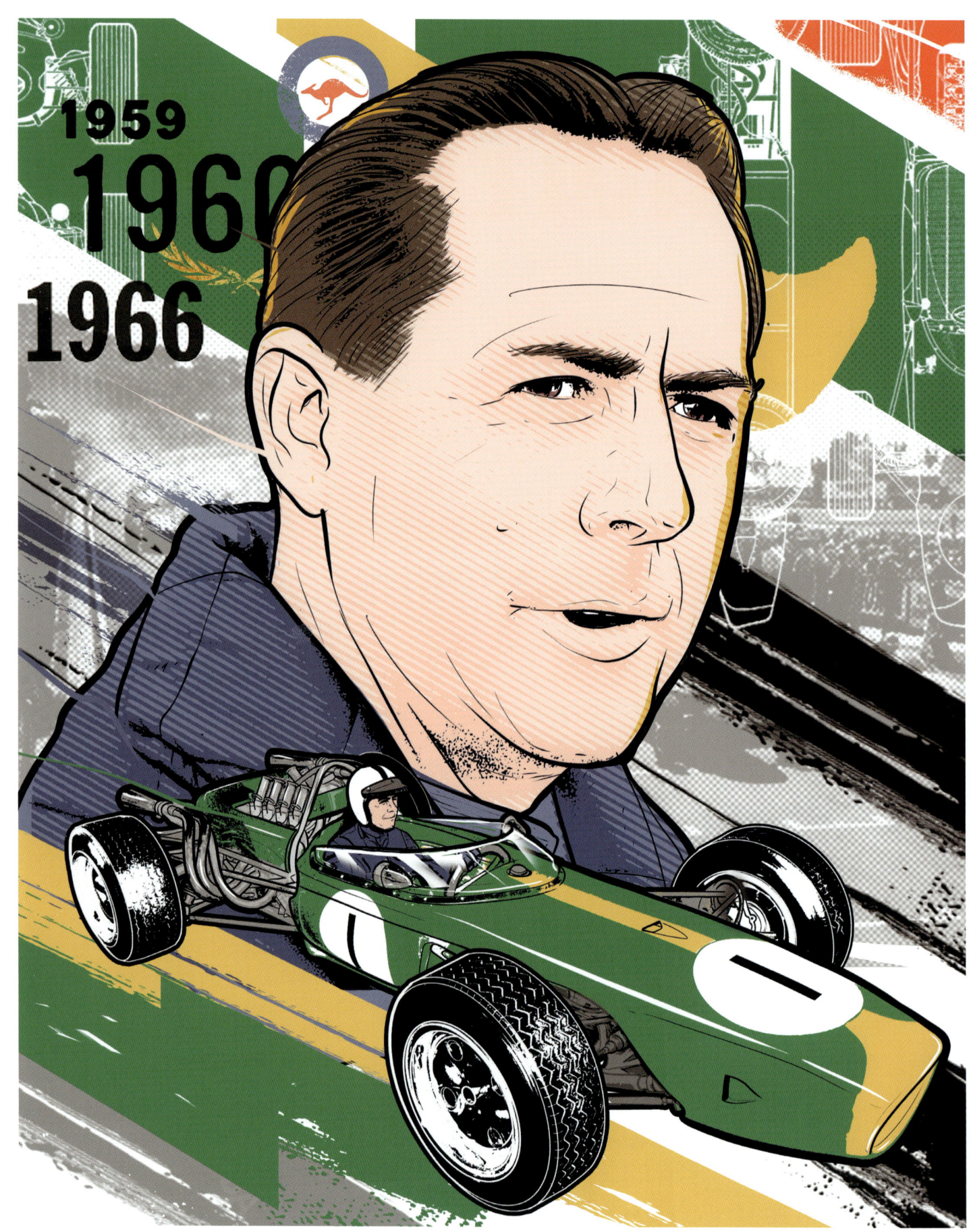

레이스 126 /// 우승 14 /// 포디엄 31 /// 폴 포지션 13 /// 패스티스트 랩 12

# SIR JACK BRABHAM

《《 잭 브라밤 경 · 3회 챔피언 》》

잭 브라밤 경은 자신이 만든 팀에서 F1 월드 챔피언 타이틀을 차지한 유일한 드라이버라는, F1 역사에서 다시는 반복되지 않을 대기록을 보유하고 있습니다. 완벽한 셋업을 잡는 능력과 뛰어난 드라이빙 스킬을 보유했던 브라밤은 언제나 날카로운 감각을 지닌 사업가로서 미래를 내다보는 안목도 지니고 있었습니다. F1 역사를 통틀어 보아도 잭 브라밤만큼 먼 미래까지 계속 이어질 거대한 변화를 불러온 사람은 많지 않습니다.

잭 브라밤은 1926년 호주 시드니 인근 허스트빌에서 태어났습니다. 브라밤은 아버지의 식료품점 배달 차량을 운전하기 위해 면허 취득 전부터 자동차를 다루기 시작했는데, 그에게 주어진 주된 임무는 언제나 차가 문제없이 운행할 수 있도록 유지 관리하는 것이었습니다. 15세가 되었을 때 학교를 그만둔 브라밤은 정비소에서 일하기 시작했고, 18세에는 공군에 입대해 제2차 세계대전 중 정비사로 군 복무를 마쳤습니다. 1950년대 초반 브라밤은 친구의 설득으로 '미젯 레이싱'에 출전하기 시작했는데, 미젯 레이싱은 앞쪽에 작은 엔진을 탑재한 레이스카로 비포장 오벌 트랙에서 경쟁하는 모터스포츠 종목이었습니다. 그는 자신의 레이스카를 직접 준비해 출전한 챔피언십과 힐클라임 레이스에서 여러 차례 우승을 차지했고, 이후 영국으로 건너가 로드 레이싱으로 활동 무대를 옮겼습니다.

영국에서 쿠퍼의 오너 일가와 만난 잭 브라밤은, 그들에게 리어 엔진 레이스카로 F1에 도전하자고 설득했습니다. 1958년 쿠퍼의 리어 엔진 레이스카를 사용하는 커스터머 팀 소속의 스털링 모스가 첫 승을 거두며 브라밤이 제시했던 혁명적인 아이디어가 성공했음을 알렸습니다. 잭 브라밤은 쿠퍼 팩토리 팀 소속으로 1950년대의 마지막 시즌이었던 1959시즌 F1 월드 드라이버 챔피언의 자리에 올랐습니다.

당시의 경쟁자들이 리어 엔진 디자인 철학의 진가를 깨닫지 못하는 가운데, 1960시즌에도 압도적인 퍼포먼스를 보여준 잭 브라밤은 두 시즌 연속 챔피언 타이틀 획득에 성공했습니다. 그러나, 1961시즌부터 쿠퍼는 자금이 풍부한 대형 팀들과의 경쟁에서 밀리기 시작했고, 결국 1962년 브라밤은 자신의 F1 팀을 만들어 독립하는 길을 선택했습니다. 브라밤은 미국 출신의 뛰어난 드라이버 댄 거니를 영입했고, 브라밤의 이름을 딴 팀은 1963시즌 종합 3위에 오르며 가능성을 보였습니다. 브라밤은 1966시즌 엔진 규정 변경에 발맞춰 호주의 렙코와 손을 잡고, 기존 엔진을 개조해 새로운 엔진을 개발했습니다. 고장이 잦았던 경쟁자들의 엔진과 달리 렙코 엔진은 신뢰성이 높았고, 잭 브라밤은 자신의 팀과 함께 세 번째 F1 월드 드라이버 챔피언 타이틀을 손에 넣었습니다.

세월이 흐르며 브라밤은 여러 차례 은퇴를 시도했습니다. 그러나, 그럴 때마다 팀의 주력 드라이버가 다른 팀으로 스카우트되었고, 대체할 드라이버를 구할 때까지 브라밤이 어쩔 수 없이 팀에 남아야 했습니다. 그렇게 자리를 지킨 브라밤은, 1960년대 무방비로 위험에 노출됐던 동료 F1 드라이버들이 차례로 세상을 떠나는 것을 지켜보며 점점 지쳐갔습니다. 44세의 브라밤은 남아프리카공화국 그랑프리에서 마지막 우승을 거둔 1970시즌을 끝으로 F1 은퇴를 선언했습니다. 젊은 시절 비포장 트랙에서 몸에 새겼던 레이싱 감각을 끝까지 잃지 않았던 조용한 호주인은, 드라이버로서의 은퇴 이후 얼마 지나지 않아 자기 이름을 딴 팀까지 매각하며 F1 무대를 완전히 떠났습니다. 아들들의 레이싱 커리어를 지켜보던 브라밤은 영국 모터스포츠에 기여한 공로로 1985년 엘리자베스 2세로부터 기사 작위를 받았습니다. 2014년, 호주에서 평화로운 여생을 보낸 잭 브라밤 경은 88세의 나이로 생을 마감했습니다.

1950년대

레이스 66 /// 우승 16 /// 포디엄 24 /// 폴 포지션 16 /// 패스티스트 랩 19

# SIR STIRLING MOSS

《《 스털링 모스 경 》》

스털링 모스 경은 많은 사람에게 F1 월드 챔피언 타이틀을 차지하지 못한 가장 위대한 드라이버로 여겨집니다. 그는 어떤 레이스카를 몰더라도 탁월하게 빨랐던 만능 드라이버였으며, 항상 경쟁자들로부터 사랑과 존경의 대상이었습니다.

스털링 모스는 1929년 영국의 상류층 레이싱 가문에서 태어났지만, 그의 어린 시절은 전혀 순탄치 않았습니다. 모스는 유대인이라는 이유로 학창 시절 괴롭힘을 당했는데, 이 때문에 오히려 성공에 대한 열망을 불태울 수 있었다고 회고하기도 했습니다. 15세에 운전면허를 취득한 뒤 19세에 레이싱 무대에 뛰어들면서, 이후 전 세계적인 모터스포츠의 아이콘이 될 스털링 모스의 레이싱 커리어가 시작됐습니다. 그는 F1은 물론 스포츠카, 투어링카, 랠리, 최고 속도 기록 도전 등 모든 종류의 모터스포츠 무대에 도전했고, 출전한 대부분의 레이스에서 우승을 차지했습니다. 한 해에 무려 62차례 레이스에 출전한 기록도 있습니다.

F1은 언제나 모스의 궁극적인 목표였고, F1 팀들이 그의 재능을 알아보는 데까지는 많은 시간이 필요하지 않았습니다. 모스는 1954시즌 개인 자격으로 챔피언십 그랑프리에 출전하면서 본격적인 F1에서의 여정을 시작했지만, 그의 마제라티는 신뢰도가 부족했습니다. 여건이 좋지 않은 상황에서 최정상급 드라이버들과 경쟁하던 모스는 1954 이탈리아 그랑프리에서 우승에 근접했지만, 레이스 종료 직전 엔진이 멈췄습니다. 우승을 놓친 모스는 직접 레이스카를 손으로 밀어 피니시 라인을 통과하는 가슴 아픈 장면을 연출했습니다. 젊은 영국 드라이버의 활약을 꾸준히 지켜본 메르세데스의 팀 보스 알프레드 노이바우어는 다음 시즌 스털링 모스와 계약을 체결했습니다.

1955시즌 메르세데스에서 후안 마누엘 판지오와 모스가 팀메이트가 되면서, F1과 스포츠카 레이싱 무대 모두에서 무적의 듀오가 탄생했습니다. 모스는 밀레밀리아에서 160km/h의 평균 속도로 10시간 만에 완주에 성공하며 우승을 차지했는데, 이는 오늘날까지 모터스포츠 전체를 통틀어 가장 위대한 드라이빙 중 하나로 여겨지고 있습니다.

메르세데스가 모터스포츠 무대에서 완전히 철수한 뒤 페라리 시트 확보가 가능할 것이라 생각했지만, 끝내 모스의 페라리 입성은 성공하지 못했습니다. 협상 결렬이 페라리의 책임이라고 생각한 스털링 모스는 앞으로 영국 팀에서만 활동하겠다고 결심했고, 이후 반월의 팩토리 팀을 거쳐 커스터머 팀인 롭 워커에서 커리어를 이어갔습니다. 그는 F1 월드 챔피언십에서 2위 자리를 차지한 것만 네 차례였고, 최종 순위 3위로 마친 시즌도 세 차례나 있었습니다. 특히, 1958시즌에는 단 1포인트 차이로 챔피언 타이틀 획득 기회를 놓쳤는데, 시즌 후반 포르투갈 그랑프리에서 실격 처리됐던 호손을 구제하는 데 앞장섰던 것이 바로 경쟁자였던 스털링 모스였습니다. 그에게는 챔피언 타이틀보다 명예와 정직함이 더 중요한 가치였습니다.

스털링 모스는 좀처럼 사고를 내지 않는 드라이버였지만, 1962년 굿우드에서 큰 사고에 휘말리고 말았습니다. 그는 한 달 동안 혼수상태에 빠졌는데, 혼수상태에서 깨어난 뒤 자신의 반응 속도가 이전 같지 않음을 깨달았습니다. 그렇게 정상급 드라이버로서 스털링 모스의 커리어는 막을 내렸지만, 중계방송에서의 커리어를 새로 시작했기 때문에 트랙과의 연결고리는 끊어지지 않았습니다. 모스는 종종 단순한 재미를 위해 이벤트 레이스에 출전했고, 클래식카 레이스 투어에도 꾸준히 참가했습니다. 스털링 모스는 2011년 81세의 나이가 되어서야 공식적으로 모터스포츠 무대에서 은퇴를 선언했습니다.

15년의 프로 드라이버 경력 동안 529회의 써킷 레이스에 출전한 모스는, 최고 속도 도전이나 랠리, 각종 기록 도전, 힐클라임 경기를 제외하고도 모두 212회의 우승 기록을 남겼습니다. 많은 이들에게 스털링 모스는 모터스포츠 그 자체였고, 스포츠인으로서의 용기와 신사로서의 품위를 상징하는 인물이었습니다. 2020년, 스털링 모스 경은 90세의 나이로 평화롭게 세상을 떠났습니다.

1950년대

# 그 밖에 최고의 드라이버들 : 1950년대

### 호세 프로일란 곤잘레스

후안 마누엘 판지오와 마찬가지로 호세 프로일란 곤잘레스는 아르헨티나 정부의 후원을 받아 유럽에 진출했습니다. 비록 트랙 위에서는 강력한 라이벌이었지만, 두 드라이버는 상대의 성공을 함께 기뻐할 수 있는 친구이기도 했습니다. 그는 '페페' 또는 '팜파스의 황소'라고 불렸는데, 거칠고 저돌적인 그의 드라이빙 스타일을 잘 나타내는 별명이었습니다. 곤잘레스는 트랙 위에서든, 잔디 위에서든, 비포장도로의 흙길 위에서든 항상 전력 질주하며 속도를 줄이지 않았습니다. 그렇게 거대한 체구로 가속을 계속하던 곤잘레스는 1951 영국 그랑프리에서 인생 최고의 순간을 맞이했습니다. 실버스톤에서 모두의 예상을 뒤엎고 알파로메오의 강력한 레이스카들을 뿌리친 호세 프로일란 곤잘레스는, 페라리 소속으로는 처음으로 F1 챔피언십 그랑프리에서 우승을 차지한 드라이버가 되었습니다.

### 피터 콜린스

자유로운 성격에 얼굴도 잘생겼던 피터 콜린스는 트랙 위에서는 번개처럼 빠른 드라이버였습니다. 드라이빙 스킬만 본다면 최고의 드라이버라고 보기 어려웠지만, 콜린스는 레이스카가 발휘할 수 있는 모든 성능을 끌어낼 수 있는 특별한 능력이 있었습니다. 그의 빠른 속도와 적극적인 태도는 엔초 페라리의 주목을 받았고, 1956시즌 스쿠데리아 페라리는 피터 콜린스를 스카우트했습니다. 얼마 뒤 아들을 잃고 비탄에 잠겼던 엔초 페라리는 피터 콜린스를 가족처럼 대했으며, 콜린스는 꾸준히 좋은 성적을 거둬 엔초의 사랑에 보답했습니다. 콜린스는 마이크 호손과 끈끈한 우정을 나눴고, 두 젊은 드라이버는 트랙 안팎에서 형제처럼 어울리며 화려한 인생을 즐기기도 했습니다. 그러나, 1958 독일 그랑프리에서 자신이 알고 있던 유일한 방식대로 한계까지 밀어붙이는 드라이빙을 계속하던 피터 콜린스는 비극적인 사고로 목숨을 잃었습니다.

### 토니 브룩스

레이스카가 크고 무거운 만큼 드라이버들 역시 덩치가 크고 힘이 센 것이 당연하게 여겨졌던 시대에 토니 브룩스는 예외적인 존재였습니다. 날씬하고 호리호리했던 브룩스는 레이스카에 올랐을 때 늘 평온하고 침착한 모습이었고, 손끝으로 레이스카를 조종한다는 표현이 가장 잘 어울리는 F1 드라이버였습니다. 색다른 드라이빙 스타일에도 불구하고 토니 브룩스는 매우 빨랐습니다. 그랑프리에서 여러 차례 우승을 차지하며 F1 월드 드라이버 챔피언십에서 2위와 3위에 오르기도 했고, 뛰어난 실력을 갖춘 드라이버이면서 패독에서는 진정한 신사로 존경받았습니다. 토니 브룩스는 스포츠카 레이스에서 큰 사고를 겪은 뒤 조건이 완벽하지 않다면 절대 레이스에 출전하지 않겠다고 맹세했고, 1961시즌을 끝으로 모터스포츠에서 은퇴했습니다.

### 마리아 테레사 데 필리피스

마리아 테레사 데 필리피스는 F1 챔피언십 그랑프리에서 레이스를 펼친 최초의 여성 드라이버이자 개척자였습니다. 그녀는 스포츠카 레이싱에서 두각을 나타내며 1954 이탈리아 스포츠카 챔피언십을 2위로 마무리했고, 1956 나폴리 그랑프리의 서포트 레이스에서도 2위를 차지했습니다. 세 차례 F1 월드 챔피언십 그랑프리 출전 자격을 얻은 마리아 테레사 데 필리피스는 1958 벨기에 그랑프리에서 10위를 차지했고, 넌-챔피언십 그랑프리였던 시라쿠사 그랑프리에서는 자신의 최고 성적인 5위로 레이스를 마치기도 했습니다. 동료 남성 드라이버들도 그녀의 용기에 감탄하며 찬사를 보냈고, 전설적인 후안 마누엘 판지오와 스털링 모스도 그녀의 속도가 빠른 것에는 의심의 여지가 없다고 평가했습니다.

# 1950년대의 거인들

### 알파로메오

F1 월드 챔피언십이 출범할 때부터 컨스트럭터 챔피언십이 존재했다면, 알파로메오가 모든 챔피언십 타이틀을 차지했을 것이 분명합니다. 1950시즌과 1951시즌 개최된 챔피언십 그랑프리 중 단 세 차례를 제외한 모든 레이스에서 알파로메오가 우승했기 때문입니다. 놀랍게도 1950시즌과 1951시즌 활약한 알파로메오 알페타 158과 그 개량형 159는 사실상 1930년대 후반 사용했던 레이스카와 거의 같은 것이었습니다. F1 탄생 이전에 이미 18회의 그랑프리 우승 기록으로 신뢰성과 경제성이 검증된 레이스카였기 때문에, F1 월드 챔피언십이 출범했을 때 알파로메오가 158을 투입한 것은 현명한 선택이었습니다. 그러나, 증가하는 비용 부담 속에 이탈리아 정부에 보냈던 지원 요청이 거절당한 뒤, 알파로메오는 1951시즌을 끝으로 F1에서 철수하기로 결정했습니다.

### 페라리

스쿠데리아 페라리는 1950시즌 F1 출범 이후 지금까지 모든 시즌 챔피언십에 참가한 유일한 팀입니다. 1929년 엔초 페라리가 처음 팀을 만들었을 때, 자신만의 레이스카를 직접 만든다는 것은 머나먼 꿈에 불과했습니다. 페라리는 알파로메오의 차로 레이싱을 시작했고, 성공을 거듭한 스쿠데리아 페라리는 1933년부터 제2차 세계대전 발발 전까지 알파로메오의 공식적인 팩토리 팀과 다를 바 없는 입지를 구축했습니다. F1 월드 챔피언십이 출범할 무렵 페라리는 자신의 공장에서 직접 로드카와 레이스카를 생산하고 있었고, 1951시즌 4.5L V12 엔진을 탑재한 페라리 375가 스쿠데리아 페라리의 첫 번째 F1 챔피언십 그랑프리 우승을 이끌었습니다. 페라리는 1952시즌 규정 변경을 제대로 준비한 유일한 팀이었고, 페라리 500과 함께 2년 연속 챔피언 타이틀을 거머쥐었습니다. 이 기간, 챔피언십 그랑프리 14연승이라는 대기록도 수립했습니다. 거의 매년 규정 변경을 겪는 가운데 페라리는 꾸준히 경쟁력을 유지했고, F1 초창기 10년 동안 1950시즌과 1957시즌을 제외한 모든 시즌에 한 차례 이상 챔피언십 그랑프리에서 우승을 기록했습니다. 이 기간 스쿠데리아 페라리의 드라이버들은 드라이버 챔피언 타이틀 4회와 챔피언십 그랑프리 27승을 기록하며, F1의 첫 번째 10년 동안 개최된 모든 그랑프리 중 3분의 1을 지배했습니다.

### 반월

*Vanwall*

영국의 사업가 토니 반더벨이 설립한 반월은 F1 챔피언십에서 짧지만 화려한 기록을 남겼습니다. 반월은 F1 챔피언십 그랑프리에서 우승한 최초의 영국 팀이었고, 최초의 F1 월드 컨스트럭터 챔피언십 타이틀을 거머쥔 팀이기도 합니다. 반월은 1954시즌부터 F1 무대에 뛰어들었지만, 1956시즌과 1957시즌이 되어서야 성공이라고 부를만한 성적을 거두기 시작했습니다. 반더벨은 유망한 젊은 디자이너 콜린 채프먼과 공기역학 전문가 프랭크 코스틴에게 레이스카 디자인을 맡겼고, 이들이 설계한 VW5는 1957 영국 그랑프리에서 반월에게 첫 승을 선물했습니다. 1958시즌 VW5는 가장 우수한 레이스카였고, 스털링 모스와 토니 브룩스의 활약으로 F1 챔피언십 그랑프리 6승과 함께 최초의 컨스트럭터 타이틀 획득에 성공했습니다. 그러나, 반더벨의 건강 악화로 1959시즌부터 팩토리 팀의 챔피언십 출전이 중단됐고, 1961년 반월은 모터스포츠 무대에서 완전히 철수했습니다.

## 쿠퍼

쿠퍼 카 컴퍼니는 1940년대 후반부터 레이스카를 만들기 시작했고, 일반적으로 콕핏 앞에 배치하던 엔진을 콕핏 뒤로 옮기는 혁신적인 리어 엔진 아이디어를 선보였습니다. 이런 혁명적인 개념은 레이스카를 더 균형 잡히고 민첩한 움직임을 가능하게 했으며, 몇 년 사이에 F1의 판도를 완전히 바꿔놓았습니다. 원래 이 아이디어는 500cc 엔진을 장착하는 F3 레이스카에 모터싸이클 엔진을 사용하고, 동력을 전달하는 체인이 뒷바퀴 축과 가까워야만 했던 현실적인 이유에서 탄생했습니다. 소형화되면서 더 민첩해진 레이스카는 큰 성공을 거뒀고, 리어 엔진 레이스카를 찾는 이들은 점차 늘어났습니다. 그런데, 리어 엔진 스포츠카를 개발하던 1950년대 중반, 쿠퍼는 이 혁명적인 아이디어를 F1에 접목했을 때 효과가 상당하리란 것을 깨달았습니다. 1957 모나코 그랑프리에서 리어 엔진의 쿠퍼 F1 레이스카와 함께 잭 브라밤이 포인트를 획득했고, 1958시즌 개막전 아르헨티나 그랑프리에서는 독립팀 롭 워커 소속으로 쿠퍼 레이스카에 탑승한 스털링 모스가 우승을 차지했습니다. 1959시즌에는 브라밤이 쿠퍼 소속으로 F1 월드 드라이버 챔피언 타이틀을 차지했고, 쿠퍼 역시 컨스트럭터 챔피언이 되었습니다. 이 모든 것은 콕핏 뒤에 엔진을 배치하는 혁명적 아이디어의 산물이었고, 이후 프론트 엔진 레이스카는 단 한 번도 F1 월드 챔피언십 타이틀을 차지하지 못했습니다.

## 마제라티

1950년대의 F1을 얘기한다면 마제라티를 빼놓을 수 없습니다. 1954시즌 마제라티가 선보인 250F는 이후 10년 동안 F1 무대에서 가장 널리 사용된 인기 레이스카였고, 많은 드라이버가 250F와 함께 F1 커리어를 시작했습니다. 리어 엔진 레이스카의 혁명으로 프론트 엔진 레이스카가 점점 사라지던 시기에도 개인 참가자들이 가장 애용한 레이스카는 마제라티 250F였습니다. 후안 마누엘 판지오는 1954시즌 초반 250F와 함께 두 차례 챔피언십 그랑프리에서 우승을 차지했습니다. 시즌 중 메르세데스로 이적했지만, 마제라티에서의 2승은 판지오의 챔피언 타이틀 획득에서 빼놓을 수 없는 부분이었습니다. 1957시즌 마제라티로 돌아온 판지오는 다시 250F에 올랐고, 4승과 함께 자신의 마지막 F1 월드 드라이버 챔피언 타이틀을 차지했습니다.

## 메르세데스

1954시즌과 1955시즌 단 12차례 챔피언십 그랑프리에 출전한 메르세데스의 실버 애로우는, 포디엄 피니시 17회와 9승을 기록하며 후안 마누엘 판지오에게 두 차례 F1 월드 드라이버 챔피언 타이틀을 안겨주었습니다. 1954시즌 중반 등장한 메르세데스 W196은 독일 공군의 전투기 메서슈미트에 사용됐던 기술에서 발전된 연료 직분사 기술이 탑재되는 등 기술적으로 한발 앞선 레이스카였습니다. W196은 두 가지 디자인을 사용했는데, 일반적인 오픈-휠 디자인을 사용하는 한편 몬짜와 같은 고속 써킷에는 유선형의 클로즈드 휠 디자인 레이스카를 투입했습니다. 두 가지 디자인 모두 F1에서 거의 무적에 가까웠는데, 1955 르망 24시간 대참사를 초래한 사고의 중심에 있었던 메르세데스 300 SLR 역시 W196에 직접적인 영향을 받은 레이스카였습니다. 르망 24시간에서의 끔찍한 사고 이후 메르세데스는 모든 모터스포츠 무대에서 철수했고, 2010시즌이 되어서야 다시 F1 컨스트럭터로 복귀했습니다.

# 1950년대 최고의 레이스

## 1957 독일 그랑프리

1950년대를 대표하는 드라이버로 논란의 여지가 없는 후안 마누엘 판지오의 가장 위대한 레이스는 1957 독일 그랑프리입니다. 팬들과 전문가들뿐만 아니라 판지오 자신도 그의 커리어를 통틀어 최고의 퍼포먼스를 보여준 F1 그랑프리로 1957 독일 그랑프리를 꼽았습니다.

    초창기 모습을 간직한 뉘르부르크링은 22km의 길이에 160개 이상의 코너가 배치된, 자연 그대로의 지형이 남아 있는 써킷입니다. 아이펠 산맥을 관통하는 뉘르쿠르크링은 자주 써킷을 덮치는 악천후와 코너마다 도사리는 치명적인 사고의 위험으로 악명 높았습니다. 이 때문에 뉘르부르크링은 많은 사람에게 '녹색 지옥'이라고 불렸습니다.

    판지오는 이 악명 높은 써킷에서 이미 두 차례의 F1 그랑프리 우승 기록이 있었습니다. 그러나, 1957시즌 구형 레이스카가 되어버린 마제라티 250F로는 강력한 페라리에 맞서기 어려워 보였습니다. 한 랩을 달리는 랩 타임 경쟁이라면 마제라티와 판지오가 가장 빨랐지만, 레이스에서 특별한 변수가 없다면 결국 전체적인 페이스에서 앞선 페라리가 승리하리라는 것을 잘 알고 있었습니다. 이 때문에 판지오는 연료를 가득 채우는 대신, 절반의 연료만 싣고 출발해 가벼운 차로 선두에서 격차를 벌리는 특별한 전략을 세웠습니다. 전체 22랩의 절반을 달린 뒤 피트로 들어와, 연료 보충과 타이어 교체 이후 레이스 후반을 더 빠르게 달린다는 계획이었습니다.

    레이스 초반 선두에서 순항한 판지오는 예상대로 핏 스탑 직전까지 페라리와의 격차를 30초까지 벌리는 데 성공했지만, 핏 스탑이 예상보다 길어지면서 다시 레이스에 합류했을 때 선두의 스쿠데리아 페라리에 50초 뒤진 상황이 되었습니다. 남은 랩은 단 10랩이었고, 레이스를 지켜보던 모든 사람은 판지오에게 희망이 없다고 생각했습니다. 그러나, 그는 판지오였습니다. 판지오는 앞선 드라이버들을 맹렬히 추격했고, 그가 평생 감수했던 것보다 더 큰 위험을 감수하며 랩을 거듭할 때마다 랩 레코드를 기록했습니다. 그는 모든 코너를 앞서 달렸던 것보다 더 빠른 속도로 공략했고, 이전까지 가능하다고 생각했던 것보다 높은 기어 단수로 코너를 통과했습니다. 판지오는 야금야금 격차를 좁히는 대신 성큼성큼 선두를 향해 다가갔고, 스스로 이전까지 경험해 보지 못했던 완벽한 드라이빙의 경지에 도달했다고 느꼈습니다.

    레이스 종료까지 단 두 랩을 남겼을 때 2위 피터 콜린스와 선두 마이크 호손의 붉은 페라리가 시야에 들어오기 시작했습니다. 판지오는 콜린스와 호손을 순서대로 따라잡았고, 곧 두 차례 추월을 성공시키며 선두로 올라섰습니다. 마지막 랩에는 시트가 파손되면서 다시 위기가 찾아왔지만, 스티어링 휠에 매달려 몸을 지탱한 판지오는 F1 역사상 가장 어렵고 위험한 써킷에서 결코 속도를 늦추지 않았습니다.

    결국 판지오는 3초 차로 우승을 차지했고, 포디엄에서 눈물을 흘렸습니다. 그는 감동적이었던 레이스에서 자신이 이룬 성취를 떠올리며 이틀 동안 잠을 이루지 못했다고 전해집니다. 레이스에서 판지오가 기록한 패스티스트 랩은 퀄리파잉에서 폴 포지션을 차지할 때의 랩 타임보다 8초 이상 빨랐습니다. 이 레이스는 판지오 최고의 레이스인 동시에 F1 챔피언십 그랑프리에서 기록한 마지막 우승이었고, 그의 다섯 번째 월드 챔피언 타이틀 획득이 확정된 순간이었습니다.

**1960년대는 갈림길에서 시작했습니다.**

각 F1 팀은 1950년대 말 영국 팀이 주도했던 혁명적 변화를 따를 것인지, 과거의 방식에 머무를지 결단을 내려야 했습니다. 엔초 페라리는 언제나 '말이 수레를 끌어야지 밀 수는 없다'는 철학을 고집했지만, 프론트 엔진 레이스카가 시대에 뒤처지는 큰 흐름을 거스를 수는 없었습니다. 완전히 구식 디자인이 되어버린 프론트 엔진 레이스카는 두 번 다시 F1 월드 챔피언 타이틀을 차지하지 못했습니다.

쿠퍼는 1950년대 말의 성공을 이어가며 1960시즌 챔피언 타이틀을 차지했지만, 1961시즌의 엔진 규정 변경은 페라리에게 유리하게 작용했습니다. 1.5L 자연흡기 엔진과 0.75L 터보차저/슈퍼차저 엔진이 허용되는 규정과 함께, 위대한 이탈리아 팀은 강력한 엔진을 콕핏 뒤쪽에 배치한 첫 번째 레이스카를 디자인할 기회를 얻었습니다. 이렇게 등장한 것이 F1 역사상 가장 인상적이고 아름다운 레이스카 중 하나인 '샤크 노즈'의 페라리 156이었습니다.

영국 팀들은 페라리를 따라잡기 위해 빠르게 움직였습니다. 당시 엔초 페라리와 같은 유럽 본토의 '거장들'은 대규모 공장 대신 작은 개러지에서 차를 조립하는 것밖에 못 한다는 의미로 영국 팀들을 '가라지스테'라며 비웃었습니다. 이런 영국 팀들은 레이스카 외에 일반 도로에서 달릴 수 있는 로드카를 생산하지 않았지만, 당시 규정에는 F1 팀이 레이스카를 직접 제작하는 컨스트럭터가 되어야 한다는 의무가 없었습니다. 1960년대 영국 소형 팀은 섀시를 직접 설계하는 경우도 있었지만, 섀시를 구입한 뒤 최고의 엔진과 변속기를 결합해 레이스에 나서기도 했습니다. 이런 영국 팀 대부분이 선호한 엔진은 코벤트리 클라이맥스의 V8 엔진이었습니다. 반월 VW5를 디자인했던 콜린 채프먼은 팀 로터스를 설립했고, 로터스는 곧 F1에서 발명과 혁신의 대명사가 되었습니다. 그리고, 얼마 지나지 않아 팀 로터스는 F1 최정상 팀으로 발돋움했습니다.

1966시즌 다시 한번 엔진 규정이 변경됐습니다. 새 규정에 따라 자연흡기 엔진은 3.0L, 터보차저/슈퍼차저 엔진은 1.5L까지 허용되며, 최대 배기량이 두 배 증가했습니다. 소형 엔진에 집중하던 코벤트리 클라이맥스는 1.5L 엔진을 개조하는 대신 F1에서의 철수를 선택했고, 결과적으로 혁신적인 포드 코스워스 DFV 엔진이 시장을 주도할 기회를 열어주었습니다. 이 엔진은 이후 10년 이상 F1 독립 팀과 소형 팀들의 표준 엔진이 되었습니다.

새로운 엔진은 단지 출력만 좋은 것이 아니었습니다. 기존 엔진이 튜브로 구성한 긴 섀시의 안쪽에 따로 배치됐던 것과 달리, DFV 엔진은 엔진을 콕핏 뒤쪽 섀시에 직접 결합하는 디자인을 가능하게 했습니다. 단순히 레이스카의 구성 부품이 아니라 차의 구조를 지탱하는 역할의 엔진이라는 설계 개념은 이후 모든 F1 레이스카의 디자인에 영향을 미쳤습니다.

이 시기 공기역학적 효과가 레이스카의 성능에 차이를 만드는 결정적인 요인으로 부상하기 시작했습니다. 1960년대 후반부터 F1 레이스카에 날개가 추가되기 시작했는데, 이런 트렌드를 선도한 것은 팀 로터스였습니다. 각 팀의 디자이너들이 점차 윙의 잠재력과 가능성에 눈을 떴고, 윙은 크기가 커지는 동시에 배치되는 개수가 늘어나는 동시에 형태 역시 더 정교해졌습니다. 그러나,

당시의 윙은 자주 문제를 일으켰고, 1969 스페인 그랑프리에서 발생한 큰 사고 직후 윙 사용이 금지되기도 했습니다. 1969시즌 말에는 지정된 위치에 크기가 대폭 작아진 윙을 배치할 수 있도록 하는 규정이 도입되었고, 이와 함께 F1 레이스카에 다시 윙을 사용할 수 있게 되었습니다.

기술이 급속도로 발전하고 속도가 빨라지면서 레이스는 더 위험해졌습니다. 1960년대에만 F1 그랑프리에서 14명의 드라이버가 목숨을 잃었고, 다른 모터스포츠 무대에서도 많은 드라이버가 사고로 세상을 떠났습니다. 특히, 두 차례 F1 챔피언 타이틀을 획득했던 짐 클라크가 F2 레이스에서 사망한 사고는 중요한 전환점이었습니다. 당시 가장 위대한 드라이버라고 평가받던 클라크조차 생명을 잃었다면, 다른 누구도 생존을 보장할 수 없다는 인식이 널리 퍼졌습니다.

재키 스튜어트는 안전을 위한 목소리를 높이는 데 앞장섰고, 때로는 드라이버들의 그랑프리 보이콧을 주도하며 써킷 측에서 드라이버들의 생명을 보호할 수 있도록 안전 대책을 강구하라고 요구했습니다. 1968년 댄 거니는 풀-페이스 헬멧을 사용한 최초의 F1 드라이버가 되었고, 이후 풀-페이스 헬멧이 F1의 표준이 되었습니다.

이 시기 F1 월드 챔피언십은 더 넓은 세계로 확장되었습니다. 레이스의 길이는 300km로 단축되었고, 남아프리카공화국, 멕시코, 캐나다 등 새로운 장소에서 F1 그랑프리가 개최됐습니다. 인디 500을 대신해 F1 규정을 따르는 미국 그랑프리가 출범했고, 유럽 지역에서는 더 많은 이벤트가 캘린더에 이름을 올렸습니다. TV 보급률이 증가하고 중계 방송이 늘어남에 따라, F1 그랑프리의 하이라이트 영상이 저녁 뉴스와 스포츠 단신에 자주 등장하기 시작했습니다. F1 챔피언들이 인기 예능 프로그램이나 인터뷰를 통해 화면에 소개되면서 대중적인 인기를 얻었습니다.

영화계에서도 F1에 관심을 보이는 가운데 존 프랑켄하이머 감독이 영화 〈그랑프리〉를 연출했는데, 이 영화는 F1 1966시즌이 진행되는 동안 촬영을 진행해 많은 현역 드라이버가 출연하기도 했습니다. 이 영화는 3개 부문에서 아카데미상을 수상하며 큰 성공을 거뒀고, 여전히 최고의 레이싱 영화 중 하나로 평가받고 있습니다.

비틀즈부터 그레이스 켈리까지, 유명 인사가 관람객이나 특별 게스트로 F1 그랑프리에 참석하는 경우도 많아졌습니다. F1의 매력이 당시 사회적 트렌드와 어우러지면서 대기업들의 관심도 늘어났습니다. 1968년 FIA는 처음으로 F1 팀이 제한 없이 스폰서와 계약할 수 있도록 허용했으며, 팀들은 곧 내셔널 컬러를 사용하던 전통을 버리고 후원자의 이름과 로고를 노출하는 새로운 리버리를 채택했습니다.

스포츠로서의 F1과 F1 팀, 그리고 새로운 세대의 슈퍼스타 드라이버들은 전 세계적으로 시장성 있는 상품으로 여겨지기 시작했고, 트랙 위에서뿐만 아니라 스크린과 미디어에서도 빛을 발했습니다. 1960년대 F1은 세계화가 한창이었지만, F1의 대중적인 인기가 폭발적으로 늘어나는 과정은 이제 막 시작 단계에 들어섰을 뿐이었습니다.

레이스 48 /// 우승 3 /// 포디엄 16 /// 폴 포지션 6 /// 패스티스트 랩 6

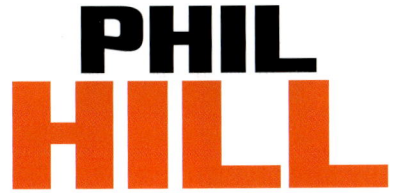

《《 필 힐 · 1회 챔피언 》》

F1은 미국에서 자리 잡기 위해 70년 동안 꾸준히 노력해 왔습니다. 그런데, F1에서 최초의 미국인 챔피언이 탄생한 것은 생각보다 오래전의 일입니다. 챔피언십 출범 후 겨우 10년이 지난 시점에 미국인이 챔피언의 자리에 올랐고, 그 주인공은 F1에서 최고의 팀인 페라리 소속으로 정점에 섰습니다. 여러모로 모순적인 면이 있었던 드라이버 필 힐은 매우 용감하면서 빠른 속도로 유명하지만, 모터스포츠가 본질적으로 품고 있는 심각한 위험에 대해 걱정하며 항상 불안과 신경쇠약에 시달렸습니다.

매우 지적이고 사려 깊었던 필 힐은 부유한 가정에서 자라 부족한 것이 없었지만, 어린 시절 내내 열등감에 빠져 지냈고 친구를 거의 사귀지 못했습니다. 바로 이 시기 그의 자동차에 대한 애정이 시작됐는데, 이모가 선물해 준 자동차를 여러 차례 분해하고 조립하면서 자동차의 작동 원리를 익혔습니다. 그는 대학을 중퇴한 뒤 정비사가 되었고, 차에 대한 호기심을 키우는 가운데 구입한 차를 직접 개조해 레이스에 나서기도 했습니다. 부모님이 세상을 떠난 뒤에는, 물려받은 유산으로 첫 페라리를 구입해 출전한 레이스에서 우승을 차지했습니다.

필 힐은 1950년대 중반부터 미국의 스포츠카 오너들에게 동경의 대상이 되었으며, 1958년 첫 우승을 시작으로 르망 24시간에서만 통산 3승을 기록했습니다. 엔초 페라리는 그의 재능을 인정했지만, 처음에는 필 힐이 스포츠카에만 특화된 드라이버라고 생각했습니다. 그러나, 1958시즌 루이지 무쏘와 피터 콜린스가 세상을 떠난 뒤, 공석을 메꾸기 위해 힐에게 어쩔 수 없이 F1 레이스카를 맡겼습니다. 1958시즌 마지막 두 경기에서 포디엄에 오른 필 힐은 마이크 호손의 타이틀 획득에 도움을 주었고, 이를 통해 F1 무대에서 필 힐의 입지가 확고해졌습니다.

이어진 두 시즌 동안 힐은 프론트 엔진의 페라와 함께 꾸준히 인상적인 모습을 보여줬는데, 1960시즌에는 몬짜에서 소중한 1승을 거두기도 했습니다. 1961시즌 페라리는 리어 엔진을 채택한 샤크 노즈의 156을 선보였고, 필 힐은 월드 챔피언 타이틀을 노릴 수 있는 경쟁력을 아낌없이 보여줬습니다.

그러나, 죽음의 그림자는 항상 힐을 괴롭혔습니다. 처음 출전했던 르망 24시간 레이스는 대참사로 얼룩졌고, 페라리에서 F1 출전 기회를 얻은 계기 역시 팀메이트들의 잇따른 사망 사고였습니다. 그는 레이스 스타트 직전 그리드에서 담배를 피우며 혼란과 두려움을 떨쳐내곤 했는데, 막상 레이스가 시작된 이후에는 끝까지 침착함을 유지하며 세계에서 가장 위험한 써킷들을 정복하는 데 거리낌이 없었습니다.

필 힐과 팀메이트 볼프강 폰 트립스는 1961시즌 내내 F1에서 가장 강력한 모습을 유지했습니다. 그러나, 시즌 종반 이탈리아 그랑프리에서 우승하며 챔피언 타이틀 획득을 확정한 힐은 기뻐할 수 없었습니다. 이 레이스에서 폰 트립스가 사고로 세상을 떠났고, 사고에 휘말린 무고한 관중들까지 목숨을 잃었기 때문이었습니다.

1961시즌 비극으로 받은 충격을 포함해 F1에 큰 염증을 느낀 힐은 1964시즌을 끝으로 F1 챔피언십에서 은퇴했지만, 1967년까지는 스포츠카 레이스에 계속 참가했습니다. 이후 미국 캘리포니아로 돌아가 가정을 꾸린 뒤에는, 자동차 복원 회사를 설립해 경영에 나서기도 했습니다. 많은 사람에게 가장 지적이고 사색적인 F1 챔피언이었다고 평가받는 필 힐은, 2008년 81세의 나이로 세상을 떠났습니다.

레이스 **176** /// 우승 **14** /// 포디움 **36** /// 폴 포지션 **13** /// 패스티스트 랩 **10**

# GRAHAM HILL

《《 그레이엄 힐 · 2회 챔피언 》》

그레이엄 힐은 그랑프리 레이싱 최초의 스타 드라이버였습니다. 깔끔하게 빗어넘긴 헤어스타일과 콧수염이 눈길을 끄는 그레이엄 힐은 우아하면서도 매력적이었고, 재치 넘쳤던 만큼 트랙에서 빠른 드라이버였습니다. 1960년대 F1 챔피언십의 첫 두 시즌의 챔피언은 성이 같았지만, 두 드라이버는 성격도 달랐고 성장 배경 역시 전혀 달랐습니다.

1929년 영국에서 태어난 그레이엄 힐은, 독일 공군의 폭격과 배급이 일상이던 제2차 세계대전 중의 런던에서 성장했습니다. 그는 왕립 해군에서 군 복무를 마쳤지만, 군 복무 시절을 그리 좋아하지 않았던 힐은 런던 조정 클럽에서 활동하며 다른 방식으로 물에 대한 사랑을 이어갔습니다. 이후 그레이엄 힐은 레이스에 출전할 때 착용하는 헬멧에 런던 조정 클럽을 상징하는 흰색 노 그림과 남색 배경을 사용하기도 했습니다.

1953년 우연히 F3 레이스카를 몰아볼 기회를 얻은 뒤 바로 레이스의 매력에 빠졌지만, 힐은 한 번도 드라이빙을 배워본 적이 없다는 문제가 있었습니다. 이 때문에 목표를 확실히 정한 영국인은, 운전면허를 취득하고 모터스포츠 무대에 뛰어들 자금을 모은다는 계획을 세웠습니다. 그레이엄 힐은 팀 로터스에서 임시직 정비공으로 일하기 시작했고, 가끔 그에게 레이스에 나설 기회를 주었던 콜린 채프먼은 힐의 드라이빙 능력에 깊은 인상을 받았습니다.

힐은 1950년대 후반 팀 로터스가 F1에 진출할 무렵 드라이버로 발탁되었지만, 첫 두 시즌 동안 이렇다 할 성과를 내지 못한 뒤 BRM으로 팀을 옮겼습니다. 그의 카리스마 있는 리더십은 침체에 빠져있던 BRM이 부활할 수 있는 계기가 되었고, 1962시즌 4승을 거둔 그레이엄 힐은 소속 팀 BRM과 함께 F1 월드 챔피언의 자리에 올랐습니다.

그는 평소에는 친근하고 유쾌한 매력적인 인물이었지만, 트랙 위에서는 즐기는 모습이라곤 찾아볼 수 없는 한없이 진지한 드라이버였습니다. 항상 치열하게 경쟁하며 자기 능력을 최대한 끌어내기 위해 노력했고, 레이스카에 수정해야 할 부분이 있을 때는 명확하게 방향을 제시했습니다. 상대가 선을 넘지 않는다면 쉽게 화를 내지도 않았습니다. 힐은 1967시즌 로터스로 복귀했는데, 이어진 1968시즌 팀을 이끌던 짐 클라크가 세상을 떠난 뒤 꼭 필요했던 리더십을 발휘하며 팀 로터스와 자신의 챔피언 타이틀 획득을 이끌었습니다.

두 차례 챔피언 타이틀을 획득한 힐은 어떤 레이스에서든 강력했지만, 특히 모나코에서 압도적이었습니다. 오랜 전통을 지닌 시가지 써킷에서 통산 5승을 기록한 힐은 '미스터 모나코'라는 별명을 얻기도 했습니다. 그레이엄 힐은 F1 모나코 그랑프리는 물론 인디 500과 르망 24시간 레이스에서도 우승했고, 오늘날까지 '모터스포츠의 트리플 크라운'을 달성한 유일한 드라이버로 남아 있습니다.

1970년대에 접어들면서 힐은 자신의 이름을 딴 팀을 설립했지만, 1975 모나코 그랑프리 퀄리파잉에서 레이스 출전에 실패한 뒤 은퇴를 선언했습니다. 같은 해 자기 팀원들과 함께 프랑스에서 테스트를 마친 그레이엄 힐은 쌍발 엔진 비행기를 직접 조종해 귀국길에 올랐지만, 런던 부근을 비행하던 중 짙은 안개 속에서 추락하는 비극적인 사고를 당했습니다. 탑승자 전원이 사망한 이 사고는 영국 전체를 슬픔에 잠기게 했고, 10대의 어린 나이였던 아들 데이먼 힐에게 특히 큰 슬픔을 안겼습니다.

레이스 72 /// 우승 25 /// 포디엄 32 /// 폴 포지션 33 /// 패스티스트 랩 28

# JIM CLARK

《《 짐 클라크 · 2회 챔피언 》》

F1 역사상 가장 위대한 드라이버가 누구인가라는 논쟁은 아마 영원히 결론이 나지 않을 것입니다. 변수가 너무 많기 때문에, 어떻게 비교하더라도 의미 없는 주장이 될 수 있습니다. 그러나, 누가 최고의 드라이버 목록을 만들든, 언제나 리스트 최상단에 가까운 자리에 기록될 하나의 이름이 있습니다. 짐 클라크라는 이름은 단순히 훌륭하다는 말로는 부족한, 탁월하게 위대한 드라이버의 이름이기 때문입니다.

1936년 스코틀랜드의 양 떼 농장에서 태어난 클라크는 어린 시절부터 트랙터를 몰았는데, 늘 기계가 버틸 수 있는 한계까지 몰아붙이곤 했습니다. 17세가 되었을 때 그가 가장 먼저 신경을 쓴 것은 운전면허를 취득하는 것이었습니다. 운전면허 취득 직후 클라크는 주변 사람들 몰래 레이싱 커리어를 시작했는데, 얼마 지나지 않아 더 이상 모든 것을 숨기기 어려운 상황이 되었습니다. 1956년 조그만 지역 레이스에 출전할 때부터 너무 쉽게 우승을 차지했고, 1960시즌에는 F1 월드 챔피언십에까지 데뷔했기 때문입니다.

그는 F1 커리어 전체를 팀 로터스와 함께했는데, 이는 축복인 동시에 저주였습니다. 콜린 채프먼의 레이스카는 언제나 기술 혁신의 최전선에 있었지만, 검증되지 않은 신기술이 접목된 레이스카는 신뢰도가 떨어졌고 튼튼하지 않았습니다. 클라크는 1962시즌 최종전 남아프리카공화국 그랑프리에서 오일 누출로 리타이어하면서 챔피언 타이틀을 눈앞에서 놓쳤고, 1964시즌 후반에도 신뢰도 문제가 챔피언 타이틀 획득 기회를 빼앗아 갔습니다. 그러나, 1963시즌과 1965시즌에는 로터스의 레이스카에 큰 문제가 없었고, 아무도 멈출 수 없었던 짐 클라크는 두 시즌 모두 F1 월드 드라이버 챔피언 타이틀을 차지했습니다.

1966시즌에는 경쟁력이 떨어지는 레이스카 때문에 매우 실망스러운 시즌을 보냈지만, 그런 가운데에서도 클라크와 채프먼의 형제와 같은 관계는 돈독했습니다. 수줍음이 많긴 했지만 매력적이었던 스코틀랜드인은 친구 채프먼을 끝까지 믿었고, 1967시즌 로터스와 클라크는 다시 선두권 경쟁에 복귀했습니다. 두 사람이 함께 이룩한 F1 챔피언십 그랑프리 25승은 한동안 아무도 범접하지 못한 대기록이었습니다. 클라크는 F1에서 두 차례 챔피언 타이틀을 차지한 것은 물론 1965 인디 500에서도 우승했고, 타스만 시리즈 챔피언, 영국 F2 챔피언, 영국 살룬카 챔피언 등 다양한 모터스포츠 무대에서 정상에 선 최고의 드라이버였습니다.

스털링 모스처럼 짐 클라크 역시 어떤 레이스카를 몰더라도 빨랐고, 모스와 마찬가지로 좀처럼 실수를 범하지 않았습니다. 그는 마치 아름다운 발레 공연처럼 겉으로 보기에는 힘들어 보이지 않게 드라이빙을 이어가면서, 모든 것이 완벽하게 조화를 이룬 무대와 같은 레이스를 연출했습니다. 만약 그가 우승을 차지하지 못했다면, 그 이유는 대부분 레이스카에 결함이 있거나 문제가 생긴 것이었습니다.

1968시즌 첫 번째 F1 그랑프리에서 우승한 뒤, 클라크는 독일 호켄하임링에서 개최된 F2 레이스에 출전했습니다. 악천후 속에서 펼쳐진 레이스의 5랩째, 그의 레이스카가 트랙을 벗어나 나무에 부딪혔습니다. 짐 클라크는 사고 직후 세상을 떠났는데, 뒷바퀴 타이어의 공기압이 낮아진 것 때문이라는 추측이 많지만, 지금까지 정확한 사고 원인은 밝혀지지 않고 있습니다. 가장 뛰어난 F1 드라이버라고 평가하던 클라크의 죽음은 동료 드라이버들은 물론 모터스포츠 세계 전체에 큰 충격을 주었습니다.

짐 클라크는 스코틀랜드에서 가족이 운영하던 농장 근처에 안장되었습니다. 묘비에는 그의 소박함을 잘 나타내는 '농부'라는 글귀가 새겨졌고, 그 아래에는 모터스포츠에서 클라크가 이룩한 업적이 간단하게 나열되었습니다. 그의 레이스를 지켜봤던 사람들은 물론 직접 그를 볼 기회가 없었던 수많은 팬의 마음속에, 짐 클라크는 여전히 역사상 가장 위대한 드라이버로 남아 있습니다.

레이스 111 /// 우승 6 /// 포디움 24 /// 폴 포지션 8 /// 패스티스트 랩 10

# JOHN SURTEES

《《 존 서티스 · 1회 챔피언 》》

존 서티스는 2-휠의 모터싸이클과 4-휠의 레이스카의 세계 최고 무대에서 모두 챔피언 타이틀을 차지한 유일한 인물이며, 트랙 안팎에서 확실한 존재감을 발휘했던 인물이었습니다. 그의 두려움 없는 추진력과 결단력은 모터스포츠에서의 성공에 큰 도움이 되었지만, 혼자서 해결하기 힘든 정치적인 문제나 장애물을 만들기도 했습니다.

서티스는 1934년 런던의 레이싱 가문에서 태어났습니다. 모터싸이클 사이드카 챔피언이었던 아버지 덕분에 채 열 살이 되기 전에 모터싸이클을 몰기 시작했고, 16세에 레이스에 출전하기 시작해 17세에 첫 승을 거뒀습니다. 1950년대 중반 노턴의 팩토리 팀에 합류한 서티스는 레이스에 76회 출전해 68승이라는 놀라운 기록을 세웠습니다. 1956년부터 1960년까지는 이탈리아의 MV 아구스타에서 활약하며, 모두 일곱 차례 그랑프리 모터싸이클 챔피언 타이틀을 획득했습니다. 오랜 전통을 자랑하는 '아일 오브 맨 TT' 레이스에서는 350cc와 500cc 클래스에서 모두 6회 우승을 차지했습니다. 특히 1958년과 1959년에는 참가한 모든 그랑프리 모터싸이클 챔피언십 레이스에서 우승하는 기염을 토했습니다.

만약 의심할 여지가 없는 용기와 실력을 자랑하는 서티스 본인이 원했다면 모터싸이클 무대에서의 커리어를 오랫동안 계속 이어갈 수 있었습니다. 그러나, 그는 새로운 도전을 원했고, 4-휠 레이스로 전향과 함께 바로 성공을 거두기 시작했습니다. 1960년 첫 번째 F3 레이스에서 짐 클라크에 이어 2위를 차지해 주목받은 뒤 F1 데뷔 기회를 얻은 서티스는 몇 차례 포디움에 올랐지만, F1 최고의 역사와 전통을 가진 팀으로 이적하기 전까지 최고의 스타가 될 조건은 잘 맞아떨어지지 않았습니다. 페라리로 이적한 첫 시즌이었던 1963시즌에는 완주보다 리타이어가 많았지만, 완주에 성공한 경기에서는 각각 4위, 3위, 2위를 기록했습니다. 특히, 나머지 한 번의 완주는 그의 가능성을 확실히 보여주는 독일 뉘르부르크링에서의 첫 우승이었습니다. 페라리와 완벽하게 조화를 이룬 1964시즌에는 완주한 여섯 경기에서 모두 포디움 피니시를 기록했고, 존 서티스는 F1 월드 챔피언 타이틀을 차지하며 역사에 남을 독보적인 기록의 주인공이 되었습니다.

1966 벨기에 그랑프리에서 인상적인 레이스를 펼친 서티스는 페라리 소속으로 우승을 추가했지만, 팀 수뇌부와의 정치적 갈등 끝에 바로 팀을 떠난다는 충격적인 결정을 내렸습니다. 그의 직설적인 성격은 F1의 섬세한 정치 환경과 잘 맞지 않았고, 좀 더 단순하고 자유로운 모터싸이클 무대에서의 경험은 F1의 복잡한 규정과 까다로운 절차를 더 부담스럽게 만들었습니다.

이후 서티스는 1966시즌 쿠퍼에서 한 차례, 1967시즌 혼다에서 한 차례 더 F1 챔피언십 그랑프리 우승을 기록했지만, 그 뒤로는 다섯 시즌 동안 포디움 피니시 세 차례가 전부였습니다. 1970시즌에는 자기 이름을 딴 팀을 설립해 F1 무대에서 경쟁을 이어가려 했지만, 1972시즌을 끝으로 F1에서 은퇴를 선언한 뒤 팀 운영에만 집중했습니다. 그러나, 1965년 큰 사고 이후 후유증에 따른 개인적인 건강 문제와 더불어 재정 악화까지 계속되면서, 결국 1978년 팀을 해체할 수밖에 없었습니다.

은퇴 후 건강 관리에 집중하며 강렬하기만 했던 성격이 점차 누그러진 서티스는 F1 패독에서 사랑받는 원로로 자리 잡았습니다. 세 차례의 결혼을 통해 세 명의 자녀를 두었는데, 2009년 F2 레이스에서 아들 헨리가 사고로 세상을 떠나는 아픔을 겪기도 했습니다. 말년의 존 서티스는 아들 헨리를 기리는 재단 활동에 헌신했고, 2017년 83세의 나이로 눈을 감았습니다.

1960년대

레이스 112 /// 우승 8 /// 포디엄 33 /// 폴 포지션 1 /// 패스티스트 랩 9

# DENNY HULME

《《 데니 흄 · 1회 챔피언 》》

데니 흄은 종종 잊혀진 월드 챔피언이라고 불립니다. 어떤 이들에게 그는 무뚝뚝하고 불친절한 사람이었지만, 이는 주로 그의 실력을 인정하지 않았던 사람들의 냉소적 태도 때문이었습니다. 실제로 흄은 겸손하면서 유명세에는 관심이 없었으며, 오히려 유명세를 불편해하는 사람이었습니다. 그는 대중 앞에 나서는 것을 싫어했으며, 입을 여는 대신 트랙 위에서의 드라이빙으로 증명했습니다. 전성기 시절 데니 흄은 뛰어난 드라이버로 모든 경쟁자의 존경을 받았고, 오늘날 널리 인정받는 위대한 드라이버들에게도 높은 평가를 받았습니다.

1936년 뉴질랜드에서 태어난 흄은 여섯 살 때부터 아버지의 트럭을 몰았습니다. 그는 같은 세대의 많은 젊은이들과 마찬가지로 정비사와 트럭 운전사로 일하면서 타스만 시리즈에 활약한 유럽 드라이버들처럼 성장하는 꿈을 꾸었습니다. 먼저 지역 레이스에서 재능을 보인 뒤, 1959년에는 후원자를 확보해 국제 무대에 진출했습니다. 그의 뛰어난 드라이빙 능력은 잭 브라밤의 눈에 띄었고, 브라밤 팀에서 미캐닉 겸 드라이버로 활약하며 1963년 주니어 포뮬러 레이스에서 7승을 거뒀습니다. 1964년에는 브라밤의 프랑스 F2 챔피언 타이틀 획득을 도왔고, 1965시즌에는 브라밤 팀 소속으로 F1에 진출해 이어진 1966시즌 네 차례 포디엄에 올랐습니다.

데니 흄이 가장 빛났던 것은 1967시즌이었습니다. 그는 모나코와 뉘르부르크링에서의 우승을 포함해 포디엄 피니시 6회를 기록했고, 결국 F1 월드 드라이버 챔피언 타이틀을 차지했습니다. 그는 챔피언 타이틀 획득 전까지 결코 긍정적인 평가를 하지 않았던 언론과 평론가들을 철저히 무시했는데, 이 때문에 그의 무뚝뚝함에 대한 평판이 더 굳건해졌습니다. 흄의 입장에서 성공한 뒤에야 관심을 보이는 사람이라면, 시간과 노력을 쏟을 가치가 없다고 생각했기 때문입니다.

1968시즌 같은 뉴질랜드 출신인 브루스 맥라렌의 팀에 합류한 흄은 이후 F1에서 은퇴할 때까지 팀을 옮기지 않았습니다. 맥라렌에서 F1 챔피언십 그랑프리 6승과 두 차례 '캔-암 챌린지컵' 타이틀을 차지했습니다. 1961 르망 24시간 레이스 S 850 클래스에서 우승한 흄은, 포드 소속으로 1966년 르망 24시간에 출전했습니다. 그는 켄 마일스의 팀메이트로 우승을 차지했다고 생각했지만, 최종 결과에서 2위로 순위가 바뀐 유명한 일화를 만들었습니다. 이 이야기는 영화 '포드 v 페라리'에 의해 널리 알려졌습니다.

1974시즌 친한 친구였던 피터 레브슨이 트랙에서 사고로 사망하자, 그는 더 이상 심적 고통을 이겨낼 수 없었습니다. 그는 이미 너무 많은 친구를 잃었고, 부상 후유증에 시달렸습니다. 결국 F1 은퇴를 결심한 데니 흄은 뉴질랜드로 돌아왔습니다. 그러나, 그의 레이싱 본능은 사라지지 않았고, 히스토릭 레이스 무대나 호주를 대표하는 바서스트 1000km 레이스에 정기적으로 모습을 드러냈습니다.

F1 은퇴 후 18년이 지난 1992년, 데니 흄의 레이스카가 바서스트에서 움직임을 멈췄습니다. 1967 F1 월드 드라이버 챔피언은 심장마비로 쓰러졌고, 인생의 모든 것을 바칠 만큼 사랑했던 곳이었고 그가 가장 빛나는 무대였던 트랙 위에서 생을 마감했습니다.

레이스 99 /// 우승 27 /// 포디엄 43 /// 폴 포지션 17 /// 패스티스트 랩 15

# SIR JACKIE STEWART

《《 재키 스튜어트 · 3회 챔피언 》》

재키 스튜어트 경의 어린 시절은 행복과는 거리가 멀었습니다. 학교에서는 조롱과 괴롭힘에 시달리며 학업에 어려움을 겪었고, 교사들은 그에 대해 좌절 외에 아무것도 기대할 수 없다고 평가했습니다. 그러나, 인생의 첫 장을 어렵게 펼쳤던 스튜어트는 수십 년 뒤 기사 작위를 받았습니다. 그는 F1 월드 챔피언 타이틀을 세 차례나 차지했고, 직접 설립한 F1 팀의 오너이자 모터스포츠 역사상 가장 영향력 있는 인물이 되었습니다. 특히, F1을 조금이라도 더 안전하게 만들기 위한 그의 끊임없는 노력은, 모터스포츠를 넘어 전 세계의 도로 안전을 개선하는 데까지 기여했습니다.

1939년 스코틀랜드에서 태어난 스튜어트는 어린 시절부터 난독증을 겪었습니다. 그러나, 당시에는 이를 제대로 진단하지 못했고, 주변 사람들 역시 문제를 이해해 주지 않았습니다. 그는 읽거나 쓰는 것이 거의 불가능했기 때문에, 15세에 학교를 그만두고 아버지의 자동차 정비소에서 일하기 시작했습니다. 그곳에서 스튜어트는 손의 감각이 매우 정교하고 손재주가 뛰어나다는 것을 발견해 자신감이 생겼고, 이를 바탕으로 클레이 사격에 도전해 큰 성공을 거뒀습니다.

자동차를 다루는 일을 계속한 덕분에 자연스럽게 레이싱에 도전할 기회도 생겼습니다. 레이스에 나선 스튜어트는 켄 티렐의 주목을 받았고, 티렐은 그와 계약해 F3 레이스에 출전시켰습니다. 그는 1964시즌 7승을 거두며 영국 F3 챔피언의 자리에 올랐고, 여러 F1 팀으로부터 러브콜을 받았습니다. 스튜어트는 팀 로터스의 구애를 거절하고 BRM을 선택했는데, 이는 짐 클라크의 세컨드 드라이버가 되기보다는 그레이엄 힐과의 팀메이트 경쟁에서 승리하는 것이 낫다는 판단 때문이었습니다.

그의 자신감과 신중함이 더해진 선택은 적중했고, 1965시즌 후반 몬짜에서 F1 데뷔 후 첫 승을 거뒀습니다. 1968시즌 마트라로 이적해 팀 보스 켄 티렐과 재결합한 재키 스튜어트는 3승을 거두며 챔피언십 2위를 차지했고, 이듬해 1969시즌에는 6승과 함께 처음으로 F1 월드 챔피언이 되었습니다.

1970시즌 켄 티렐이 자기 이름을 딴 F1 팀 티렐을 창단하자, 스튜어트는 의리를 지키며 켄 티렐의 팀으로 이적한 뒤 커리어가 끝날 때까지 자리를 지켰습니다. 재키 스튜어트는 티렐에서 16차례 그랑프리에서 우승했고, 1971시즌에 이어 1973시즌에도 F1 월드 드라이버 챔피언 타이틀을 획득했습니다. 그러나, 동료이자 절친한 친구였던 프랑수아 세베가 끔찍한 사고로 사망하는 것을 목격한 스튜어트는, 그의 100번째 레이스가 될 수 있었던 레이스 출전을 거부하고 바로 은퇴를 선언했습니다. 스튜어트는 F1 커리어 내내 죽음의 공포 속에 살았습니다. 수많은 사고와 친구들의 죽음을 목격했기 때문에, 이런 상황을 바꿔 F1을 더 안전하게 만들기 위해 헌신하며 목소리를 높였습니다. 트랙 측에서 안전 문제를 개선하고 의료 시설을 갖출 때까지 그랑프리 참가를 보이콧하는 강경책을 쓰기도 했는데, 이런 행동에 대해 반대하거나 비판하는 사람도 많았습니다.

은퇴 후 스튜어트는 TV 해설자와 평론가로 활동하며 인기를 끌었고, 1997년에는 아들 폴과 함께 팀을 만들어 팀 오너로 F1에 복귀했습니다. 포드의 지원을 받아 출범한 스튜어트 그랑프리는 세 시즌 동안 F1 챔피언십에서 활약했고, 1999 유러피언 그랑프리에서는 우승을 차지하기도 했습니다. 이후 팀은 포드에 매각되어 2000시즌부터 재규어의 이름으로 챔피언십에 출전했고, 2005시즌에는 다시 에너지 드링크의 거물 디트리히 마테시츠가 팀을 인수해 레드불 레이싱을 출범시켰습니다.

현재 재키 스튜어트 경은 F1 그랑프리 현장에서 만날 수 있는 살아 있는 전설입니다. 그는 F1과 모터스포츠를 더 안전하게 만들기 위한 노력을 계속하는 한편, 아내이자 어린 시절의 연인이었던 헬렌의 치매 치료법 개발을 위해 직접 설립한 자선단체 '치매와 맞서는 레이스' 활동에 전념하고 있습니다.

1960년대

레이스 86 /// 우승 4 /// 포디엄 19 /// 폴 포지션 3 /// 패스티스트 랩 6

# DAN GURNEY

《《 댄 거니 》》

댄 거니는 F1 커리어에서 그랑프리 4승을 거뒀고 F1 챔피언십에서 4위에 오르기도 했지만 타이틀과는 거리가 멀었습니다. 그러나, F1 레이스카에 오른 가장 위대한 미국인이자 1960년대 재능이 가장 뛰어난 드라이버로 여겨지며, 때로는 역사상 가장 빨랐던 F1 드라이버 중 한 명으로 여겨집니다. 그의 재능은 F1에만 국한되지 않았고, 나스카와 인디카, 살룬 카와 르망 24시간에서도 자기 능력을 증명했습니다. 그는 F1 팀을 직접 만들었고, 뛰어난 엔지니어로 기술적인 업적을 쌓았습니다. 가장 먼저 풀-페이스 헬멧을 사용한 선구자였고, 오늘날 모터스포츠 무대의 전통으로 자리 잡은 샴페인 세레머니를 처음 시작한 것 역시 댄 거니였습니다.

1931년 태어난 댄 거니는 1940년대와 1950년대 미국에서 유행하던 핫로드 문화에 완벽히 빠져들 수 있는 세대였습니다. 한국 전쟁 중에는 육군 정비사로 복무했는데, 이 기간 자동차를 직접 만들 수 있는 경험과 지식을 쌓았습니다. 그는 최고 속도 도전이나 드래그 레이스, 스포츠카 레이스에 출전하며 두각을 나타냈고, 처음 출전했던 레이스들에서 남긴 성과 덕분에 1958 르망 24시간에 출전할 기회를 얻었습니다. 르망 24시간에서 보여준 그의 뛰어난 재능은 엔초 페라리의 눈길을 끌었고, 1959시즌 후반 페라리의 F1 드라이버로 발탁되었습니다. 거니는 페라리 소속으로 출전한 첫 시즌 세 차례 포디엄에 오르며 잠재력을 보여줬지만, 팀 내부의 정치 문제가 복잡한 페라리는 자신과 맞지 않는다고 생각하게 되었습니다.

BRM으로 이전한 뒤 맞이한 1960시즌, 네덜란드 그랑프리에서 대참사가 발생했습니다. 브레이크가 고장 난 거니의 레이스카가 관중석으로 돌진하는 사고로 관중 한 명이 목숨을 잃었고, 댄 거니 역시 팔이 부러졌습니다. 1961시즌 신생 포르셰로 이적한 거니는, 1962 프랑스 그랑프리에서 그의 첫 번째 F1 그랑프리 우승이자 포르셰의 유일한 F1 그랑프리 우승 기록을 남겼습니다. 1963시즌부터 1965시즌까지는 잭 브라밤의 팀에서 활약했고, 호주 팀의 첫 번째 F1 챔피언십 그랑프리 우승을 일궈냈습니다. 이 기간 모두 열 차례 포디엄에 오르며, 꾸준하면서도 뛰어났던 드라이버로서의 능력을 증명했습니다. 그러나, 댄 거니에게는 더 큰 꿈이 있었습니다.

그는 자신과 마찬가지로 뛰어난 드라이버이자 엔지니어였던 캐롤 셸비와 함께 레이싱 팀을 만들기로 약속했는데, 1964년 '올 아메리칸 레이서스(AAR)'를 창단해 그 꿈을 실현했습니다. AAR은 1966시즌 F1에 진출하면서 영국의 엔진 제조사 웨슬레이크와 손을 잡았고, 유럽에서 사용할 '앵글로 아메리칸 레이서스'라는 새 이름과 아름다운 F1 레이스카 이글 Mk1을 선보였습니다. 1967 벨기에 그랑프리에 출전한 댄 거니는 재키 스튜어트를 1분 이상 앞서며 AAR의 첫 번째 F1 챔피언십 그랑프리 우승을 기록했습니다.

1970시즌을 끝으로 F1에서 은퇴한 거니는 AAR 팀의 운영에 집중하며 미국 모터스포츠 무대에서 활약을 계속했습니다. AAR은 각종 레이스에서 78회의 우승 기록을 남겼는데, 인디 500과 데이토나 24시간, 세브링 12시간 등 역사와 전통을 자랑하는 대회에서도 우승을 기록했습니다. 댄 거니는 2018년 86세의 나이로 세상을 떠났습니다. 비록 F1 챔피언의 자리에 오르지는 못했지만, 커리어에서 보여준 재능과 많은 업적은 그가 F1 월드 챔피언들과 어깨를 나란히 하기에 부족함이 없었습니다. 위대한 짐 클라크는 트랙에서 맞서 경쟁했던 모든 드라이버와 라이벌 중에서, 두려움을 느낀 유일한 존재는 댄 거니뿐이었다고 말했습니다.

# 그 밖에 최고의 드라이버들 : 1960년대

### 브루스 맥라렌

뉴질랜드 출신의 브루스 맥라렌은 1959시즌 F1 그랑프리 최연소 우승 기록을 세웠고, 이 기록은 무려 40년 동안 깨지지 않았습니다. 맥라렌은 쿠퍼에서 일곱 시즌 동안 활약하며 1962시즌에는 월드 챔피언십에서 3위에 올랐고, 1966시즌에는 자신의 이름을 딴 맥라렌을 창단해 F1 챔피언십에 출전시켰습니다. 그는 1968 벨기에 그랑프리에서 오늘날까지 그의 이름을 유지하고 있는 팀의 첫 번째 F1 챔피언십 그랑프리 우승을 이끌었습니다. 브루스 맥라렌은 혁신적인 레이스카를 설계하고 제작해 모터스포츠 전반에 큰 영향을 준 개척자였고, F1의 미래를 책임질 브랜드를 만든 선구자였습니다. 그러나, 브루스 맥라렌은 1970년 굿우드에서 레이스카를 테스트하던 중 사고로 32세의 젊은 나이에 세상을 떠났습니다.

### 페드로 로드리게스

페드로 로드리게스는 웻 컨디션에서라면 당대 최고의 드라이버였습니다. 정교한 드라이빙과 모든 것을 쏟아붓는 열정, 섬세한 감각을 하나로 모을 수 있었던 로드리게스는 가장 까다로운 조건 속에서 놀라울 만큼 빨랐습니다. 그는 스포츠카 레이스 무대에서 큰 명성을 쌓았는데, 르망 24시간과 데이토나 24시간 등 세계 주요 레이스 이벤트에서 우승을 차지했고, 포르셰, 페라리, 포드의 팬들로부터 큰 사랑을 받았습니다. 로드리게스의 가장 위대한 승리는 1970시즌 스파-프랑코샹에서 BRM 레이스카와 함께 빗길을 질주해 완성한 F1 벨기에 그랑프리에서의 우승이었습니다. 페드로 로드리게스는 그의 동생 리카르도가 9년 전 그랬던 것처럼, 1971년 레이스 중 안타까운 사고로 세상을 떠났습니다. 오늘날 멕시코시티 그랑프리가 펼쳐지는 서킷은 멕시코의 사랑을 한 몸에 받았던 형제를 기리기 위해 '로드리게스 형제 써킷'이라는 의미의 '아우토드로모 에르마노스 로드리게스'로 명명되었습니다.

## 조 시퍼트

스위스에서 평범한 낙농업자의 아들로 태어난 조 시퍼트는 기회가 생길 때마다 그 기회를 최대한 활용했고, 자기 능력을 개발하는 데 같은 세대의 다른 누구보다 많은 열정을 쏟아부은 드라이버였습니다. 언제나 끝까지 몰아붙이며 한계를 넘나들었기 때문에, 시퍼트는 항상 레이스를 흥미진진하게 만드는 엔터테이너이기도 했습니다. F1 넌-챔피언십 그랑프리에서 여러 차례 우승한 그의 스피드는 의심의 여지가 없었고, F1 챔피언십 그랑프리에서도 2승을 거뒀습니다. 시퍼트는 타르가 플로리오와 데이토나 24시간 레이스에서 우승했고, 르망 24시간에서도 두 차례 클래스 우승을 기록했습니다. 페드로 로드리게스가 세상을 떠난 뒤 BRM F1 팀을 이끌던 시퍼트는, 1971년 브랜즈 햇치에서 자신이 평생 사랑했던 레이스에서의 사고로 35세라는 젊은 나이에 생을 마감했습니다.

## 크리스 에이먼

F1 챔피언십 그랑프리에서 단 1승도 기록하지 못했지만, 크리스 에이먼은 당대 가장 뛰어난 드라이버 중 한 명으로 여겨지고 있습니다. 아이러니하게도 에이먼은 F1을 제외한 모든 모터스포츠 무대에서 승리를 맛봤습니다. 르망 24시간과 데이토나 24시간에서 우승했고, 월드 스포츠카 챔피언십과 타스만 시리즈에서는 챔피언 타이틀을 획득했습니다. 투어링카와 캔-암 등 에이먼은 종목을 가리지 않고 정상의 자리에 올랐습니다. F1에서도 수많은 폴 포지션을 획득했고, 여러 차례 포디엄에 올랐습니다. 그는 F1 넌-챔피언십 그랑프리에서 모두 여덟 차례 우승을 차지했지만, 챔피언십 그랑프리 우승과는 인연이 없었습니다. 유난히 운이 따르지 않았던 에이먼은, 재능이 불운을 아득히 뛰어넘을 때만 좋은 성적을 기대할 수 있었습니다. 1968시즌에는 챔피언십 그랑프리 우승의 기회가 매우 가까이 찾아온 순간이 있었습니다. 승리를 위한 속도는 충분했지만, 계속된 레이스카의 신뢰도 문제가 에이먼과 페라리의 챔피언 타이틀 도전의 유일한 걸림돌이었습니다. 당대 최고의 드라이버이자 가장 신사적인 인물이었던 크리스 에이먼은 고국 뉴질랜드로 돌아가 여생을 보냈고, 73세를 일기로 생을 마감했습니다.

# 1960년대의 거인들

### 로터스

디자이너이자 엔지니어인 콜린 채프먼이 직접 만든 팀 로터스는 1960년대와 1970년대 F1을 대표하는 팀입니다. 팀 로터스는 여러 차례 혁신적인 레이스카 디자인으로 최고의 자리에 올랐지만, 속도를 높이기 위해 무게를 줄이는 데 집착한 채프먼의 욕심으로 신뢰도가 떨어지거나 구조적으로 허약한 레이스카가 만들어지기도 했습니다. 이 때문에 팀 로터스는 많은 사건 사고에 휘말렸고, 레이스카를 믿지 못하는 드라이버도 늘어났습니다. 로터스 레이스카의 첫 번째 우승은 팀 로터스가 아닌 커스터머 팀에서 기록했는데, 1960 모나코 그랑프리에서 롭 워커 소속으로 로터스 18을 몰았던 스털링 모스가 그 주인공이었습니다. 1961시즌 이네스 아일랜드가 팀 로터스의 첫 번째 F1 챔피언십 그랑프리 우승을 기록했고, 1963시즌에는 F1 최초로 모노코크 섀시를 채택한 명차 로터스 25와 함께 짐 클라크가 처음으로 월드 챔피언 타이틀을 차지했습니다. 1964시즌에도 접전을 펼친 끝에 최종전에서 아쉽게 타이틀 방어에 실패한 클라크는 1965시즌 로터스 33과 함께 두 번째 챔피언 타이틀을 손에 넣었습니다. 같은 해 팀 로터스와 짐 클라크는 인디 500에도 출전해 우승을 차지했습니다. 1968시즌 로터스 49는 다시 팀 로터스를 최강자로 만들었지만, 짐 클라크의 죽음은 팀 전체를 큰 충격에 빠뜨렸습니다. 그레이엄 힐은 팀이 힘들 때 리더의 역할을 충실히 수행해 또 하나의 챔피언 타이틀을 팀 로터스에 선물했습니다. 1960년대 팀 로터스는 F1 월드 챔피언십에서 드라이버 챔피언 3회, 컨스트럭터 챔피언 3회를 기록하며 최강팀으로 군림했습니다.

### 페라리

스쿠데리아 페라리는 1960시즌 부진을 면치 못했지만, 1961시즌 새 엔진 규정이 도입되자 샤크 노즈의 156을 만들어냈습니다. 120° V6 엔진을 콕핏 뒤에 장착한 156의 뛰어난 성능 덕분에 1961시즌의 드라이버 챔피언십은 두 명의 페라리 드라이버, 볼프강 폰 트립스와 필 힐 간의 경쟁이 되었습니다. 안타깝게도 트립스와 힐의 경쟁은 몬짜에서 볼프강 폰 트립스가 사고로 목숨을 잃으면서 필 힐이 챔피언의 자리에 오르는 것으로 마무리되었습니다. 샤크 노즈를 제거한 156은 1960년대 중반에도 챔피언십에 계속 출전했고, 1964시즌에는 존 서티스가 페라리에게 또 하나의 타이틀을 선물했습니다. 그러나, 1960년대 후반 다섯 시즌 동안 페라리는 단 3승을 거두는 데 그치는 극심한 부진의 늪에 빠졌고, 엔초 페라리가 그토록 경멸했던 영국 '가라지스테'가 지배하는 시대에 적응하기 위해 챔피언십에 대한 전체적인 전략을 재고해야 하는 상황에 몰렸습니다. 1964시즌 존 서티스가 왕좌에 오른 뒤, 페라리가 다시 F1 월드 챔피언십 타이틀을 차지할 때까지는 10년이 넘는 긴 시간이 필요했습니다.

### BRM

1945년 영국에서 설립된 BRM은 직접 레이스카와 엔진을 제작하는 소수의 팀 중 하나였으며, 가장 큰 후원자의 이름을 나타내기 위해 '오언 레이싱 오거나이제이션'이라는 이름으로 F1 챔피언십에 출전했습니다. BRM은 1960년대 이전에는 큰 성과를 내지 못했지만, 1960년 롤스-로이스 출신의 엔지니어 토니 러드를 기술 총책임자로 임명하면서 강팀으로 변모하기 시작했습니다. 1962시즌에는 높은 신뢰도와 빠른 속도를 겸비한 레이스카 P57과 함께 BRM과 그레이엄 힐이 F1 월드 챔피언 타이틀을 차지했습니다. BRM은 1960년대 세 차례와 1970년대 한 차례 F1 월드 컨스트럭터 챔피언십에서 2위를 차지했고, BRM이 만든 엔진 역시 많은 F1 팀에서 오랫동안 사용됐습니다.

## 브라밤

1959시즌과 1960시즌 F1 월드 챔피언 타이틀을 차지했던 잭 브라밤은 1962년 자신의 이름을 딴 F1 팀을 설립했고, 1966시즌에는 자신이 직접 만든 팀의 레이스카로 드라이버와 컨스트럭터 챔피언 타이틀을 동시에 차지한 F1 최초의 드라이버가 되었습니다. 1960년대 브라밤은 디자이너 론 타우라낙과 함께 세계 최고의 오픈-휠 레이스카 제작사로 자리 잡았고, F1은 물론 F2와 F3, 포뮬러 5000과 인디 500 무대에 500대 이상의 레이스카를 공급했습니다. 1966시즌 3L 엔진 규정이 도입됐을 때, 호주의 엔지니어링 회사 렙코와 협력해 구형 올즈모빌 V8 엔진을 개조한 렙코 엔진이 브라밤 성공의 기반이 되었습니다. 렙코 엔진을 탑재한 BT19와 BT20을 내세운 브라밤은 1966시즌과 1967시즌 연속으로 더블 타이틀 획득에 성공했습니다.

## 마트라

프랑스 국적의 마트라는 F3와 F2에서 큰 성공을 거뒀고, 1967시즌에는 마트라의 F2 레이스카가 F1 독일 그랑프리에 출전해 퀄리파잉에서 세 번째로 빠른 랩 타임을 기록해 사람들을 놀라게 했습니다. 1968시즌 마트라는 항공기에서 영감을 받아 연료 탱크를 차체 구조물로 사용하는 혁신적인 디자인의 레이스카 MS10을 개발해 F1 챔피언십 경쟁에 뛰어들었습니다. 이런 구조는 1970시즌부터 F1에서 금지되었지만, 1969시즌까지는 문제없이 계속 사용할 수 있었습니다. 바로 그 시점에 영국의 켄 티렐이 마트라를 이끌기 시작했고, 재키 스튜어트와 MS10을 발전시킨 걸작 MS80이 출전한 열 차례 그랑프리 중 5승을 합작하면서 1969시즌 F1 월드 챔피언 타이틀은 마트라와 스튜어트의 것이 되었습니다.

## 혼다

일본의 혼다는 첫 번째 로드카를 제작한 지 불과 4년 만인 1964시즌 월드 챔피언십에 참전하며 순탄치 않은 F1과의 인연을 시작했고, 두 번째 시즌 만에 그랑프리에서 우승해 모두를 놀라게 했습니다. 1966시즌 3L 엔진 규정이 도입되자 혼다는 강력한 V12 엔진을 개발했고, 1967시즌 영국의 롤라가 디자인한 섀시가 투입되어 F1 챔피언십 무대에서 빛을 발했습니다. 혼다와 롤라의 결합으로 '혼돌라'라고 불렸던 RA300은 1967 이탈리아 그랑프리에서 우승을 차지했고, 존 서티스 한 명만 챔피언십에 출전했음에도 월드 컨스트럭터 챔피언십에서 4위를 차지했습니다. 그러나, 이어진 1968시즌에는 레이스카의 신뢰도 문제가 발목을 잡았고, 드라이버 조 슐레서의 사망 사고로 큰 충격을 받은 혼다는 F1에서 철수한 뒤 미국 로드카 시장에 집중했습니다.

# 1960년대 최고의 레이스

## 1967 이탈리아 그랑프리

1967 이탈리아 그랑프리는 시대를 초월한 명경기입니다. 이미 월드 챔피언이거나 앞으로 챔피언의 자리에 오를 드라이버들이 치열하게 경쟁했고, 레이스에서의 순위는 끊임없이 뒤집혔습니다. 레이스 내내 우승을 노리는 드라이버들 사이에 놀라운 배틀이 계속됐고, 짐 클라크는 자신의 짧지만 빛났던 커리어에서 가장 뛰어난 드라이빙을 보여줬습니다. 로터스 49와 함께 짐 클라크가 폴 포지션을 차지한 가운데, 다섯 팀의 드라이버가 최상위 다섯 개 그리드에서 레이스를 시작했습니다. 브라밤 BT24의 잭 브라밤이 2그리드, 브루스 맥라렌은 BRM 엔진의 맥라렌 M5A로 3그리드를 차지했습니다. 유일한 페라리 드라이버였던 크리스 에이먼이 4그리드, 댄 거니는 아름다운 이글 T1G와 함께 5그리드에서 섰습니다. 팀 로터스의 그레이엄 힐은 8그리드를 차지했고, 바로 뒤 9그리드에는 혼다 RA300의 존 서티스가 서 있었습니다.

레이스는 일부 드라이버가 스타트 절차가 진행된 것을 깨닫지 못한 가운데 혼란스럽게 시작됐습니다. 스타트 직후 혼란 속에 댄 거니가 선두로 나섰고, 브라밤, 힐, 클라크가 그 뒤를 따랐습니다. 스타트에서 선두를 내줬던 폴 시터 짐 클라크는 팀메이트 힐의 도움을 받아 3랩째에 선두로 복귀했습니다. 그러나, 얼마 지나지 않아 선두의 로터스가 심하게 불안정한 움직임을 보이기 시작했는데, 뒤를 돌아본 뒤 상황을 확인한 클라크는 펑쳐가 발생했다는 것을 깨달았습니다. 클라크는 13랩째에 타이어를 교체했지만, 트랙에 복귀했을 때는 이미 선두보다 한 랩 뒤처진 상태였습니다.

15위까지 밀려났던 짐 클라크는 보는 이들이 전율을 느낄만한 드라이빙을 펼치기 시작했고, 리드 랩에 복귀하기 위해 자신보다 한 랩 앞선 레이스카들을 추월하며 속도의 전당에서 화려한 주행을 이어갔습니다. 리드 랩에 복귀한 뒤에도 선두에 거의 한 랩 뒤져 있던 클라크의 페이스가 너무 빨랐기 때문에, 선두에서 달리던 팀메이트 힐은 클라크의 슬립스트림을 이용해 뒤따르는 경쟁자들과의 간격을 벌릴 수 있었습니다. 클라크는 레이스 대열의 후미를 따라잡은 뒤 추월을 계속하며 순위를 끌어올렸는데, 마치 매 랩 순위가 상승하는 것처럼 보였습니다. 치열한 경쟁이 계속되는 가운데 화려한 배틀이 곳곳에서 펼쳐졌지만, 클라크는 그 가운데에서도 마치 다른 별에서 온 것 같은 차원이 다른 드라이빙으로 54랩째 4위까지 순위를 끌어올렸습니다.

선두를 달리던 그레이엄 힐의 엔진 고장으로 짐 클라크의 4위는 3위가 되었고, 곧이어 서티스를 추월한 클라크는 3위에서 2위로 올라섰습니다. 61랩째에는 마침내 선두 잭 브라밤마저 추월한 클라크는 다시 한번 선두에 올라섰고, 이어진 랩에 2위와의 격차를 크게 벌리며 여유로운 리드를 유지했습니다. 이 순간만큼은 그의 커리어 최고의 날이 될 것 같았습니다. 그러나, 마지막 랩 로터스의 엔진에 미스파이어가 발생하기 시작했고, 끝내 연료 펌프가 작동을 멈췄습니다.

서티스와 브라밤이 서행하는 클라크를 추월해 마지막 랩에 치열한 선두 경쟁을 펼쳤고, 서티스는 단 0.2초 차이로 우승을 차지했습니다. 이는 혼다 팩토리 팀이 철수하기 전 기록한 마지막 F1 그랑프리 우승이었고, 혼다는 2006시즌이 되어서야 다시 F1 그랑프리에서 우승할 수 있었습니다. 이탈리아 팬들은 몇 년 전 페라리에게 챔피언 타이틀을 안겨줬던 서티스의 우승에 열광했지만, 동시에 마지막까지 불굴의 의지를 보여준 클라크에게도 우승자만큼의 경의를 표했습니다. 엔진이 멈춰가는 가운데 3위로 피니시 라인을 통과한 짐 클라크로서는 마지막 랩이 아쉬울 수밖에 없었지만, 그의 커리어에서 가장 위대한 그랑프리였다고 얘기할 수 있는 레이스였던 것만큼은 분명합니다.

# THE 197

1970년대에는 엔진에 관한 큰 규모의 기술 규정 변경이 없었기 때문에, F1 팀들의 창의적인 아이디어는 공기역학적 혁신에 집중되었습니다. 이전까지 F1의 표준이 되었던 것은 시가 형태의 차체 디자인이었지만, 1970년대를 거치며 공기의 흐름을 이용해 그립과 속도를 높일 수 있도록 F1 레이스카의 외형은 점점 더 복잡해졌습니다. 1970년대 초반 슬릭 타이어가 도입되면서 그립은 더 강해졌고, 매끄러운 타이어가 접촉 면적을 넓혀 F1 엔진의 모든 출력을 노면에 전달할 수 있게 되었습니다. 이후 2000년대 초반의 짧은 기간을 제외하면, 그루브 타이어는 웻 컨디션에서만 사용하는 아이템이 되었습니다.

팀 로터스는 다시 기술 혁신을 선도했는데, 완전히 새롭게 설계된 로터스 72는 사실상 차체 전체를 날개처럼 활용하는 첫 번째 F1 레이스카였습니다. 이후 1970년대를 거치며 F1에는 가변 서스펜션, 인보드 브레이크, 섀시 옆에 라디에이터를 배치하는 등의 개념이 도입됐고, 무게 배분 문제를 개선한 횡 방향 기어박스와 엔진에 공급되는 공기의 흐름을 원활하게 하면서 냉각에도 도움을 주도록 드라이버 헬멧 위로 높게 솟은 거대한 에어박스 등의 디자인 변화가 이어졌습니다. 하지만, 이 시기 가장 두드러졌던 혁신적 시도는 1970년대 후반에 등장했습니다. 켄 티렐이 이끄는 F1 팀 티렐은 앞쪽에 네 개의 바퀴를 배치한 극단적인 디자인의 6륜 레이스카를 선보여 모두를 놀라게 했습니다. 티렐 P34는 모든 부문에서 경쟁자들보다 우수한 레이스카는 아니었지만, 1976 스웨덴 그랑프리에서 우승을 차지하며 강렬한 인상을 남겼습니다.

1970년대 후반 팀 로터스는 레이스카의 플로어 가장자리에 플라스틱 스커트를 장착하는 실험을 진행했는데, 이 실험은 이후 F1의 모습을 완전히 바꾸는 시발점이 되었습니다. 1977시즌 챔피언십에 출전한 로터스 78은 사이드포드가 날개 역할을 하면서 슬라이딩 스커트와 함께 공기의 흐름이 지나는 터널을 만들고, 터널 속 공기 압력을 낮춰 '그라운드 이펙트'를 발생시키는 혁신적인 레이스카였습니다. 차량 주위의 공기 흐름이 레이스카를 아래로 누르는 다운포스와 차체 아래쪽 낮은 압력이 바닥으로 잡아당기는 두 가지 힘이 더해지면서 레이스카의 그립은 비약적으로 향상될 수 있었습니다. 1978시즌 로터스와 브라밤은 그라운드 이펙트를 활용하는 디자인 철학을 더 극단적인 방향으로 발전시켰습니다. 브라밤의 디자이너 고든 머레이는 BT46B를 설계했는데, 뒷부분에 거대한 팬을 장착해 레이스카를 트랙에 달라붙게 했기 때문에 '팬 카'라 불렸습니다. BT46B는 처음 출전한 스웨덴 그랑프리에서 우승했지만, 레이스카의 출전 자체가 금지되는 것을 피하기 위해 브라밤은 다음 경기부터 이 신기술을 포기했습니다.

1970년대 말에는 프랑스의 르노는 1.5L 터보 엔진과 함께 F1 챔피언십에 출전했습니다. 당시 F1 기술 규정은 작은 터보차저와 슈퍼차저 엔진이 3.0L 자연흡기 엔진과 경쟁할 수 있도록 허용하고 있었지만, 누구도 작은 터보 엔진에 경쟁력이 있다고 생각하지 않았습니다. 그러나, 여러 차례 실패를 거듭한 르노는 끝내 F1에서 경쟁할 수 있는 터보차저 레이스카를 만드는 데 성공했고, 시간이 지나면서 조금씩 성과를 내기 시작했습니다. 1970년대가 끝나갈 무렵에는 터보 엔진 개발에 대규모 투자를 할 수 있는 팩토리 팀과 공기역학적 성능과 그라운드 이펙트의 가능성에 의존하는 소형 팀 사이에 기술 경쟁이 불타올랐고, 동시에 이들을 둘러싼 첨예한 정치적 갈등이 시작됐습니다.

F1 무대를 달군 정치적 갈등의 한 축은 점점 목소리를 높이고 있던 FOCA였습니다. F1을 주관하는 FIA가 페라리, 르노, 알파로메오 등 제조사의 편을 드는 것처럼 보이는 상황에서, 브라밤의 새 오너였던 버니 에클스톤이 주도한 FOCA는 로터스, 티렐, 맥라렌처럼 팩토리 팀에 포함되지 않는 독립 팀의 이익을 대변하는 기구였습니다. FOCA는 소속 팀들을 위해 재정적으로 더 나은 조건과 안전 문제 개선, 드라이버를 위한 의료 시설을 포함한 써킷 시설 개선, 그리고 각 그랑프리를 포함해 월드 챔피언십의 조직적이고 체계적인 운영 등을 요구하면서 FIA와 대립 구도를 형성했습니다.

당시 F1은 모든 면에서 여전히 조직적이지 못한 스포츠였습니다. 놀랍게도 각 F1 팀이 레이스에 참가해야 할 계약상의 의무조차 없었고, 비용이나 물류 문제 때문에 여러 팀이 그랑프리에 참가하지 않는 경우도 흔했습니다. 이미 20년이 넘는 역사가 있는 F1 월드 챔피언십에는 여전히 효율적인 홍보 시스템이 없었고, 각 팀은 써킷과 개별 협상을 통해 출전료를 받고 있었습니다. 에클스톤은 특히 재정 문제에서 함께 목소리를 높인다면 더 확실한 효과가 있을 것이라며 FOCA 소속의 다른 팀 보스들을 설득했습니다.

안전 문제 역시 여전히 숙제로 남아 있었습니다. 1970시즌 요헨 린트가 F1 역사에서 유일한 사후 챔피언이 되었고, 발생 횟수가 줄어들었다고는 하지만 여전히 10년 동안 두 자릿수의 사망 사고가 발생했습니다. 1976 독일 그랑프리에서 화마에 휩싸였던 니키 라우다가 생명을 잃지 않은 것은 그 자신은 물론 F1 전체에 큰 행운이었습니다. 니키 라우다는 몬짜에서 복귀하며 사람들을 놀라게 한 데 이어, 후지 써킷에서 챔피언 타이틀 결정전을 더 극적으로 만들기도 했습니다. 바로 이 경기, 1976시즌 최종전 일본 그랑프리는 최초로 전 세계에 생중계된 F1 그랑프리이기도 했습니다.

에클스톤은 F1이 어디까지 발전할 수 있는지, 또한 어떤 방향으로 성장해야 하는지 누구보다 잘 이해하고 있었습니다. 1976 일본 그랑프리 생중계의 성공과 몇 차례 레이스 개최를 위해 개인적으로 재정적인 위험을 떠안았던 경험을 바탕으로, 에클스톤은 F1 챔피언십의 구조를 혁명적으로 바꾸기 위한 계획을 수립했습니다.

1970년대가 끝날 무렵 F1은 변화의 갈림길에 서 있었으며, 모든 것이 뒤바뀌게 될 큰 변화를 눈앞에 두고 있었습니다.

레이스 **60** /// 우승 **6** /// 포디엄 **13** /// 폴 포지션 **10** /// 패스티스트 랩 **3**

# JOCHEN RINDT

《《 요헨 린트 · 1회 챔피언 》》

요헨 린트는 한 세대에 한 번 나올까 말까 한 특별한 재능을 가졌고, 불가능을 가능하게 하는 드라이빙을 보여준 전설적인 드라이버입니다. 타고난 재능을 모두 보여주기에는 그에게 주어졌던 시간이 너무 짧았고, 너무 짧게 빛났던 그의 커리어는 F1 역사상 가장 큰 비극 중 하나가 되었습니다.

린트는 1942년 독일 마인츠에서 오스트리아인 어머니와 독일인 아버지 사이에서 태어났습니다. 그는 불과 15개월의 어린 아기였을 때, 제2차 세계대전 중 진행된 영국 공군의 대규모 폭격으로 부모를 모두 잃었습니다. 이후 어린 린트는 오스트리아 그라츠의 조부모에게 맡겨졌고, 많은 문제 속에 불안정하게 유년기를 보냈습니다. 그는 학교에서 다른 학생과는 물론 경찰과도 끊임없이 문제를 일으켰고, 주변 사람들의 눈에 띄는 행동을 계속했습니다. 그는 사람들을 즐겁게 하는 분위기 메이커로 친구들에게 잘 보이기 위해 무엇이든 했지만, 위험한 행동에 대한 인식이 부족했습니다. 린트의 장난은 여러 차례 뼈가 부러지는 사고로 이어졌고, 목뼈가 부러지는 사고도 있었습니다.

1961 독일 그랑프리를 관람한 린트는 모터스포츠가 자신의 운명이라고 확신했고, 대담하고 용감한 그의 드라이빙은 곧 사람들의 주목을 받았습니다. 오스트리아 국적으로 할머니의 차를 몰고 레이스에 나서기 시작했지만, 처음으로 출전했던 레이스에서는 실격 처리되었습니다. 2년 뒤 1963년에는 포뮬러 주니어에 진출했고, 위험을 감수하는 용감한 드라이빙으로 두각을 나타냈습니다. 그러나, 린트가 사람들에게 이름을 널리 알린 무대는 F2였는데, F1에 진출한 뒤에도 F2 레이스에 꾸준히 출전했습니다.

요헨 린트는 독립 커스터머 팀인 롭 워커 소속으로 1964 오스트리아 그랑프리에서 F1 데뷔전을 치렀고, 1965시즌에는 쿠퍼와 풀 타임 드라이버 계약을 맺었습니다. 린트는 F1 무대에서 엄청난 잠재력을 보여주긴 했지만, 1967시즌까지 세 시즌 동안 포디엄에 오른 것은 단 세 차례뿐이었습니다. 1968시즌 BRM으로 이적한 뒤 완주한 모든 레이스에서 포디엄에 올랐지만, 피니시 라인을 통과한 것은 단 두 차례뿐이었습니다. 1969시즌 팀 로터스로 이적한 뒤에야 그의 재능이 빛을 발휘하기 시작했고, 포인트 피니시와 포디엄 피니시를 누적하던 린트는 미국 그랑프리에서 첫 승을 거뒀습니다.

1970시즌 팀 로터스의 보스 콜린 채프먼은 린트에게 최고의 레이스카를 주겠다고 약속했고, 실제로 그 약속을 지켰습니다. 린트는 시즌 초반 8개 그랑프리 중 5경기에서 우승했는데, 우승을 차지하지 못한 세 경기는 모두 완주에 실패한 레이스였습니다. 그는 점점 일이 너무 쉽게 풀리고 있다고 느꼈고, 오히려 챔피언 타이틀을 차지할 수 없을 것 같다는 불안감에 휩싸였습니다. 강한 불안감과 달리 챔피언 타이틀은 결국 그의 것이 되었지만, 린트는 자기 손으로 챔피언 트로피를 들어 올릴 수 없었습니다. 그는 자신이 어떤 업적을 세웠고, 어떤 평가를 받게 될 것인지 끝내 알 수 없었습니다. 1970 이탈리아 그랑프리의 퀄리파잉에서 그의 로터스에 문제가 발생했고, 파라볼리카에서 사고가 일어났습니다. 로터스 72의 앞부분은 완전히 파괴되었고, 린트는 자신을 보호하도록 설계된 안전벨트에 의해 목숨을 잃었습니다.

요헨 린트는 F1에서 가장 큰 전율을 일으키는 드라이버였습니다. 1970시즌 린트가 사망한 뒤에도 그의 포인트를 넘어선 경쟁자가 없었기 때문에, 요헨 린트는 F1 역사상 유일한 사후 월드 챔피언이 되었습니다.

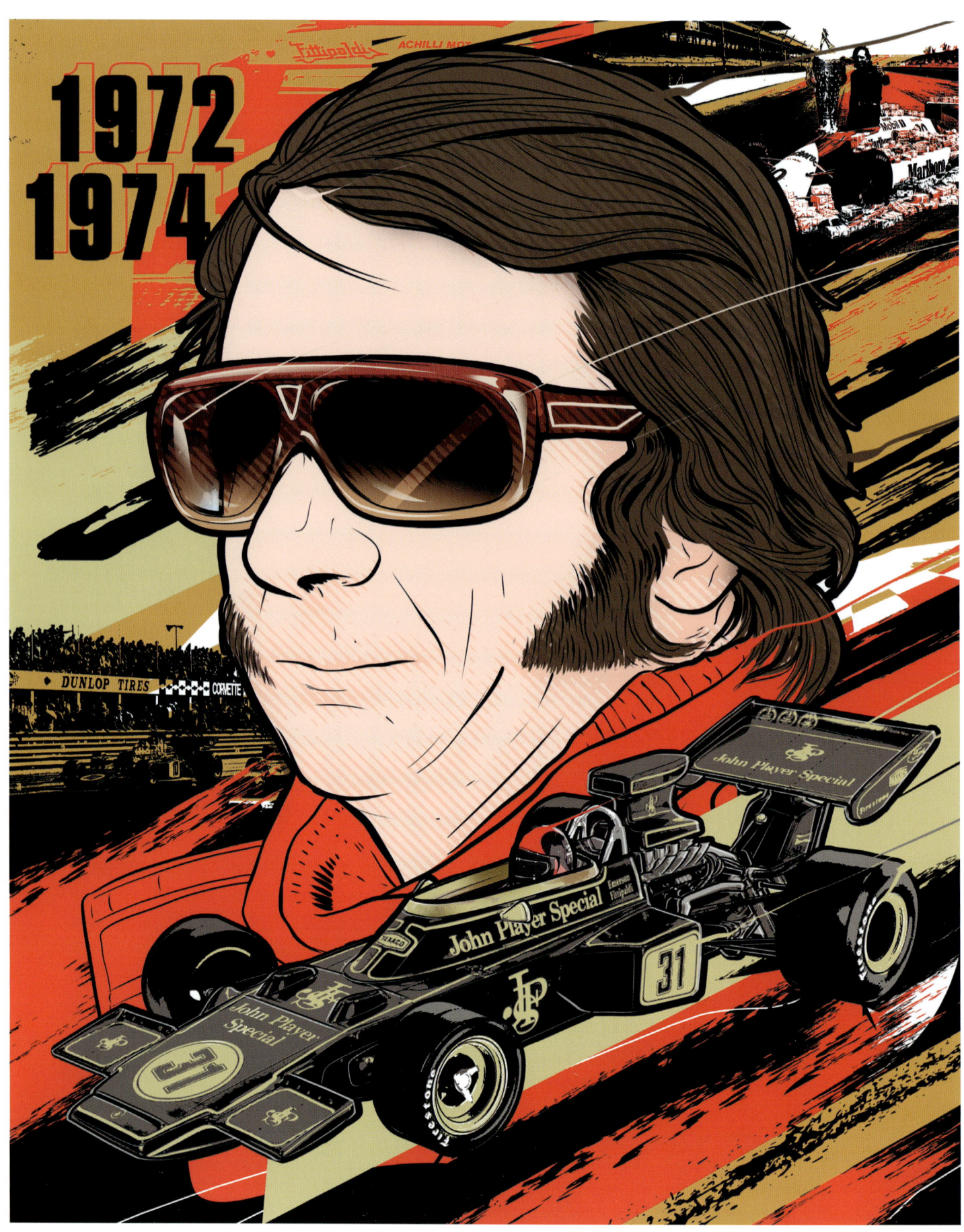

레이스 **144** /// 우승 **14** /// 포디엄 **35** /// 폴 포지션 **6** /// 패스티스트 랩 **6**

# EMERSON FITTIPALDI

《《 에머슨 피티팔디 · 2회 챔피언 》》

에머슨 피티팔디가 수립한 F1 최연소 월드 챔피언 기록은 33년 동안 깨지지 않았습니다. 정상을 향해 질주하는 과정은 눈부시게 빛났고, 그의 F1 커리어 전반부는 완벽에 가까웠습니다. 잠시 은퇴했던 피티팔디는 미국에서 인디카 레이싱을 통해 두 번째 커리어를 시작했고, F1 팬뿐만 아니라 인디카 팬들에게도 사랑받는 드라이버가 되었습니다. 오늘날까지 그의 이름은 신중한 드라이빙 스타일과 함께 모터스포츠를 순수하게 즐기며 그 즐거움을 주변 사람들에게까지 전염시키는 열정적인 모습을 상징합니다.

브라질 모터스포츠 저널리스트이자 해설자였던 아버지의 막내아들로 태어난 에머슨 피티팔디는 고성능 레이스카와 함께할 운명을 타고난 듯 보였고, 자연스럽게 그의 형 윌슨과 함께 레이스에 출전하기 시작했습니다. 모터싸이클로 모터스포츠에 입문한 뒤 스피드보트 레이싱으로 전향했던 피티팔디는, 형 윌슨이 사고를 겪은 이후로는 써킷에서 펼쳐지는 자동차 경주에 집중했습니다.

1968년, 21세의 피티팔디는 브라질에서 포뮬러 비 챔피언 타이틀을 차지했는데, 포뮬러 비는 소형 폭스바겐 엔진을 장착한 싱글-시터로 펼치는 엔트리 포뮬러였습니다. 그는 포뮬러 비에서의 성공에 자신감을 얻어 1969년 유럽에 진출했고, 더 넓은 모터스포츠 세계에 자신이 최고 수준의 재능을 가졌음을 알리기 시작했습니다. 이를 증명하듯, 피티팔디는 1969시즌 영국 F3에서 손쉽게 챔피언의 자리에 올랐습니다.

1970년 팀 로터스와 함께 F2 레이스에 나선 피티팔디를 본 콜린 채프먼은, 그에게 팀의 세 번째 레이스카로 F1 챔피언십 그랑프리에 출전할 것을 제안했습니다. 팀의 리더 요헨 린트는 브라질 출신의 젊은 드라이버를 돌보며 이끌어주었고, 피티팔디는 린트를 존경하는 우상으로 삼았습니다. 그러나, 린트의 사망 사고와 이에 충격을 받은 팀메이트 존 마일스마저 팀을 떠나는 상황이 펼쳐지자, 팀 로터스는 피티팔디를 팀 리더로 세울 수밖에 없었습니다.

에머슨 피티팔디는 린트가 세상을 떠난 뒤 팀 로터스가 출전한 첫 그랑프리였던 미국 그랑프리에서 포디엄 정상에 올랐고, 1972시즌에는 위대한 레이스카 로터스 72와 피티팔디의 매혹적인 드라이빙이 어우러지며 월드 챔피언 타이틀을 획득했습니다. 그는 1973시즌 챔피언십을 2위로 마친 뒤 1974시즌 맥라렌으로 이적해 자신의 두 번째 월드 드라이버 챔피언 타이틀을 차지했고, 이어진 1975시즌에는 다시 한번 챔피언십 2위를 차지했습니다. 그는 여전히 높은 평가를 받았기 때문에 많은 팀이 그를 원했고, 피티팔디는 자신이 원하는 대로 커리어를 펼칠 수 있을 것처럼 보였습니다.

그러나, 에머슨 피티팔디와 그의 형 윌슨이 1976시즌부터 직접 F1 팀을 만드는 모험에 나서면서, 그의 드라이버로서의 커리어는 사실상 멈춰 섰습니다. 그는 두 번 다시 그랑프리에서 우승을 차지하지 못했고, 커리어 후반부의 포디엄 피니시 역시 단 두 차례에 불과했습니다. 결국 피티팔디는 그의 놀라운 데뷔와 커리어 전반부를 생각하면 당연할 것 같았던 화려한 은퇴 없이 조용히 F1을 떠났습니다. 그러나, 피티팔디는 3년 뒤 미국에서 레이싱 커리어의 2막을 시작했습니다. 그는 미국 모터스포츠 무대에서 활약하며 인디 500에서만 두 차례 우승했고, 1989시즌에는 인디카 월드시리즈에서 챔피언의 자리에 올랐습니다.

에머슨 피티팔디는 위대한 F1 챔피언이자 홍보대사 역할을 하는 인물 중 한 명으로, 오늘날에도 여전히 열정적인 팬으로 전 세계의 모터스포츠 이벤트에 참석합니다. 특히, 거대한 레이싱 가문을 구성하는 그의 자녀와 조카, 손주들이 참가하는 레이스에서는, 이들을 열심히 응원하는 에머슨 피티팔디의 모습을 발견할 수 있습니다.

1970년대

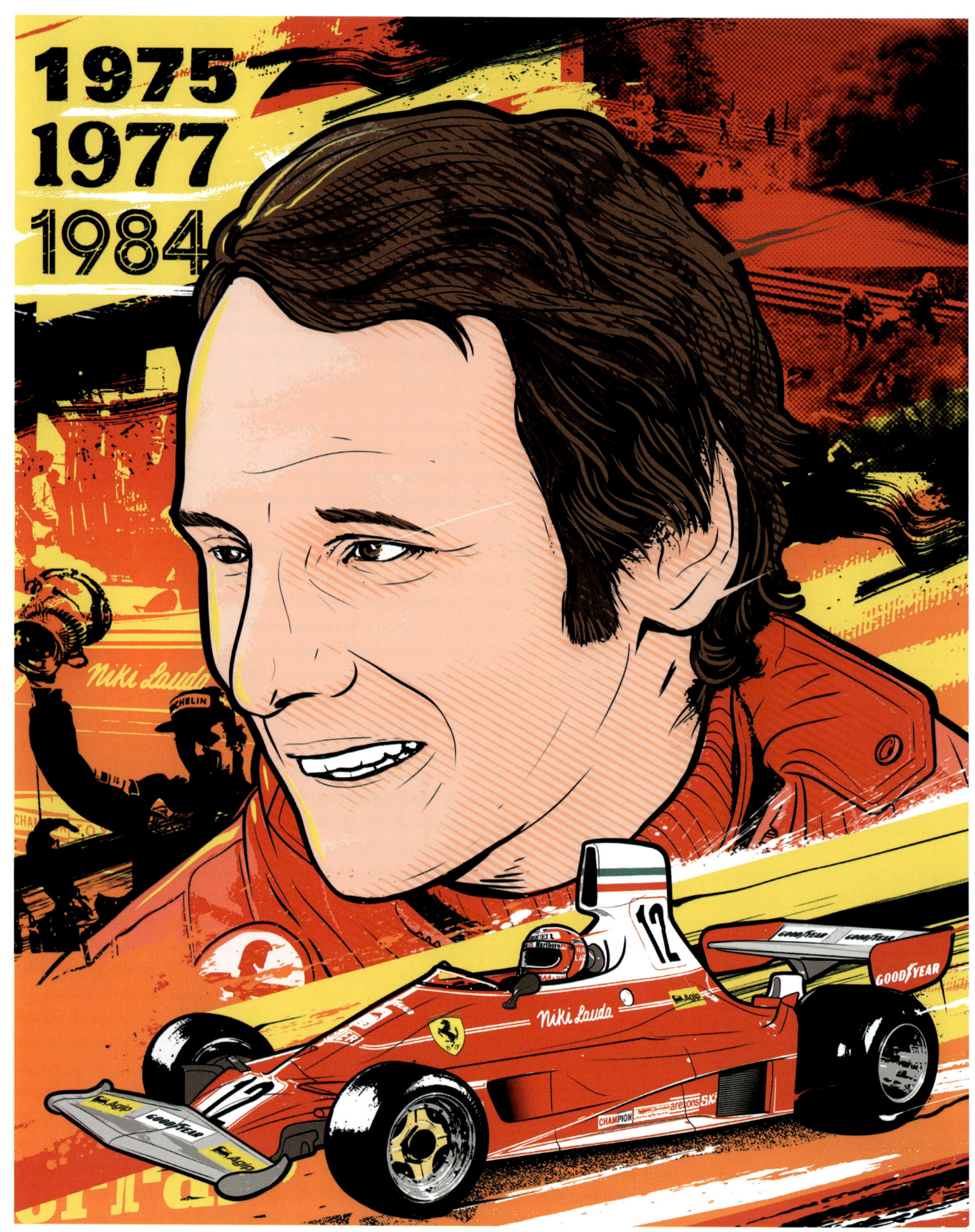

레이스 **171** /// 우승 **25** /// 포디엄 **54** /// 폴 포지션 **24** /// 패스티스트 랩 **24**

# NIKI LAUDA

《《 니키 라우다 · 3회 챔피언 》》

할리우드에서 영화의 스토리로 삼을만한 F1 커리어를 찾고 있을 때 발견한 것이 바로 니키 라우다의 이야기였습니다. 뛰어난 두뇌와 날카로운 언변을 겸비했던 오스트리아 출신의 드라이버는 아무나 쉽게 범접하기 힘든 인물이었고, 냉철한 결단력과 엄청난 회복력을 가진 라우다에게 모터스포츠의 운명적인 부름은 거역할 수 없는 것이었습니다. 라우다에게 닥친 운명은 그를 죽음의 문턱까지 끌고 갔지만, 모든 폭풍이 지나갔을 때 그를 역대 최고의 드라이버 중 한 명으로 자리매김하게 했습니다.

라우다는 1949년 오스트리아의 부유한 가정에서 태어났지만, 부모님은 그가 모터스포츠를 사랑한다는 사실을 부끄럽게 여겼습니다. 이 때문에 라우다는 부모님으로부터 경제적인 도움을 받지 못한 채 레이싱 커리어를 시작해야 했고, 화려한 언변을 적극 활용해 은행 대출을 받는 것으로 부족한 부분을 메꿨습니다.

니키 라우다는 오늘날 우리가 '페이 드라이버'라고 부르는 방식처럼, 팀에 자금을 지원하는 대가로 레이스카에 탑승할 기회를 얻어 F1 커리어를 시작했습니다. 페이 드라이버로 처음 F1 시트를 차지했을 때는 잘못된 시기에 잘못된 팀에 있었지만, 이런 시기에도 그의 빼어난 스피드만큼은 숨길 수 없었습니다. 라우다는 항상 직설적이었기 때문에, 많은 사람에게 깊은 인상을 남기는 동시에 종종 다른 사람을 화나게 하기도 했습니다. 페라리의 부름을 받고 참가한 테스트에서 엔초 페라리 본인에게 직접 차가 '끔찍하다'고 말하기도 했는데, 오히려 라우다의 이런 태도를 맘에 들어 했던 엔초는 1974시즌 그와 함께 두 차례의 F1 그랑프리 우승을 일궈냈습니다. 1975시즌 아무도 막을 수 없는 최강의 312T를 내세운 페라리와 니키 라우다는 5승을 포함해 포디엄 피니시 8회의 성적으로 월드 챔피언 타이틀을 획득하는 데 성공했습니다. 이는 존 서티스가 마지막으로 페라리를 위해 챔피언 타이틀을 차지한 지 11년 만의 일이었습니다.

1976시즌도 시작은 비슷했습니다. 라우다는 시즌 중반까지 아홉 차례 레이스에서 5승을 포함해 여덟 차례 포디엄에 오르는 동안, 단 한 번의 리타이어만 기록하며 챔피언십 선두를 질주했습니다. 2년 연속 챔피언 타이틀 도전을 위협하는 유일한 경쟁자는 맥라렌의 제임스 헌트뿐이었지만, 독일 그랑프리에서 라우다에게 비극적인 사고가 발생했습니다. 두 랩째 발생한 사고로 레이스카는 화염에 휩싸였고, 동료 드라이버들이 잔해 속에서 헬멧이 벗겨진 라우다를 끌어냈을 때의 상황은 절망적이었습니다. 병원에서는 사제를 불러 고해성사를 시키며 그의 최후를 준비할 정도였습니다. 그러나, 라우다는 살아남았고, 불과 6주 만에 몬짜에 모습을 드러냈습니다. 헬멧 속에서 붕대가 피로 흥건히 젖을 정도로 상처가 아물지 않은 상태였지만, 그는 4위로 레이스를 마치며 믿을 수 없는 복귀전을 마무리했습니다. 뉘르부르크링에서의 사고 이후 페라리는 그의 드라이빙 스킬에 의심의 눈길을 보냈지만, 라우다는 1977시즌 두 번째 F1 월드 드라이버 챔피언 타이틀을 차지하며 건재를 과시했습니다. 라우다는 곧 페라리를 떠나 브라밤에 합류해 몇 차례 우승을 추가했지만, 1979시즌이 끝나기 전에 F1 은퇴를 선언했습니다.

은퇴 후에도 트랙에서의 경쟁에 대한 열망이 사그라지지 않았던 라우다는, 결국 1982시즌 맥라렌을 통해 F1 무대에 복귀했습니다. 1984시즌에는 세 번째 F1 월드 드라이버 챔피언 타이틀을 획득했고, 1985시즌이 끝난 뒤 F1에서 완전하게 은퇴했습니다. 라우다는 이후 F1과 모터스포츠에서 가장 존경받는 인물로 목소리를 높였고, 페라리와 재규어에서는 고문을 맡아 중요한 역할을 수행하기도 했습니다. 하지만, 그가 가장 큰 영향력을 발휘한 것은 메르세데스에 합류한 이후였고, 그의 리더십은 메르세데스가 10년 동안 F1을 지배할 수 있는 기반을 마련했습니다. 니키 라우다는 2019년 70세의 나이로 세상을 떠났습니다. 그가 매 순간 활력을 불어넣었던 모국 오스트리아와 F1 무대에 몸담은 모든 사람이 라우다의 죽음에 깊은 애도를 표했습니다.

1970년대

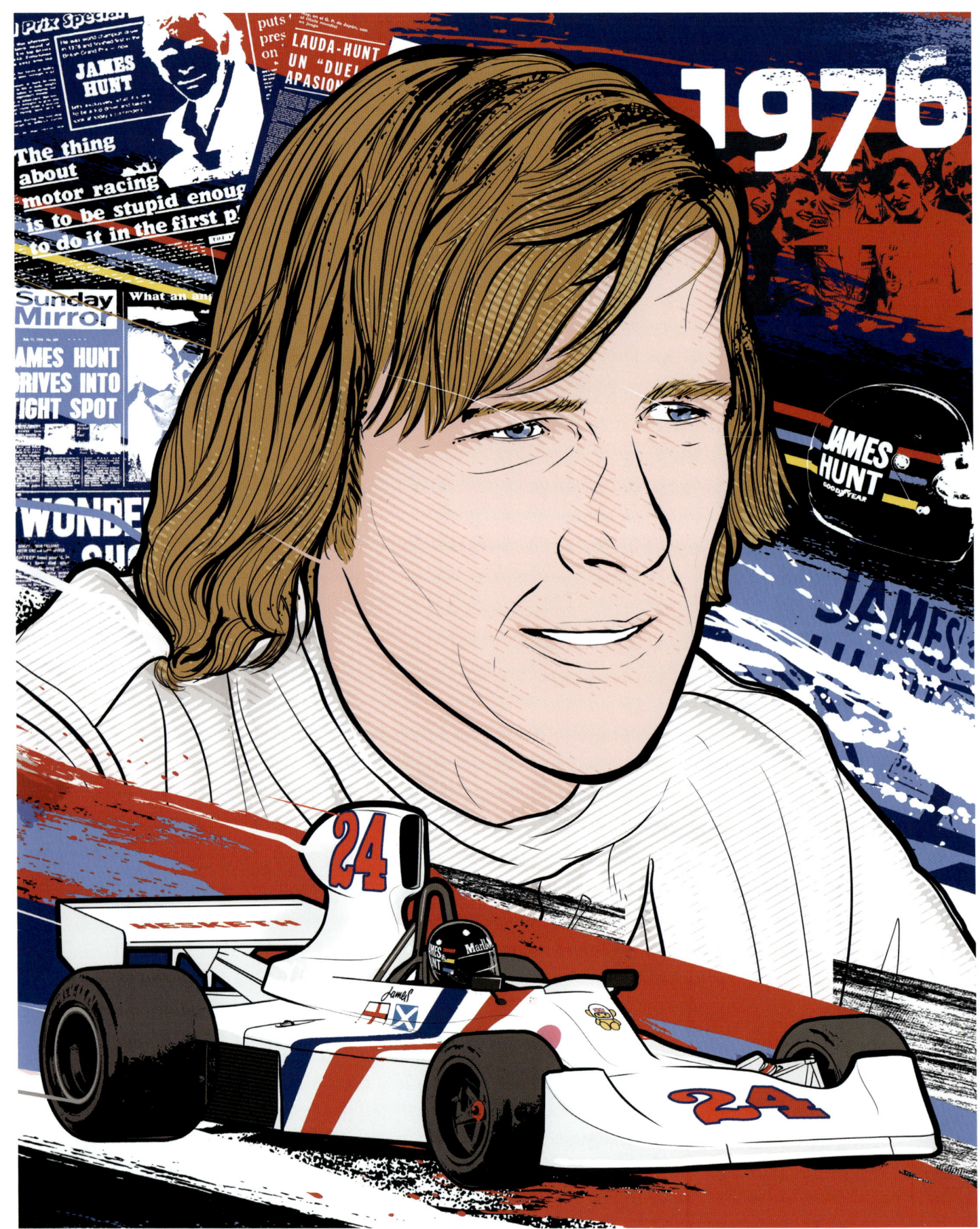

레이스 92 /// 우승 10 /// 포디엄 23 /// 폴 포지션 14 /// 패스티스트 랩 8

# JAMES HUNT

《《 제임스 헌트 · 1회 챔피언 》》

할리우드가 니키 라우다에서 슈퍼히어로의 이상형을 찾았다면, 안티히어로의 이상형은 제임스 헌트였습니다. 헌트는 늘 시끄러웠고, 거리낌이 없는 사람이었습니다. 파티를 즐기는 데 열정적이었던 만큼 레이스에도 열정적이었습니다. 타블로이드지에게 사랑받았지만, 모터스포츠 전문 기자들에게는 논란의 대상이었습니다. 사실 그는 사람들의 생각과 달리 레이싱을 두려워했지만, 전성기의 헌트는 두려움 속에서도 같은 세대 최고의 드라이버들을 상대해 승리를 거뒀습니다.

1947년 영국 서리에서 태어난 헌트는 사립학교에서 엄격하게 교육받았지만, 어린 시절부터 쉽게 다루기 어려운 반항아로 유명했습니다. 반항적인 성격과 눈에 띄는 건장한 체격, 금발의 긴 머리와 영화배우 같은 외모는 주변 여성들에게 매력적인 '배드 보이'로 보이게 했습니다. 그는 라켓을 사용하는 스포츠에서 먼저 재능을 보였지만, 친구의 손에 이끌려 실버스톤에서 처음으로 레이스를 관람한 뒤 모터스포츠에 매료됐습니다.

그는 레이스에 나서기 전 강제로 구토를 해 모든 것을 게워 낸 뒤 차에 오르는 신경질적인 드라이버였지만, 막상 레이스가 시작된 뒤에는 누구보다 용감하고 빨랐습니다. 물론 자주 선을 넘는 무모한 드라이빙이 충돌로 이어졌고, 사고를 유발하는 헌트라는 의미의 '헌트 더 션트'라는 별명을 얻었습니다. 헌트는 많은 논란을 일으키는 중에도 레이스에서 많은 우승과 랩 레코드를 기록했고, 영국 F3에서 가장 돋보이는 드라이버가 되었습니다.

그러나, 여전히 F1은 너무 멀리 있는 것처럼 보였습니다. 헤스케스 레이싱의 탄생이 아니었다면, 헌트가 F1에 진출할 기회는 없었을지도 모릅니다. 막대한 유산을 물려받은 영국의 젊은 귀족 헤스케스 남작이 설립한 헤스케스 레이싱은, 트랙 안팎에서 그저 즐거움을 추구하기 위해 만들어진 팀이었습니다. 샴페인을 구입하는 데 연료보다 더 많은 돈을 쓴다는 농담이 나올 정도였고, 써킷에 초대된 미녀 게스트가 레이싱 팀의 스태프보다 많아 보였습니다.

1972시즌 헤스케스와 함께 F2 무대에서 활약하던 헌트는, 1973시즌 헤스케스 남작이 F1에 도전하기로 결심하면서 자연스럽게 F1에 데뷔하게 되었습니다. 기존 F1의 주요 팀 관계자들은 모두 헤스케스의 도전을 비웃었지만, 헤스케스와 헌트는 독특한 재미와 개성이 가득한 특유의 아우라를 몰고 다니며 모터스포츠 역사에 한획을 그었습니다. 상위권 F1 팀과 비교하면 예산도 부족하고 기술적으로 뒤쳐져 있었지만, 제임스 헌트와 헤스케스는 최강 페라리의 니키 라우다와 정면 승부를 펼친 끝에 1975 네덜란드 그랑프리에서 우승을 차지했습니다. 재정난을 겪던 헤스케스 남작의 팀은 1975시즌을 끝으로 해체됐지만, 헌트는 맥라렌의 입단 제의를 받았습니다.

1976시즌 맥라렌의 헌트와 페라리의 라우다는 처음부터 끝까지 경쟁을 계속했습니다. 특히, 독일 그랑프리에서 라우다의 생명을 위협하는 큰 사고가 발생한 뒤, 두 드라이버의 대결은 더 큰 주목을 받으며 F1의 전설적인 시즌을 만들었습니다. 챔피언 타이틀 결정전이 된 시즌 최종전 일본 그랑프리는 악천후와 함께 시작됐는데, 트랙 상황이 너무 위험하다고 판단한 라우다는 일찌감치 레이스를 포기했습니다. 결국 끝까지 레이스를 계속해 꼭 필요한 포인트를 획득한 제임스 헌트가 F1 월드 드라이버 챔피언 타이틀을 손에 넣었습니다.

몇 시즌 더 F1 챔피언십에 출전한 헌트는 1979시즌 은퇴를 선언했고, 이후 F1 TV 해설자로 활동하며 특유의 독설로 인기를 얻었습니다. 두 차례 결혼과 이혼을 경험한 헌트는, 1980년대 말 자신이 동경했던 아버지로서의 삶에 만족하며 평온한 생활을 시작했습니다. 그러나, 스스로 가장 행복하다고 느끼던 1993년 갑작스럽게 심장마비가 찾아왔고, 제임스 헌트는 45세의 나이에 세상을 떠났습니다.

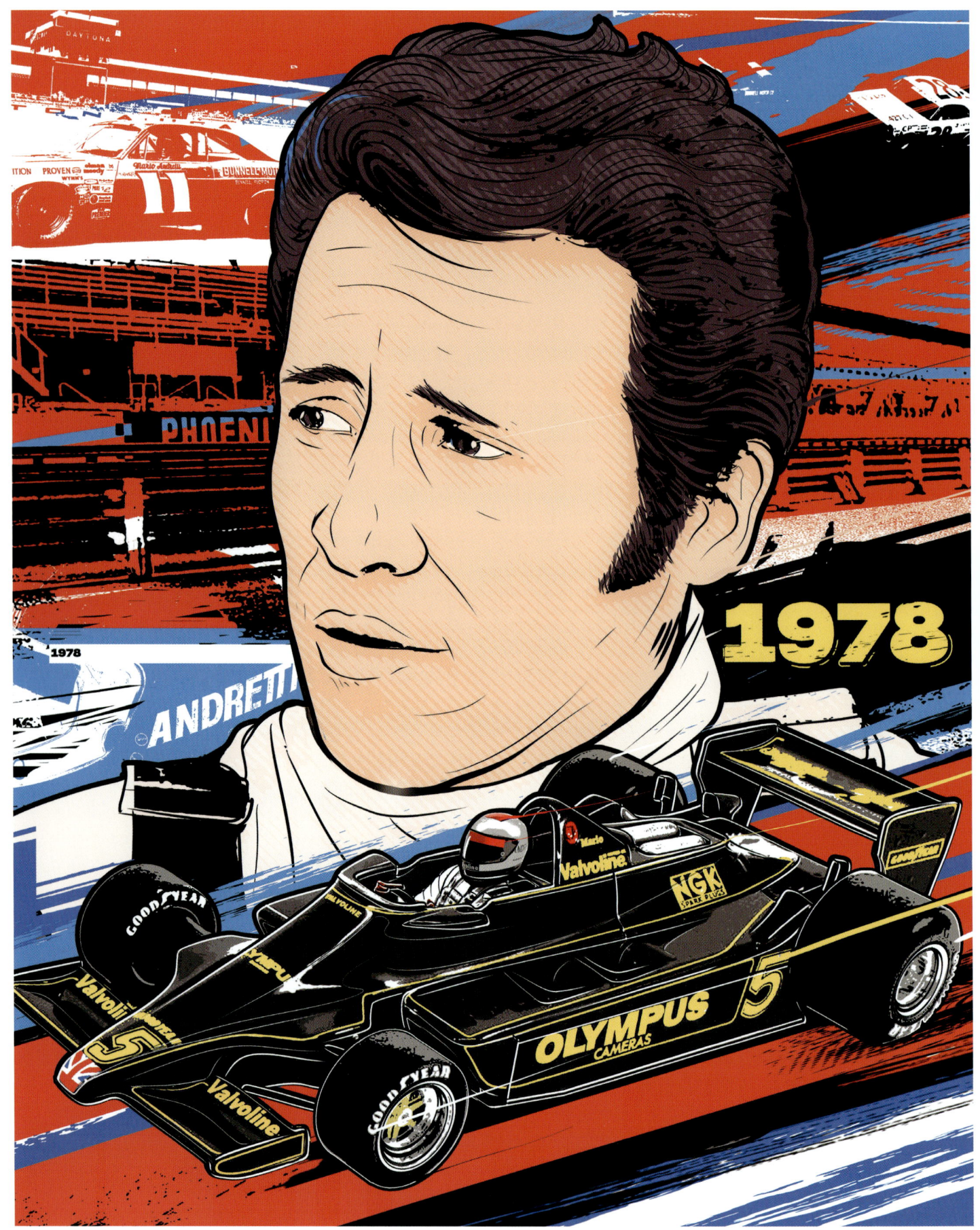

레이스 128 /// 우승 12 /// 포디엄 19 /// 폴 포지션 18 /// 패스티스트 랩 10

# MARIO ANDRETTI

《《 마리오 안드레티 · 1회 챔피언 》》

스포츠에서 뛰어난 선수 한 명의 이름이 그 스포츠 자체를 상징하게 되는 경우가 있습니다. 농구에서는 마이클 조던이 그랬고, 축구에서의 펠레나 미식축구에서의 톰 브래디도 그랬습니다. 모터스포츠라면 마리오 안드레티가 바로 그런 인물입니다.

마리오 안드레티는 제2차 세계대전이 한창이던 1940년 이탈리아에서 쌍둥이 형제 알도와 함께 태어났습니다. 살고 있던 집이 신생 유고슬라비아의 일부로 편입됐기 때문에, 모든 것을 버리고 이탈리아로 넘어온 안드레티 가족은 10년 넘게 난민 수용소에서 생활했습니다. 알도와 마리오 형제는 어린 시절 밀레밀리아와 몬짜에서 펼쳐진 1954 이탈리아 그랑프리를 지켜보며 레이싱의 매력에 빠져들었고, 마리오는 그의 영웅 알베르토 아스카리를 직접 목격한 뒤 드라이버의 꿈을 키웠습니다.

안드레티 가족은 1955년 미국으로 이민했는데, 나이를 속이기 위해 운전면허증을 위조한 형제는 허드슨 호넷으로 더트 트랙에서 펼쳐지는 스톡카 레이스에 출전하기 시작했습니다. 형제 두 명 모두 스피드가 뛰어났지만, 알도는 레이스에서 큰 사고를 겪으며 한동안 커리어를 중단할 수밖에 없었습니다. 반면, 마리오는 뛰어난 적응력과 끈기, 스피드를 과시하며 미젯, 스프린트 카, 나스카, 데이토나 500, 드래그 레이싱, 파익스 피크 힐 클라임 등 거의 모든 종류의 레이스에서 우승 기록을 남겼습니다. 안드레티가 레이스에 출전한다면, 늘 우승을 기대할 만했던 셈입니다.

오픈-휠 레이싱에 매료되어 인디카의 전신에 해당하는 USAC로 무대를 옮긴 마리오 안드레티는 1969 인디 500에서 우승했고, 1965, 1966, 1969시즌 USAC 챔피언 타이틀을 차지했습니다. 그러나, 안드레티의 꿈은 항상 F1에 데뷔하는 것이었는데, 1965 인디 500을 눈여겨본 콜린 채프먼에게 원한다면 언제든 F1 시트를 내주겠다는 제안을 받았습니다. 그는 1968 미국 그랑프리에 팀 로터스 소속으로 데뷔해 폴 포지션을 차지했지만, 레이스에서는 클러치 문제로 리타이어했습니다. 이후 몇 년간 마치, 파넬리, 페라리 소속으로 가끔 F1 그랑프리에 출전하던 안드레티는 1971 남아프리카공화국 그랑프리에서 페라리와 함께 처음으로 그랑프리 우승을 차지하기도 했습니다.

채프먼은 안드레티를 설득해 1976시즌부터 F1에 전념하도록 했고, 마리오는 미국 무대를 떠나 유럽 중심의 F1 무대에서 본격적인 활약을 시작했습니다. 그는 채프먼과 손잡고 로터스의 왕좌 탈환을 위한 디자인 개선에 동참했고, 1977시즌 챔피언십 3위에 오르며 가능성을 확인했습니다. 1978시즌 무적의 마리오 안드레티는 로터스 79와 함께 F1 월드 드라이버 챔피언의 자리에 올랐습니다. 1980년대 팀 로터스가 경쟁력을 잃은 뒤, 안드레티는 알파로메오와 페라리로 팀을 옮겼습니다. 1982시즌 몬짜에서 마지막 폴 포지션과 포디엄 피니시를 차지한 뒤, 그는 미국으로 돌아가 다시 인디카에서 레이싱을 시작해 1984시즌 다시 한번 미국 오픈-휠 챔피언 타이틀을 차지했습니다.

마리오 안드레티는 그레이엄 힐이 이룩했던 트리플 크라운의 업적에 근접한 드라이버 중 하나였습니다. 20대 때 인디 500에서 우승했던 안드레티는 1995년, 55세의 나이로 르망 24시간 레이스에서 클래스 우승과 함께 전체 2위에 올랐습니다. 80대에 접어든 지금도 그는 계속 레이스카를 몰고 있으며, 인디카 써킷을 누비며 행운을 거머쥔 게스트와 이벤트 우승자를 태운 채 시속 320km의 주행을 펼치고 있습니다. 마리오 안드레티는 역사상 가장 위대한 드라이버 중 한 명으로 존경을 한 몸에 받고 있습니다.

레이스 111 /// 우승 10 /// 포디엄 33 /// 폴 포지션 3 /// 패스티스트 랩 5

# JODY SCHECKTER

《 조디 섹터 · 1회 챔피언 》

모터스포츠 세계에서 조디 섹터가 F1 월드 챔피언이 될 것이라 믿는 사람은 거의 없었습니다. 커리어 전반부의 그는 너무 무모했고, 커리어 후반에는 지나치게 부드럽다는 평가가 많았습니다. 그러나, F1 역사에서 가장 위대한 팀과 함께했던 마지막 도전에서 그는 모든 것을 이뤘습니다. F1에서 그의 커리어는 채 10년이 되지 않았지만, 이 기간 조디 섹터는 잊을 수 없는 챔피언이자 가차 없는 공격적인 챔피언으로 모터스포츠 역사의 한 페이지를 장식했습니다.

1950년 남아프리카공화국 이스트 런던에서 태어난 섹터는 아버지가 운영하던 르노의 대리점에서 견습 직원으로 일하며 드라이빙을 배웠습니다. 이후 그는 자연스럽게 모터스포츠에 입문하지만, 처음 참가한 살룬 카 레이싱에서 너무 위험한 주행을 이유로 실격 처리됐습니다. 섹터는 언제나 거칠고 무모한 드라이빙 스타일 한 가지만을 유지했지만, 항상 놀라울 정도로 빨랐습니다. 이런 모습은 포뮬러 포드와 F3 무대에서도 이어졌고, 트랙 위에서의 거친 드라이빙과 솔직하고 거리낌 없는 언행 때문에 다른 사람들과 갈등을 빚는 경우도 많았습니다.

과격한 드라이빙 스타일에 대한 우려가 컸지만, 맥라렌은 1972시즌과 1973시즌 간헐적으로 조디 섹터를 F1 레이스에 출전시켰습니다. 그러나, 그는 여러 차례 심각한 사고에 연루되었고, 특히 1973 영국 그랑프리에서는 스타트 직후 거의 필드 전체를 휩쓰는 충돌 사고를 일으켜 F1 역사상 가장 큰 규모의 피해를 주기도 했습니다. 다른 드라이버들은 너무 위험한 섹터를 F1에서 추방해야 한다고 뜻을 모았지만, 맥라렌은 몇 경기 출전을 시키지 않는 것으로 상황을 무마시키려 했습니다.

1973시즌이 진행되는 동안 이미 다음 시즌 티렐로의 이적 계약을 마친 섹터는 시즌 최종전 미국 그랑프리에도 출전했는데, 팀메이트가 될 예정이었던 티렐의 프랑수아 세베가 사망하는 사고가 발생했습니다. 사고 직후 현장에 가장 먼저 도착한 섹터는 끔찍한 세베의 모습을 목격했고, 이후 레이싱을 대하는 자신의 태도를 완전히 바꾸었습니다. 섹터는 다시는 전처럼 위험을 감수하지 않았지만, 멘토 역할을 한 켄 티렐의 도움을 받아 공격성을 드러내지 않으면서도 뛰어난 차량 제어 능력과 놀라운 스피드를 유지할 수 있었습니다. 이런 변화와 함께 티렐 이적 첫해에 두 차례 그랑프리에서 우승을 차지했고, 1974시즌과 1976시즌 F1 월드 챔피언십 3위에 올랐습니다. 1977시즌 월터 울프 레이싱으로 이적한 섹터는 니키 라우다와 페라리를 바짝 추격하며 챔피언십 2위를 차지했습니다. 월터 울프 레이싱에서의 활약을 지켜본 페라리는 섹터에게 1979시즌 시트를 제안했습니다.

많은 사람이 남아프리카공화국 출신 드라이버의 다혈질적인 성격과 직설적인 커뮤니케이션 스타일이 페라리와 어울리지 않을 것이라 예상했지만, 1979시즌 섹터와 페라리는 완벽한 조화를 이뤄냈습니다. 팀메이트 질 빌너브와 함께 챔피언십 1-2를 차지한 1979시즌 조디 섹터는 F1 월드 드라이버 챔피언의 자리에 올랐는데, 섹터의 타이틀 획득 이후 페라리는 20년 동안 F1에서 드라이버 챔피언을 배출하지 못했습니다.

1980시즌이 끝나고 계약이 만료되자 조디 섹터는 바로 은퇴를 선택했습니다. 그는 현재 영국에 거주하며 육류와 버팔로의 유제품으로 유명한 바이오다이나믹 농장을 운영하고 있습니다.

레이스 123 /// 우승 10 /// 포디엄 26 /// 폴 포지션 14 /// 패스티스트 랩 9

# RONNIE PETERSON

**《《 로니 페터슨 》》**

로니 페터슨은 1970년대 가장 빠른 드라이버였습니다. 그의 깔끔한 드라이빙 스킬과 매력적인 성격 덕분에 모터스포츠 세계에서 그를 사랑하지 않는 사람은 없었습니다. 트랙 위에서 매혹적이었고 트랙 밖에서 유쾌했던 페터슨은 월드 챔피언이 될 수 있는 모든 자질을 갖췄지만, 시간만은 그의 편이 아니었습니다. 1978 이탈리아 그랑프리에서의 갑작스러운 죽음은 레이싱 세계 전체를 충격에 빠뜨렸습니다.

1944년 스웨덴 오레브로 근처에서 태어난 페터슨은 오늘날에는 전통적이고 일반적인 모터스포츠의 첫 관문으로 자리 잡은 고-카트를 통해 레이싱에 입문했는데, 그의 드라이빙은 처음부터 인상적이었습니다. 이어서 페터슨은 빵집을 운영하던 아버지가 만든 레이스카와 함께 스웨덴 F3에서 1968시즌과 1969시즌 챔피언 타이틀을 차지했습니다. 이듬해 그는 당시까지 당연하게 여겨지던 전통적인 시스템의 절차를 건너뛰고, F2 진출과 함께 그의 뛰어난 재능을 내세워 F1 챔피언십에도 출전하기 시작했습니다.

엄청나게 빨랐던 '슈퍼스웨드'는 최상위 무대에서도 바로 위력을 발휘했고, 1971시즌에는 마치의 팩토리 팀에 합류한 뒤 F2와 F1 챔피언십에 동시 출전했습니다. 페터슨은 유러피언 F2에서 챔피언 타이틀을 차지했고, F1 월드 챔피언십에서는 막강했던 팀 로터스 소속 피티팔디의 뒤를 이어 2위에 올랐습니다. 모두가 놀란 페터슨의 활약은 당시 전성기의 세계 최정상급 드라이버들과 경쟁했다는 점에서 더욱 주목받는 성과였습니다.

1973시즌 팀 로터스로 이적해 디펜딩 챔피언 에머슨 피티팔디의 팀메이트가 된 페터슨은 프랑스 그랑프리에서 F1 데뷔 후 첫 우승을 기록했고, 시즌이 끝날 때까지 3승을 더 추가했습니다. 그러나, 1970년대 중반 로터스는 점점 경쟁력을 잃어갔고, 1974시즌 투입한 신차 로터스 76이 드라이버들에게 외면받은 뒤 과거 모델인 로터스 72를 1975시즌까지 사용해야 했습니다. 상황이 나아질 기미를 보이지 않자 페터슨은 1976시즌 첫 번째 레이스를 마친 뒤 마치로 복귀했고, 1977시즌에는 티렐로 팀을 옮겼습니다.

1978시즌을 앞두고 콜린 채프먼은 흐름이 바뀌었다는 점을 지적하며, 로터스가 최고의 레이스카를 만들 수 있을 것이라 설득했습니다. 채프먼의 주장을 믿은 페터슨은 팀 로터스로 복귀했고, 실제로 로터스는 1978시즌 가장 강력한 레이스카를 만들었습니다. 그러나, 계약을 위한 조건 중 하나가 마리오 안드레티를 돕는 넘버 2 드라이버가 되는 것이었고, 페터슨은 레이스에서 로터스가 선두의 두 자리를 차지한다면 반드시 안드레티가 우승해야 한다는 팀 오더를 따랐습니다. 이런 상황이 벌어질 때 페터슨은 종종 안드레티의 뒤로 바짝 따라붙으며, 자신이 더 빠르다는 것과 함께 팀 오더를 충실히 수행 중이라는 것을 분명하게 보여주곤 했습니다. 그는 1978시즌 중 두 차례 우승을 차지했는데, 한 차례는 안드레티의 레이스카가 고장 났을 때였고, 다른 한 차례는 페터슨이 압도적인 스피드를 과시하며 안드레티보다 한 랩 앞선 레이스였습니다.

그는 팀에 헌신하면서 다음 시즌에는 자신에게 챔피언 타이틀을 차지할 기회가 돌아오리라 믿었습니다. 그러나, 그에게 더 이상 주어진 시간은 없었습니다. 1978 이탈리아 그랑프리 스타트에서 발생한 충돌 사고로 페터슨은 다발성 골절과 함께 다리 화상을 입었습니다. 많은 사람이 그의 부상이 생명을 위협할 정도까지는 아니라고 여겨졌지만, 안타깝게도 그날 밤 지방색전증과 함께 상황이 나쁜 쪽으로 바뀌었습니다. 결국 월요일 아침 지방색전증이 신부전으로 이어지며 합병증으로 당시 가장 뛰어난 드라이버였던 페터슨이 세상을 떠났다는 믿을 수 없는 소식이 전해졌습니다. 로니 페터슨의 이름은 충분히 F1 월드 챔피언이 될 수 있었고, 마땅히 그래야 했던 이름으로 기억되고 있습니다.

# 그 밖에 최고의 드라이버들 : 1970년대

### 재키 익스

잘생긴 얼굴에 엘비스 선글라스를 트레이드마크로 삼았던 재키 익스는 1970년대 F1에서 가장 멋진 드라이버 중 한 명이었고, 모든 면에서 부족함이 없는 가장 완벽한 드라이버로도 유명했습니다. 다양한 모터스포츠 무대에서 여러 차례 우승하는 동안 최악의 조건에서도 어떻게든 속도를 높이는 것으로 유명했던 익스는, 르망 24시간 레이스에서 모두 여섯 차례 정상에 오르며 전설이 되었습니다. 벨기에 출신의 드라이버는 1966시즌부터 1979시즌까지 로터스, 맥라렌, 페라리와 윌리암스 이전의 프랭크 윌리암스 레이싱카 등 최고의 F1 팀에서 활약했고, F1 챔피언십 그랑프리에서 8승을 포함해 25회의 포디엄 피니시를 기록했습니다.

### 클레이 레가조니

페라리 소속으로 F1에 데뷔한 드라이버도 드물지만, 몬짜에서 펼쳐진 이탈리아 그랑프리에서 데뷔 첫 승을 거둔 드라이버는 더욱 드뭅니다. 스위스 출신의 클레이 레가조니가 바로 그렇게 F1 커리어를 시작한 드라이버였고, 데뷔 시즌 챔피언십 3위를 차지하며 깊은 인상을 남겼습니다. 레가조니는 통산 5승 중 한 번을 제외한 4승을 페라리에서 기록했고, 1974시즌에는 F1 월드 챔피언십 2위를 차지했습니다. 그의 마지막 F1 그랑프리 우승은 1979 영국 그랑프리에서 기록한 윌리암스의 첫 번째 우승이기도 했습니다. 그는 1980년 롱비치에서의 사고로 하반신이 마비됐지만, 이후 손으로만 조종하는 레이싱카와 함께 계속 레이스에 출전하며 장애를 가진 드라이버에게도 동등한 기회를 주어야 한다고 홍보하는 데 앞장 섰습니다. 클레이 레가조니는 2006년 67세의 나이에 교통사고로 세상을 떠났습니다.

### 카를로스 레우테만

카를로스 레우테만은 매력적인 외모와 함께 환한 미소로 1970년대를 빛낸 드라이버 중 한 명입니다. 아르헨티나 출신의 레우테만은 브라밤, 페라리, 윌리암스를 거치며 여러 차례 그랑프리에서 우승했고, 마지막으로 F1 챔피언십에 끝까지 참가했던 1981시즌에는 단 1포인트 차로 아쉽게 타이틀을 놓쳤습니다. 그는 월드 랠리 챔피언십에서도 두 차례 포디엄에 오르며 다재다능함을 과시했는데, 이후 30년 동안 어떤 F1 출신 드라이버도 WRC에서 포인트를 획득하지 못했습니다. 은퇴 후 정치에 입문해 아르헨티나에서 인기 정치인으로 여러 공직을 거쳤던 카를로스 레우테만은, 상원의원으로 활동하던 2021년 79세의 나이에 장 출혈로 세상을 떠났습니다.

### 렐라 롬바르디

렐라 롬바르디는 F1 역사상 유일하게 포인트를 획득한 여성 드라이버로, 1974 스페인 그랑프리에서 역사적인 기록을 달성했습니다. 이탈리아 출신의 드라이버는 마치와 프랭크 윌리암스 레이싱, 브라밤 등에서 F1 커리어를 이어갔으며, 전 세계의 수많은 여성 드라이버와 LGBTQ+ 드라이버들에게 영감을 주는 존재가 되었습니다.

### 디비나 갈리차

디비나 갈리차는 1968년과 1972년까지 두 차례 올림픽에서 영국 여성 스키팀을 이끈 주장이었으며, 유명인들을 위한 레이스 이벤트에 초대되었을 때 모터스포츠의 매력에 빠져들었습니다. 이후 다양한 모터스포츠 무대에서 좋은 성적을 거둔 그녀는 세 차례 F1 챔피언십 그랑프리에 참가했지만, 퀄리파잉에서 탈락하며 아쉽게 레이스에는 출전하지 못했습니다. 갈리차는 영국에서 펼쳐지는 오로라 AFX F1 시리즈에서 여러 차례 포디엄에 오르는 큰 성공을 거두며, F1 월드 챔피언십 레이스에 나서지 못한 아쉬움을 달랬습니다.

# 1970년대의 거인들

## 로터스

팀 로터스는 1970년대에도 여전히 최고의 팀이었고, 모두 네 차례 월드 챔피언 타이틀을 차지했습니다. 시대를 앞서는 혁신적인 레이스카를 계속 선보였지만, 로터스의 1970년대는 비극으로 시작해 비극으로 막을 내렸습니다. 1970년대 초반 로터스 72는 혁신적인 걸작으로 포디엄 피니시 39회, 그랑프리 20승과 함께 세 차례 컨스트럭터 챔피언 타이틀을 팀에 선물했습니다. 그러나, 이 레이스카에 올랐던 요헨 린트는 세상을 떠난 뒤 F1 유일의 사후 월드 챔피언이 되었습니다. 시즌 후반 콜린 채프먼과 토니 러드는 그라운드 이펙트를 극대화한 레이스카를 선보여 기술적 혁신을 선도했습니다. 그라운드 이펙트는 레이스카 전체가 날개 역할을 하도록 설계하고 사이드 스커트를 배치해, 플로어와 노면 사이에 사실상 아무 것도 존재하지 않게 해 강력한 다운포스로 더 강한 그립을 만드는 효과였습니다. 로터스 78과 후속 모델인 로터스 79는 마리오 안드레티와 함께 1978시즌 팀 로터스에게 마지막 챔피언 타이틀을 가져다주었지만, 해당 시즌과 1970년대의 마지막은 로니 페터슨의 가슴 아픈 사망 사고로 얼룩졌습니다.

## 페라리

312B와 함께 1970시즌 강세를 보였던 페라리는, 1971시즌부터 1973시즌까지 부진의 늪에서 벗어나지 못했습니다. 위기를 타개하기 위해 젊은 사업가 루카 디 몬테제몰로가 스쿠데리아 페라리의 운영을 책임졌고, 마우로 포기에리가 기술 부문을 이끄는 조직 개편이 이뤄졌습니다. 이렇게 탄생한 페라리 312B3-74는 니키 라우다와 함께 1970년대 중반 성공의 기반을 다졌습니다. 스쿠데리아는 1975시즌을 시작으로 모두 네 차례 월드 컨스트럭터 챔피언 타이틀을 차지했고, 그 시작은 312T와 함께했던 1975시즌이었습니다. 라우다가 뉘르부르크링에서 끔찍한 사고를 겪었던 1976시즌에도 컨스트럭터 챔피언 타이틀 획득에는 성공했습니다. 페라리는 1977시즌 다시 한번 컨스트럭터와 드라이버 챔피언 타이틀을 모두 손에 넣었고, 팀을 떠난 라우다의 공백은 질 빌너브가 메꿨습니다. 1979시즌 조디 셱터가 페라리의 1970년대 네 번째 챔피언 타이틀 획득을 이끌었습니다.

## 티렐

켄 티렐이 만든 영국 소형 팀 티렐은 처음부터 믿을 수 없는 선전을 펼치며 F1을 지배했습니다. 앞서 1960년대 말 프랑스의 F1 팀 마트라를 운영하며 챔피언 타이틀을 획득했던 켄 티렐은, 1971시즌을 위해 기존 마치 섀시 대신 자체 섀시를 개발했습니다. 포드 코스워스 DFV 엔진을 장착한 신차는 1970시즌 말 실전에 투입됐습니다. 실전에서의 경험을 바탕으로 성능이 향상된 1971시즌의 새 레이스카가 완성됐고, 티렐은 스튜어트와 함께 드라이버와 컨스트럭터 타이틀을 모두 차지했습니다. 재키 스튜어트는 1972시즌 건강 문제로 고전했지만, 몸을 회복한 1973시즌 자신의 세 번째이자 마지막 타이틀을 거머쥐었습니다. 그러나, 프랑수아 세베가 사고로 세상을 떠난 뒤 티렐과 스튜어트는 시즌 최종전 레이스에 출전하지 않았고, 결국 컨스트럭터 챔피언 타이틀은 팀 로터스의 것이 되었습니다. 재키 스튜어트가 은퇴한 뒤에도 티렐은 여러 차례 그랑프리 우승을 기록했지만, 두 번 다시 1970년대 초반과 같은 압도적인 전력을 회복하지는 못했습니다.

## 맥라렌

1966시즌 자신의 이름을 딴 팀을 F1 챔피언십에 출전시킨 브루스 맥라렌은 1968 벨기에 그랑프리에서 자기 팀과 함께 첫 승을 거뒀습니다. 그러나, 그는 팀이 얼마나 놀라운 성공을 거두는지 목격하지 못한 채 1970년 테스트 도중 사고로 생을 마감했습니다. 이후 미국 출신의 테디 메이어가 운영을 책임지게 된 맥라렌은 F1과 함께 인디카, 캔-암 시리즈에서 활약하며 전 세계를 누비는 모터스포츠의 강자로 떠올랐고, 1972년과 1974년 인디 500에서 우승을 차지하기도 했습니다. 1974시즌 에머슨 피티팔디는 명차 M23과 함께 드라이버 챔피언 타이틀을 차지했고, 맥라렌 역시 역사적인 첫 번째 월드 컨스트럭터 챔피언 타이틀을 획득했습니다. 오랫동안 활약을 계속한 맥라렌 M23은 더 이상 컨스트럭터 타이틀과는 인연이 없었지만, 1976시즌 제임스 헌트를 드라이버 챔피언의 자리에 올려놓았습니다.

## 윌리암스

열정적인 레이스 애호가였던 프랭크 윌리암스 경은 1969시즌 브라밤 레이스카를 구입해 그의 친구 피어스 커리지를 F1 그랑프리에 출전시켰습니다. 그는 1970년 직접 F1 팀을 만들어 섀시와 엔진을 구입한 뒤 레이스카를 만들었지만, 사업가 월터 울프와 손잡고 팀 이름을 바꾼 뒤 오히려 자기 손으로 만들었던 팀에서 쫓겨나고 말았습니다. 여기서 포기하지 않은 윌리암스는 1977시즌 '윌리암스 그랑프리 엔지니어링'을 설립해 다시 도전에 나섰습니다. 디자이너 패트릭 헤드와 함께 빠르게 성장한 윌리암스 팀은 1978시즌 직접 제작한 레이스카로 그랑프리에 출전하기 시작했습니다. 1979시즌에는 당시 모터스포츠 세계 전체를 휩쓸던 그라운드 이펙트 개념을 도입한 레이스카를 개발했고, 실버스톤에서 개최된 홈 그랑프리에서 감격적인 첫 승을 거뒀습니다. 기술적인 기반이 다져지는 동시에 자신감을 키운 윌리암스는 가파른 상승세 속에 1970년대를 마무리하며 주목받는 팀이 되었습니다.

## 브라밤

brabham

1972시즌을 앞두고 버니 에클스톤이 10만 파운드에 팀을 인수하면서 브라밤의 새 시대가 시작됐습니다. 에클스톤은 고든 머레이를 디자인 책임자로 임명했고, 창의력 넘치는 젊은 엔지니어는 충분히 우승을 노릴 수 있는 놀라운 레이스카를 창조했습니다. 종종 필요에 의해 그의 천재성이 빛을 발했는데, 알파로메오 엔진을 구입했을 때의 상황이 그랬습니다. 수평대향 12기통의 알파로메오 엔진을 무료로 사용할 수 있는 계약은 그럴싸해 보였지만, 문제의 엔진은 출력이 강한 것 못지않게 무게도 너무 무거웠습니다. 머레이는 과도한 무게의 단점을 메꾸기 위해 혁신적인 해결책을 찾아 나섰고, 1978시즌에는 논란의 팬 카와 같은 실험적인 디자인을 선보이기도 했습니다. 에클스톤과 머레이의 조합은 브라밤이 1980년대 F1 최고의 자리에 오를 수 있는 기반을 마련했습니다.

## 마치

1970년대에 F1에 진출해 매우 짧은 시간 활약했지만, 마치는 짧은 시간 동안 엄청난 영향력을 발휘했습니다. 1969년 F3 레이스카를 만든 이후 1970시즌부터 F1, F2, F3, 포뮬러 포드, 캔-암 레이스카를 판매하기 시작한 마치는 오픈-휠 무대에서만 세 개 클래스의 팀을 직접 운영했습니다. 마치의 레이스카는 1970년대 내내 고객들에게 인기가 높았지만, 직접 운영하는 팩토리 팀은 F1에서 단 2승을 기록하며 활약이 기대에 미치지 못했습니다. 마치의 팩토리 팀은 1977시즌을 끝으로 F1에서 철수했지만, 이후 몇 차례 다양한 형태로 F1 복귀를 타진했습니다. 이런 시도 가운데에는 1980년대 후반 젊은 디자이너 애드리안 뉴이에게 기회를 제공했던 것으로 유명한 레이튼하우스라는 이름의 팀도 있었습니다.

# 1970년대 최고의 레이스

## 1971 이탈리아 그랑프리

끊임없이 가속을 계속하는 전통적인 레이아웃이 시케인이 추가되는 등의 변화를 맞이하기 전, 순수한 몬짜에서 마지막으로 펼쳐진 그랑프리가 바로 1971 이탈리아 그랑프리입니다. 이 경기에서는 한 번도 F1 그랑프리 우승한 경험이 없는 드라이버들이 영광스러운 포디엄 정상을 노리며 치열한 경쟁을 펼쳤고, 마지막 순간 피니시 라인에서는 F1 역사상 가장 근소한 차이로 우승자가 결정되며 영원히 기억될 클래식을 완성했습니다.

퀄리파잉에서는 마트라의 크리스 에이먼이 폴 포지션을 차지하면서 페라리의 폴 포지션을 기대하던 티포시들에게 충격을 안겼고, 페라리의 재키 익스는 그나마 프론트 로를 차지한 데 만족해야 했습니다. 익스의 팀메이트 클레이 레가조니는 8그리드를 차지하는 데 그쳤지만, 스위스 드라이버는 눈부신 스타트로 레이스가 시작되자마자 같은 스위스 출신 조 시퍼트의 BRM을 제치고 선두로 나섰습니다. 상위권에서는 티렐의 재키 스튜어트와 프랑수아 세베, 마치의 로니 페터슨, BRM의 호든 갠리와 피터 게딘이 경쟁했고, 몇 랩 만에 모터싸이클 챔피언 마이크 헤일우드도 상위권 순위 경쟁에 합류했습니다.

당시 F1에는 타이어를 아끼거나 속도를 조절한다는 개념이 없었습니다. 선두 그룹의 드라이버들은 계속 전력을 다해 달렸고, 추월과 재추월을 반복하며 슬립스트림을 이용해 밀리미터 단위로 앞선 차에 바짝 달라붙었습니다. 스튜어트와 페터슨이 선두로 나서기도 했지만, 관중들은 이들과 경쟁을 벌이던 빨간색 페라리의 레가조니가 선두로 나설 때 크게 환호했습니다. 그러나, 익스와 시퍼트는 레이스카에 문제가 생기면서 후미로 밀려났고, 스튜어트의 엔진 블로우 이후 티렐은 모든 기대를 세베에게 집중해야 했습니다. 레가조니마저 스튜어트와 같은 엔진 블로우로 리타이어한 뒤 실망한 페라리 팬들이 써킷을 떠날 생각을 했을 수도 있지만, 이날만큼은 눈앞에서 펼쳐지는 믿을 수 없는 레이스에 매료되어 자리를 지켰습니다.

25랩째 모터싸이클 챔피언 헤일우드가 선두로 나섰고, 얼마 뒤에는 문제를 해결하고 페이스를 회복한 시퍼트가 선두를 빼앗았습니다. 시퍼트의 기어가 4단에 고정되어 경쟁에서 이탈하자, 이번에는 세베와 페터슨, 에이먼이 선두를 주고받는 경쟁을 이어갔습니다. 레이스 후반 선두를 달리던 에이먼은 헬멧의 보호 필름을 제거하려다가 실드를 모두 벗겨버리는 실수를 범했고, 이후 엔진 문제까지 겹치며 6위로 밀려났습니다. 치열한 경쟁과 혼란 속에 52랩째 BRM의 게딘이 처음으로 선두로 올라섰고, 마지막 랩인 55랩째에는 게딘과 피터슨, 헤일우드와 세베까지 네 명의 드라이버가 치열한 선두 경쟁을 펼쳤습니다.

파라볼리카를 향하는 동안 세베가 선두에 섰지만, 슬립스트림을 타고 속도를 높인 페터슨이 마지막 코너에 진입하며 선두로 나섰습니다. 관중들은 누가 먼저 피니시 라인을 향해 달려올지 숨죽여 지켜봤는데, 모두의 예상과 달리 게딘이 가장 먼저 모습을 드러냈습니다. 피터 게딘은 페터슨을 단 0.01초 앞선 채 피니시 라인을 통과하며 우승을 차지했고, 3위 세베는 게딘보다 단 0.08초 뒤져 있었습니다. 4위 헤일우드는 선두에 단 0.2초 뒤졌을 뿐이었고, 갠리는 앞선 헤일우드보다 0.4초 뒤에 피니시 라인을 통과해 5위를 차지했습니다. 이런 치열한 레이스는 이전까지 없었고, 앞으로도 다시는 없을 것입니다.

F1은 정치적으로 강력한 두 조직 사이에 월드 챔피언십의 미래를 놓고 벌어진 전쟁이 한창인 가운데 1980년대를 시작했습니다. F1을 주관하는 FIA는 계속 챔피언십을 확고하게 지배하기 위해 필사적으로 노력했고, 논란과 분열을 불러온 핵심 인물인 FIA 회장이자 실무 조직 FISA의 회장 장-마리 발레스트레는 소규모 F1 팀들의 연합체인 FOCA 내부에 균열을 일으키기 위해 규칙 변경을 계속했습니다.

발레스트레가 FISA에 충성하는 팀에게 유리하도록 규정을 변경하여 FOCA 소속 팀에게 불이익을 주면서, F1 팀과 드라이버들이 그랑프리 출전을 보이콧할 수 있다는 위협이 커졌습니다. 1980 스페인 그랑프리에는 FOCA 소속 팀만 출전했고, FISA는 즉시 이벤트가 규정에 맞지 않는다며 챔피언십에서 제외했습니다. 협상이 계속되는 가운데, 발레스트레는 1981시즌부터 F1은 FISA의 승인과 관리 아래 놓이는 새로운 형태의 월드 챔피언십 시리즈 체계를 도입할 것이라고 선언했습니다. 이는 월드 챔피언십에 참가하려면 FISA가 제시한 조건에 동의해야 하고, 모든 팀은 FISA 규정에 따라 시즌에 편성된 모든 그랑프리에 출전할 의무가 생긴다는 의미였습니다.

이 시기 갈등의 한쪽에는 FISA 회장 발레스트레, 다른 한쪽에는 FOCA를 이끄는 버니 에클스톤과 그의 법률 고문 맥스 모슬리가 있었습니다. 모슬리는 전직 드라이버로 F1 팀 '마치'의 공동 설립자 중 한 명이었습니다. 1980년이 끝나기 전 FOCA는 FISA의 F1 챔피언십에서 철수하고, 자체적인 월드 챔피언십으로 '월드 페더레이션 모터스포츠(WFMS)'를 창설한다고 발표했습니다. 그러나, 전쟁의 양측에 속한 팀 모두에서 스폰서와 후원자가 줄어들기 시작하자, FISA와 FOCA는 스포츠를 살리는 것은 물론 자기 자신이 살아남기 위해서도 협상과 합의만이 유일한 미래라는 것을 깨달았습니다. FISA와 FOCA의 협상은 F1의 조직과 규정에 대한 큰 틀을 정의하는 새 협정의 초안으로 이어졌습니다.

'콩코드 협정'이라고 불리는 이 협정은 1981년 처음으로 서명이 이뤄졌고, 여러 차례 수정을 거치며 F1을 정의하고 운영하는 기준이 되었습니다. 첫 번째 서명이 이뤄진 협정에 따라 FOCA가 승인한 써킷에서만 월드 챔피언십 그랑프리가 펼쳐질 수 있었는데, 새로운 질서가 정립됨에 따라 에클스톤이 막대한 권력을 손에 넣었습니다. 콩코드 협정을 통해 F1 팀들도 기술 규정 제정에 참여할 권리를 얻었고, 팀들의 만장일치 합의를 거쳐 일정 시간이 지난 뒤에야 규정이 변경될 수 있게 되었습니다. 콩코드 협정은 모든 F1 팀이 스스로 자기 레이스카를 제작해야 한다는 점을 명시했고, 레이스카를 구입해 챔피언십에 참가하는 독립 커스터머 팀이라는 개념이 사라졌습니다. 협정이 체결된 뒤 몇 년 동안 다양한 갈등이 계속됐지만, 시간이 지나는 동안 협정이 계속 유지되면서 비교적 평화로운 시기가 찾아왔습니다.

안전상의 이유로 그라운드 이펙트가 금지됐고, F1에 터보의 시대가 도래했습니다. 1980년대 F1은 최대 출력 면에서 역사상 가장 강력한 레이스카를 경험했고, 특히 1986 이탈리아 그랑프리 퀄리파잉에서 BMW 엔진은 1,300마력을 냈다는 기록도 있습니다. 엔진 기술의 발전과 함께 전자 장치와 관련된 기술도 발전했는데, 팀 로터스가 선도한 액티브 서스펜션도 그런 혁신적인 기술 중 하나였습니다. 액티브 서스펜션은 트랙에서 코너를 지날 때마다 서스펜션이 스스로 차의 높이를 조절해 공기역학적 효과를 최적화하는 시스템이었습니다. 이 시기 세미오토매틱 변속기가 등장했고, 트랙션 컨트롤도 개발됐습니다. 반면, 사륜구동 방식과 레이스에서 재급유가 금지됐습니다.

레이스카를 제작하는 방식도 변했습니다. 실전에는 투입되지 못했지만, 로터스 88은 가볍고 튼튼한 카본 파이버 섀시의 장점을 잘 보여줬습니다. 얼마 지나지 않아 맥라렌의 존 버나드는 F1 최초의 카본 파이버 모노코크 섀시 레이스카 MP4/1을 공개했습니다. 새로운 규정이 드라이버가 탑승하는 콕핏을 서바이벌 셀로 만들도록 규정하면서 카본 파이버 섀시가 빠르게 표준이 됐고, 얇으면서도 매우 강한 구조를 만들 수 있는 소재 덕분에 안전 문제가 개선되는 동시에 가벼워진 레이스카의 속도 역시 빨라졌습니다.

맥라렌과 윌리엄스, 브라밤은 1980년대 최강팀으로 군림하며 드라이버 챔피언십과 컨스트럭터 챔피언십을 나눠 가졌습니다. 예외라면 1982시즌과 1983시즌에 페라리가 컨스트럭터 챔피언십을 차지한 정도였습니다. 이 시기는 믿을 수 없을 만큼 놀라운 레이스와 챔피언들의 시대였습니다. 맥라렌의 두 스타 드라이버, 알랭 프로스트와 아일톤 세나는 F1에서 가장 악명 높은 라이벌로 여겨지며 항상 뉴스의 헤드라인을 장식했습니다. 트랙 안팎을 가리지 않고 계속된 그들의 라이벌 경쟁은 전 세계의 관심을 끌었습니다.

시즌 일정은 16개의 레이스로 고정되었고, 유럽 레이스를 중심으로 하지만 매년 호주, 브라질, 일본, 미국, 멕시코, 캐나다 등 세계 각지의 그랑프리가 캘린더에 포함됐습니다. 1980시즌부터 모든 그랑프리 개최 써킷에 메디컬 센터 배치가 의무화되었는데, 여전히 위험한 F1에서 드라이버의 사망 사고는 10년 동안 단 네 건으로 줄어들었습니다. 두 건은 1980시즌과 1986시즌 테스트에서 발생한 사고였고, 나머지 두 건은 모두 1982시즌 F1 챔피언십 그랑프리에서 발생했습니다. F1은 이제 전 세계에 TV로 중계되며 충분한 상업성을 갖췄고, 끊임없는 홍보 덕분에 많은 사람에게 상대적으로 안전한 환경에서 흥미진진한 레이스가 펼쳐지는 스포츠라는 인식이 널리 퍼졌습니다.

1980년대가 끝날 무렵 점점 빨라지던 터보 엔진의 사용이 금지되었고, 드라이버 보조 장치라고 정의할 수 있는 다양한 전자식 '드라이버 에이드'의 제한 논의가 시작됐습니다. 정치적으로는 발레스트레의 영향력이 줄어드는 가운데, FIA에서 제조사 위원장으로 선출된 맥스 모슬리의 권력이 점점 더 커지고 있었습니다.

버니 에클스톤은 1980년대 말 브라밤의 소유권을 포기했고, 대신 FIA의 홍보 담당 부회장으로 임명됐습니다. 1987년 개정된 콩코드 협정에 따라 에클스톤이 설립한 FOPA가 F1 TV 중계권과 각 팀의 배당금 분배를 담당하게 됐습니다.

몇 년 뒤 모슬리는 FIA의 회장이 되었고, 에클스톤은 F1의 모든 상업적 권리를 손에 넣었습니다. 1980년대의 변화는 이후 1990년대를 F1의 무한 성장과 다양한 긍정적인 면에서의 발전을 위한 기반을 마련했습니다.

레이스 116 /// 우승 12 /// 포디엄 24 /// 폴 포지션 6 /// 패스티스트 랩 13

# ALAN JONES

《《 알란 존스 · 1회 챔피언 》》

윌리암스 F1 팀 최초의 월드 챔피언 알란 존스는 이후 모든 윌리암스 드라이버에게 기준을 제시한 드라이버입니다. 그는 F1 커리어 대부분을 여러 중위권 팀을 옮겨 다니며 보냈지만, 그의 끈기와 강한 의지는 오래도록 깊은 인상을 남겼습니다.

1946년 호주 멜버른에서 태어난 존스는 1959년 포뮬러 리브레 호주 그랑프리에서 우승을 차지했던 아버지의 뒤를 이어 드라이버가 되는 것을 꿈꿨습니다. 그는 제대로 된 레이싱 커리어를 원한다면 유럽 무대에 진출해야 한다는 것을 깨달은 뒤 영국으로 이주했지만, 아버지의 파산으로 가진 돈이 없었기 때문에 낡은 레이스카로 포뮬러 포드와 F3 무대에서 힘겨운 시기를 보냈습니다.

존스는 1973년 영국 F3에서 2위에 오르며 가능성을 보였지만, 같은 해 사랑하는 아버지가 세상을 떠났기 때문에 마냥 기뻐할 수만은 없었습니다. 1974년 포뮬러 애틀랜틱 챔피언십에서 2위를 차지한 뒤, 1975시즌 드디어 F1에 진출할 기회가 생겼습니다. 그러나, 모터스포츠 최고의 무대에 진출할 때까지 인상적인 활약이 없었기 때문에, F1에서 그에게 기회를 주는 팀은 모두 전성기를 지난 뒤 쇠퇴의 길을 걷고 있는 약팀뿐이었습니다. 문을 닫기 직전의 헤스케스, 그레이엄 힐과 존 서티스가 만들었던 F1 팀이 바로 그런 팀들이었습니다. 1977시즌 톰 프라이스의 비극적인 죽음 이후 공석이 생긴 섀도우에 합류한 존스는 팀의 신뢰에 보답하며 오스트리아 그랑프리에서 F1 데뷔 후 첫 승을 거뒀습니다.

섀도우에서의 활약은 1978시즌 페라리의 관심을 끌었지만, 엔초 페라리가 질 빌너브를 선택한 뒤 알란 존스는 윌리암스에 합류했습니다. 존스와 윌리암스의 만남은 천생연분과 같았고, 확고한 결의와 끊임없는 노력을 중시하는 진지한 레이싱 철학을 공유할 수 있었습니다. 1978시즌 종반 첫 포디엄 피니시를 기록했고, 1979시즌 중반에는 새롭게 개발된 윌리암스 FW07과 함께 F1 최강의 드라이버로 부상했습니다. 시즌 후반 6경기 중 4승을 거둔 존스는 다음 시즌 가장 강력한 챔피언 타이틀 경쟁자로 여겨졌습니다.

1980시즌 14라운드의 챔피언십에서 11차례 완주에 성공한 알란 존스는 5승을 포함해 포디엄 피니시 10회를 기록했고, 존스와 윌리암스는 모두 F1 월드 챔피언의 자리에 올랐습니다. 이어진 1981시즌 챔피언십에서 3위를 차지한 존스는 곧 은퇴를 선언했지만, 레이싱에 대한 열정을 참지 못하고 1983시즌과 1985시즌 몇 차례 F1 그랑프리에 출전했습니다. 1985년에는 인디카 시리즈의 레이스에 한 차례 출전해 포디엄에 오르기도 했습니다. 그러나, 1986시즌 F1 챔피언십 무대에 풀 시즌 복귀는 성공적이지 못했고, 단 두 차례 포인트 피니시 이후 완전한 F1 은퇴와 함께 고향 호주로 돌아가 한동안 농장 운영에 전념했습니다.

레이스에서의 경쟁에 대한 본능이 완전히 사그라지지 않았던 존스는 2000년대까지 투어링카와 V8 슈퍼카 레이스에 출전했습니다. 우아하거나 예술적인 드라이빙으로 기억될 챔피언은 아니었지만, 알란 존스는 승리를 향한 본능적인 투지로 부족한 세련미를 메꾸며 세계 정상의 자리에 오른 드라이버입니다.

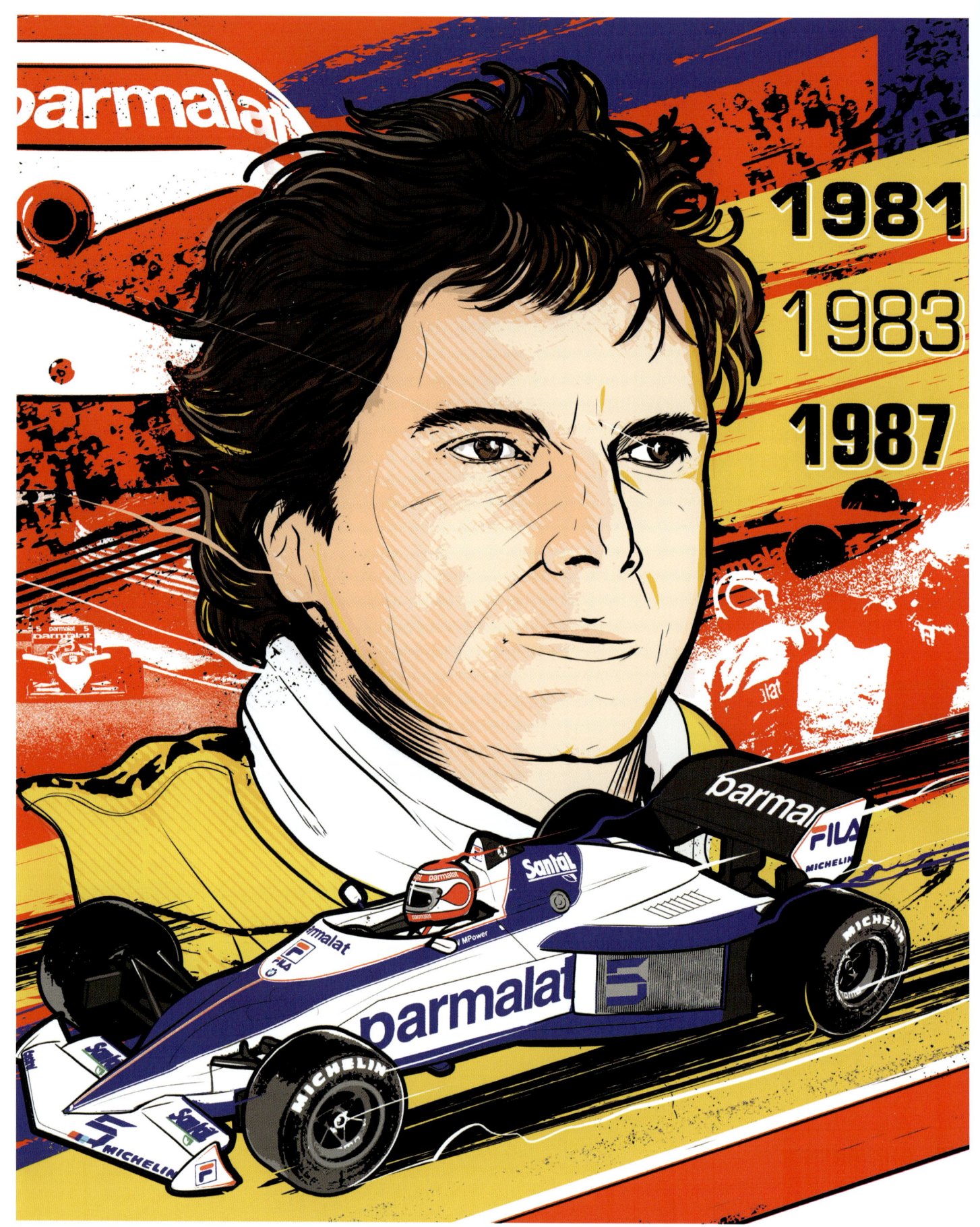

레이스 **204** /// 우승 **23** /// 포디엄 **60** /// 폴 포지션 **24** /// 패스티스트 랩 **23**

# NELSON PIQUET

《《 넬슨 피케 3회 챔피언 》》

넬슨 피케는 오직 한 가지, 승리만을 생각하는 드라이버였습니다. 자신도 인정했던 것처럼 게으르기는 했지만, 그와 별개로 엔지니어나 미캐닉과의 협력에 적극적이었습니다. 영리한 드라이빙과 매우 빠른 스피드를 겸비했던 피케는 무려 세 차례나 F1 월드 챔피언십을 차지했습니다. 그러나, 피케는 현역 시절부터 도발적인 행동으로 많은 문제를 일으켰고, 최근에는 개인적으로 큰 논란을 일으킬만한 언행으로 명예로운 자신의 레이싱 유산을 스스로 훼손시키고 있습니다.

1952년 브라질 리우데자네이루에서 태어난 피케는 어린 시절 프로 테니스 선수의 길을 밟았지만, 수년간의 훈련을 거친 뒤 테니스를 포기하고 레이싱 드라이버의 꿈을 추구하기 시작했습니다. 그는 부모님에게 들키지 않도록 어머니의 성으로 레이스 이벤트에 출전했으며, 카트 챔피언십과 포뮬러 비에서 챔피언 타이틀을 차지했습니다. 1977년 유럽 무대에 진출한 피케는 천재적이라는 평가를 받았고, 1978년 영국 F3에서 재키 스튜어트가 보유 중이던 한 시즌 최다승 기록을 깨며 큰 명성을 얻었습니다.

브라밤의 오너 버니 에클스톤은 피케에게서 자신이 바라는 드라이버의 특징을 발견했고, 1979시즌 그를 영입해 니키 라우다의 팀메이트로 많은 것을 배우게 했습니다. 위대한 오스트리아 드라이버가 은퇴를 선언한 뒤에는 피케가 브라밤의 리더가 되었고, 전설적인 디자이너 고든 머레이와 함께 완벽한 레이스카 브라밤 BT49를 챔피언십 위닝 카로 만들었습니다. 이미 1980시즌에도 많은 우승을 차지했지만, 넬슨 피케가 처음으로 왕좌에 오른 것은 시즌 내내 트랙을 지배했던 1981시즌이었습니다. 1983시즌에는 브라밤 BT52와 함께 두 번째 F1 월드 드라이버 챔피언 타이틀을 획득했습니다.

피케는 당시 급여보다 자신의 가치가 높다고 생각했기 때문에, 에클스톤에게 급여를 두 배로 올려달라고 요청했습니다. 버니 에클스톤이 급여 인상을 거부했을 때 프랭크 윌리암스가 세 배의 급여를 주겠다고 제안했고, 이 때문에 수년간 이어진 넬슨 피케와 팀메이트 나이젤 만셀의 갈등이 시작됐습니다. 윌리암스의 두 드라이버는 서로를 극도로 싫어했으며, 팀메이트 사이의 갈등은 1986시즌 챔피언 타이틀 획득 실패의 직접적인 원인이 되었습니다.

피케는 1987시즌 마지막까지 집중력을 유지하며 세 번째 챔피언 타이틀을 차지했지만, 이후 팀 로터스와 베네통으로 이어지는 두 차례의 이적을 거치며 챔피언 타이틀 경쟁에 나서지 못했습니다. 결국 1991시즌이 끝난 뒤 F1 은퇴를 선언했고, 1992 인디 500 퀄리파잉에서 사고로 큰 부상을 입은 피케는 모터스포츠 무대에서 완전히 은퇴했습니다. 넬슨 피케는 10년이 조금 넘는 F1 커리어에서 23승과 패스티스트 랩 23회, 폴 포지션 24회, 포디엄 피니시 60회의 인상적인 기록을 남겼습니다.

그는 은퇴 후 사업가로도 성공했지만, 언제나 논란에서 자유롭지 못했습니다. 그는 과거 팀메이트였던 나이젤 만셀의 아내를 공개적으로 비난했고, 아일톤 세나에 대해서는 '상파울루 택시 기사'라며 조롱한 데 이어 그의 죽음을 농담의 소재로 쓰기도 했습니다. 또한, 브라질에서 논란이 많았던 우파 대통령 자이르 보우소나루와 가까운 관계를 유지했는데, 일부 브라질 사람들은 이런 피케에 대해 '보우소나루의 우버 드라이버'라고 조롱하기도 했습니다.

이미 논란의 중심에 있던 넬슨 피케가 나락으로 떨어진 사건은 2020년에 발생했습니다. 그는 인터뷰에서 루이스 해밀턴 경에 대해 인종차별적이면서 동성애 혐오적인 표현을 사용해 사람들을 충격에 빠뜨렸습니다. 잘못된 발언에 대해서는 100만 달러의 벌금이 부과되었고, 피케가 F1 패독에 들어오지 못하도록 하는 출입 금지 조치가 내려졌습니다.

1980년대

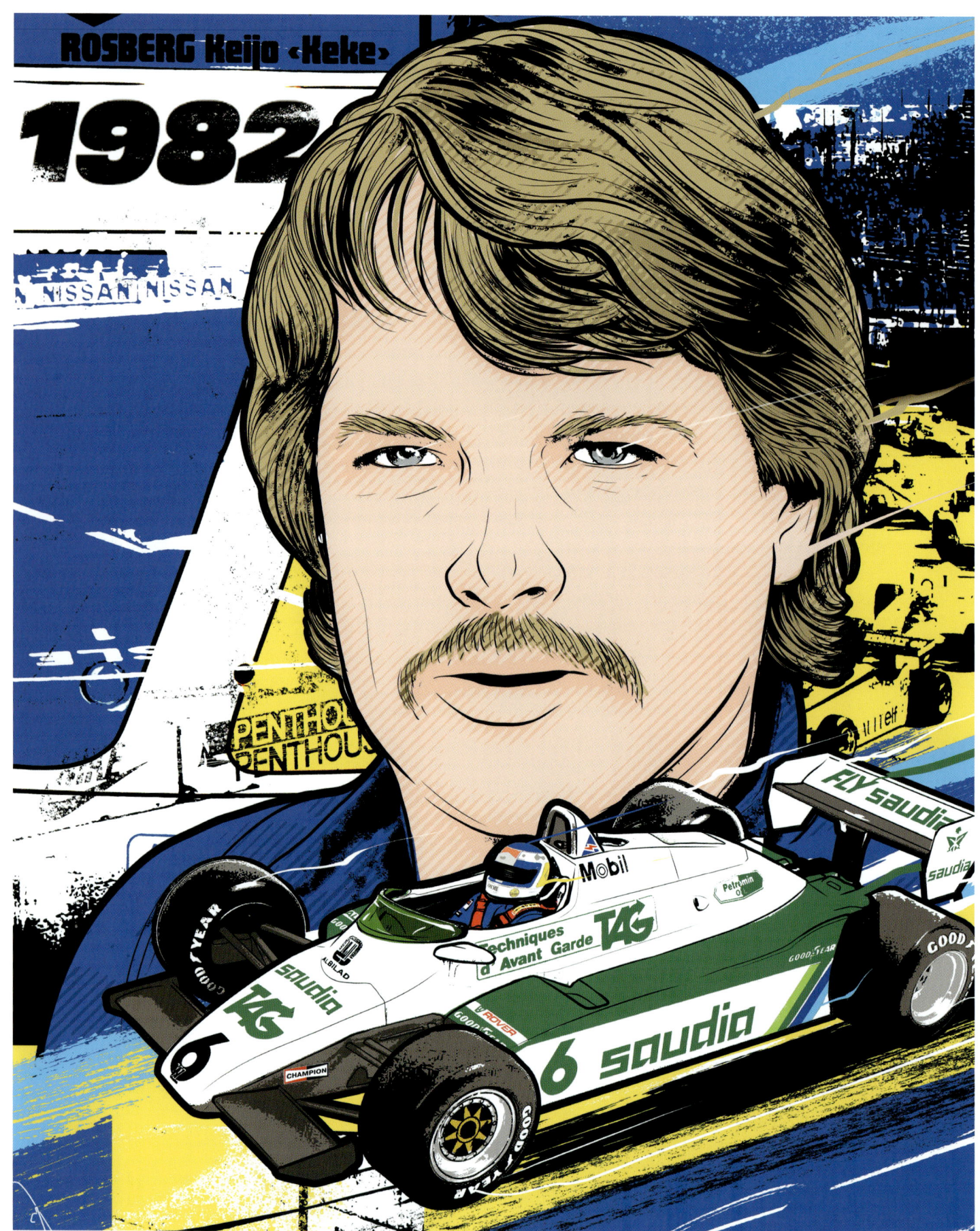

레이스 114 /// 우승 5 /// 포디엄 17 /// 폴 포지션 5 /// 패스티스트 랩 3

# KEKE ROSBERG

《《 케케 로스버그 · 1회 챔피언 》》

스웨덴에서 태어나 핀란드에서 자란 케케 로스버그는 외모만 본다면 유로비전 송 콘테스트에 출연한 디스코 팝 밴드의 베이시스트처럼 보이지만, 드라이빙 스타일만큼은 날것의 펑크 락이었습니다. 그는 항상 대담하며 거칠었고, 모든 위험을 감수하면서 항상 경계를 넘나들었습니다. 마치 포스터 속에서 끊임없이 담배를 피우는 불량소년의 모습처럼, 언제나 과감하게 한계를 넘으려 하는 드라이버였습니다. 비록 그의 F1 커리어에 많은 우승이 기록된 것은 아니지만, 더 많은 우승을 기록한 여러 위대한 드라이버가 도달하지 못했던 월드 챔피언십의 가장 높은 자리에 오른 드라이버가 로스버그였습니다. 그는 화려하고 매력적인 1970년대와 강력한 힘이 지배한 1980년대 사이의 전환기에 가장 어울리는 드라이버였습니다.

1948년 태어난 케이요 에릭 로스버그는 매우 어린 시절부터 자동차를 좋아했고, 유아기부터 카트를 타기 시작해 핀란드, 스칸디나비아, 유러피언 챔피언십에서 여러 차례 챔피언 타이틀을 차지했습니다. 뛰어난 재능을 가진 것은 분명했지만, 모터스포츠 세계에서 그의 능력이 제대로 인정받을 때까지는 매우 긴 시간이 필요했습니다. 포뮬러 비와 슈퍼 비에서 챔피언 타이틀을 20대 후반에 차지했고, F2 무대에서 활동한 뒤 30세가 되어서야 F1 데뷔 기회를 얻었습니다. 로스버그는 F1 데뷔 직후 꾸준히 레이스에 출전했지만, 눈에 띄는 성적은 기록하지 못했습니다. 그는 자금과 시간이 부족하거나 성장 가능성이 없는 팀에서 성능이 떨어지는 레이스카를 몰아야 했습니다. 1981시즌까지 이렇다 할 변화가 없었기 때문에, 그의 운명은 자신이 함께 했던 팀들과 마찬가지 내리막길을 걷게 될 것처럼 보였습니다. 그러나, 시즌 종료를 앞두고 알란 존스의 은퇴 선언으로 윌리엄스에 공석이 생겼고, 윌리엄스는 그나마 가능성이 있는 드라이버 중 유일하게 계약할 수 있었던 로스버그에게 손을 내밀었습니다.

그렇게, 이전까지 단 한 번도 챔피언십 그랑프리에서 우승한 적이 없었던 케케 로스버그가 1982시즌 윌리엄스의 시트를 차지했습니다. 1982시즌은 비극으로 점철되었지만, 챔피언십에서는 여섯 명 이상이 타이틀 획득이 가능했던 더없이 치열한 경쟁의 시즌이었습니다. 로스버그는 프랑스 디종에서 펼쳐졌지만 스위스 그랑프리라는 이름으로 개최된 레이스 이벤트에서 그의 F1 데뷔 후 첫 승이자, 가장 중요했던 시즌의 유일한 우승을 기록했습니다. 경쟁자들은 서로 포인트를 빼앗는 치열한 경쟁을 계속했고, 많은 드라이버가 레이스카의 신뢰도 문제와 일관적이지 못한 성적으로 핀란드 드라이버를 따라잡지 못했습니다. 결국 1982시즌 내내 꾸준한 성적을 냈던 케케 로스버그가 단 1승만으로 F1 월드 드라이버 챔피언의 자리에 올랐습니다.

강력한 터보의 시대에 접어들어 윌리엄스가 잠시 선두권에서 밀려났을 때도, 로스버그는 경쟁력이 부족한 레이스카로 믿을 수 없는 기록을 작성하며 강세를 유지했습니다. 뒤늦게 계약을 체결해 터보 엔진을 장착한 뒤, 로스버그는 실버스톤에서 평균 속도 260kph를 기록해 F1 역사상 가장 빠른 랩 타임의 주인공이 되기도 했습니다.

로스버그 본인 외에는 아무도 몰랐지만, F1에서 마지막 시즌이 될 1986시즌을 함께한 것은 맥라렌이었습니다. 마지막 시즌 단 한 차례 포디엄 피니시를 기록한 뒤, 그는 이제 충분하다고 생각했습니다. 은퇴 이후 로스버그는 주니어 팀 운영과 함께 핀란드의 레이싱 유망주를 관리하는 데 헌신했고, 그의 노력 덕분에 미카 하키넨과 그의 아들 니코 로스버그가 모두 F1 월드 챔피언의 자리에 오를 수 있었습니다.

1980년대

레이스 199 /// 우승 51 /// 포디엄 106 /// 폴 포지션 33 /// 패스티스트 랩 41

# ALAIN PROST

《《 알랑 프로스트 · 4회 챔피언 》》

알랑 프로스트는 비교적 늦은 나이인 14세에 레이싱에 입문했지만, 네 차례 월드 드라이버 챔피언 타이틀을 차지하며 F1 역사상 가장 위대한 챔피언 중 한 명이 되었습니다. 프로스트는 타고난 드라이빙 스킬로 레이스카의 성능에 큰 영향을 받지 않는 것으로 유명했고, 우아한 드라이빙 스타일을 유지하면서도 탁월한 전략적 감각과 레이스 운영 능력을 보여줬습니다. 그러나, 자기주장을 굽히지 않는 고집스러운 성격 때문에, F1 세계의 복잡한 정치 상황에 적응하지 못하며 여러 차례 큰 갈등에 휘말리기도 했습니다.

1955년 프랑스에서 태어난 프로스트가 진지하게 커리어를 시작한 것은 거의 스무 살 때였습니다. 1975년 프랑스 카트 챔피언의 자리에 오른 프로스트는 한 시즌 동안 포뮬러 르노 출전 기회를 얻었고, 포뮬러 르노 챔피언 타이틀을 차지한 뒤 프랑스 F3와 유러피언 F3에서 모두 챔피언십을 손에 넣으며 주목받았습니다. 이런 활약 덕분에 1980시즌을 앞둔 여러 F1 팀이 영입 경쟁에 나섰고, 계약에 성공한 승자는 맥라렌이었습니다. 그러나, 맥라렌과의 결말은 좋지 못했습니다. 프로스트는 신뢰도 문제가 심각한 레이스카와 부품이 제대로 작동할 것이라 믿지 못했고, 팀 수뇌부와의 갈등까지 불거지면서 계약 기간이 끝나기 전에 르노 이적을 결심했습니다. 프랑스 팀의 프랑스 드라이버라는 조합을 완성한 뒤, 알랑 프로스트는 1981 프랑스 그랑프리에서 데뷔 첫 승을 거뒀습니다. 환상적인 성공의 시작일 수도 있었지만, 다시 한번 팀과의 관계가 악화됐습니다. 그는 세 시즌 동안 르노와 함께한 뒤, 많은 것이 새롭게 바뀌면서 활력을 되찾은 맥라렌으로 복귀했습니다.

이때부터 프로스트의 전성시대가 열렸습니다. 맥라렌과의 여섯 시즌 동안 그랑프리 30승을 거뒀고, 세 차례 월드 드라이버 챔피언 타이틀을 차지하며 F1 역사상 최고의 드라이버 중 한 명이 되었습니다. 그러나, 1988시즌 프로스트는 천재적인 재능을 지닌 브라질 드라이버 아일톤 세나와 팀메이트가 되었고, 서로 존경하며 긍정적으로 시작된 관계는 결국 감당할 수 없는 큰 갈등으로 끝났습니다. 두 드라이버는 드라이빙 스타일은 물론 성격까지 완전히 달랐습니다. 팀메이트가 된 첫 시즌에는 세나가 챔피언 타이틀을 차지했는데, 1988시즌 맥라렌은 16회의 경기에서 15승을 휩쓸었습니다. 1989시즌에도 두 드라이버는 여전히 압도적이었지만, 일본 그랑프리에서 세나의 추월을 막고 리타이어하는 논란의 장면을 연출한 끝에 프로스트가 챔피언이 되었습니다. 이 시점에 프로스트는 이미 세나와 함께할 수 없다는 결론을 내린 상태였고, 곧 맥라렌을 떠나 페라리로 이적했습니다. 그러나, 서로 다른 팀에서 타이틀 경쟁을 이어간 1990시즌에도 두 드라이버는 일본 그랑프리에서 다시 충돌했습니다. 이번에는 세나가 물러설 생각을 하지 않았고, 두 드라이버의 충돌 사고 이후 브라질 드라이버가 챔피언 타이틀을 손에 넣었습니다.

페라리에 대한 신뢰를 완전히 잃은 프로스트는 공개적으로 페라리 레이스카를 비판했는데, 스쿠데리아는 그를 팀에서 방출하는 것으로 대응했습니다. 1992시즌 한 시즌 공백을 가졌던 프로스트는 1993시즌 윌리암스를 통해 화려하게 복귀했고, 개인 통산 네 번째이자 마지막 월드 챔피언 타이틀을 획득했습니다. 1993시즌을 끝으로 완전히 은퇴할 때 프로스트의 F1 통산 51승은 당시에는 그 누구도 범접하기 힘든 역대 최다승 기록이었습니다.

레이싱 커리어를 마무리한 뒤 프로스트는 세나와 화해했고, 1994년 안타까운 사고로 세상을 떠난 세나의 장례식에서 운구를 맡으며 그의 라이벌에 대한 존경의 마음을 표현했습니다. 그는 이후 F1 팀 운영에도 도전했는데, 대표적인 프랑스 팀이었던 리지에를 인수해 프로스트GP를 출범시켰습니다. 2010년대에는 르노의 F1 프로젝트에서 자문 역할을 맡았지만, 프랑스 국적 팀에 대한 자부심에 비해 충분한 경영 감각은 보여주지 못했습니다. 프로스트GP 창단과 르노에서의 자문 역할에서 보여준 실패는, 화려하고 성공적이었던 프로스트의 F1 이야기에서 다소 아쉬운 마지막 장면이 되었습니다.

1980년대

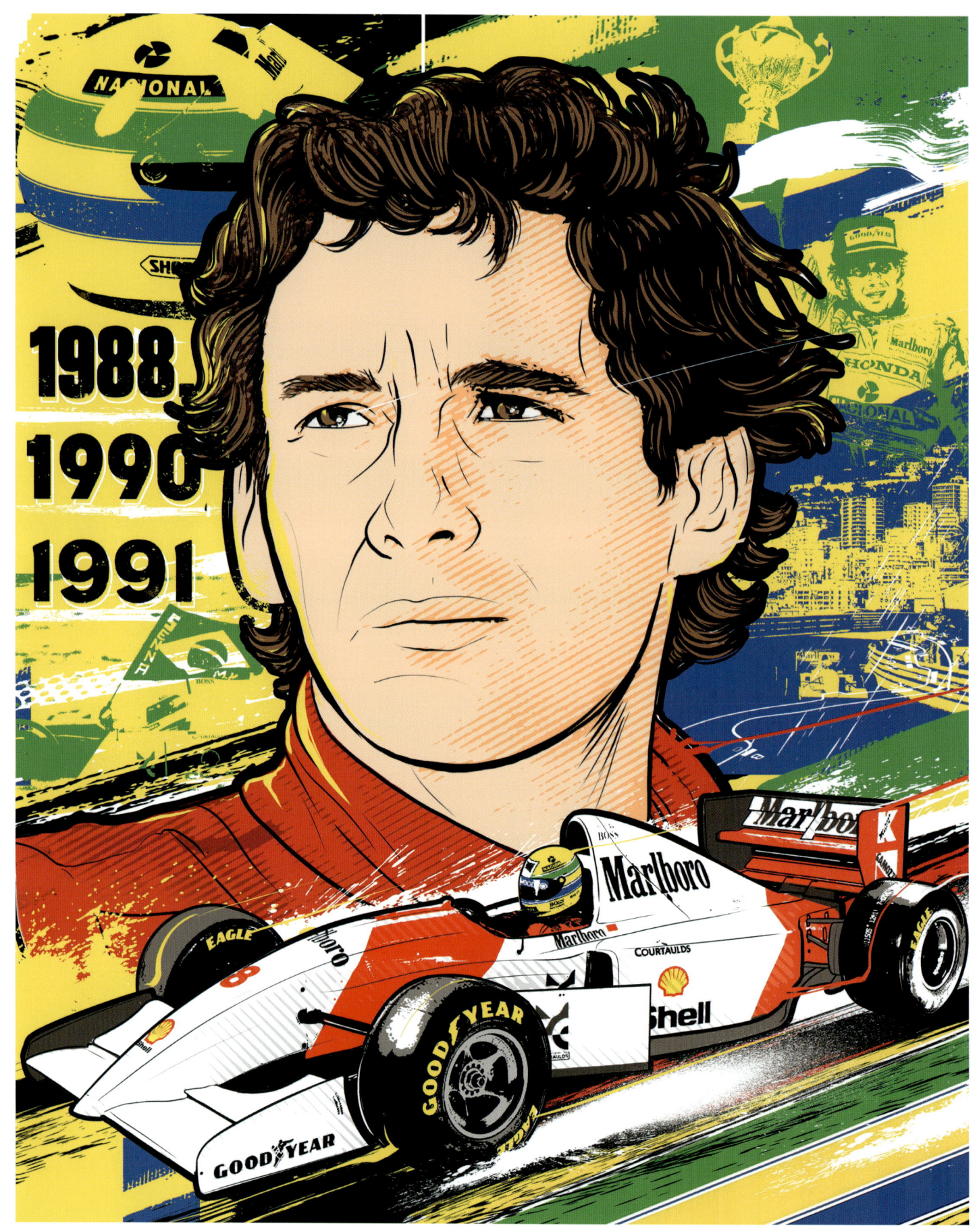

레이스 161 /// 우승 41 /// 포디엄 80 /// 폴 포지션 65 /// 패스티스트 랩 19

# AYRTON SENNA

《《 아일톤 세나 · 3회 챔피언 》》

아일톤 세나는 많은 사람에게 역사상 가장 위대한 드라이버로 여겨지는 드라이버입니다. 그는 놀라운 재능을 타고난 것은 물론 기술적으로 최고의 경지에 도달했고, 드라이빙을 예술의 경지에 올려놓은 드라이버였습니다. 앞서 짐 클라크의 경우와 마찬가지로, 라이벌 모두가 인정하는 최고의 드라이버였던 세나가 전성기에 맞이한 안타까운 죽음은 형언할 수 없는 비극이었습니다.

1960년 브라질 상파울루의 부유한 가정에서 태어난 세나는 십대에 접어들어 카트를 타기 시작했고, 처음부터 압도적인 페이스를 과시하며 뛰어난 재능을 증명했습니다. 21세에 영국으로 건너간 뒤에는 큰 위험을 감수하는 드라이빙으로 속도가 엄청나게 빠르다는 평판을 얻었고, 포뮬러 포드에서 세 차례 챔피언의 자리에 오른 뒤 1983시즌에는 영국 F3 챔피언 타이틀을 차지했습니다.

다음 시즌 F1에 데뷔한 직후 모터스포츠 세계의 모두가 세나를 주목했고, 우승 직전까지 다가갔던 1984 모나코 그랑프리 이후 그의 주가가 폭발적으로 올랐습니다. 팀 로터스와 계약한 1985시즌 첫 승을 거둔 세나는, 세 시즌 동안 폴 포지션 16회를 기록하는 엄청난 스피드로 사람들을 놀라게 했습니다. 로터스에게 모두 여섯 차례 우승컵을 선사한 세나는 1987시즌 드라이버 챔피언십 3위에 오르는 기염을 토하기도 했습니다. 이후 1988시즌을 앞두고, 꿈만 같은 세나의 맥라렌 이적이 성사됐습니다.

세나는 맥라렌에서 전성기를 맞았습니다. 맥라렌의 보스 론 데니스는 브라질 드라이버를 지극히 아꼈고, 세나 역시 데니스와 팀을 깊게 신뢰했습니다. 그는 맥라렌의 엔지니어는 물론 미캐닉들과 끈끈한 유대를 형성했는데, 이는 팀메이트 알랑 프로스트와의 적대감이 점점 커지는 데 영향을 미쳤습니다. 모두 자신이 최고라고 믿었던 두 드라이버의 충돌은 불가피했고, 팀메이트로서의 우정은 찾아보기 힘든 치열하게 경쟁하는 라이벌이 되었습니다. 결국, 세나와 프로스트는 1989시즌과 1990시즌 월드 챔피언십을 결정하는 순간, 트랙 위에서 충돌했습니다.

그의 퀄리파잉 퍼포먼스는 경이로웠고, 레이스에서는 운명이 그렇게 정해놓은 것처럼 모든 것이 완벽했습니다. 세나 본인조차 인터뷰를 통해 레이스카 속에서 초월적인 경험을 한다고 얘기하기도 했습니다. 1993시즌까지 그는 세 차례 F1 월드 챔피언십 타이틀을 획득했고, 많은 사람에게 세계 최고의 드라이버로 평가받았습니다. 그러나, 맥라렌이 급격하게 경쟁력을 잃어가자, 세나는 각종 전자장비의 능력을 최대한 활용하며 최신 기술의 정점에 서 있던 윌리암스로 이적을 선택했습니다. 그러나, 1994시즌 초반 세나와 윌리암스는 부진에 빠져 기대에 미치지 못하는 모습을 보였고, 떠오르는 젊은 슈퍼스타 미하엘 슈마허와 베네통이 최강자로 부상했습니다.

시즌 3라운드 산마리노 그랑프리에서, 선두를 지키기 위해 과감하게 속도를 높이던 세나의 레이스카가 트랙을 벗어나 방호벽에 충돌했습니다. 그를 상징하는 노란 헬멧이 레이스카의 잔해 속에서 전혀 움직이지 않는 것에 모터스포츠 세계의 모든 사람이 충격을 받았습니다. 누구도 믿기 힘든 사실은 아일톤 세나가 세상을 떠났다는 것이었습니다.

브라질은 국가 애도 기간에 들어갔고, 300만 명이 넘는 많은 사람이 상파울루 거리를 메운 채 운구 행렬을 따랐습니다. 세계 최고의 드라이버조차 F1에서 목숨을 잃을 수 있다는 사실이 모터스포츠 전체에 충격을 주었고, 즉각적인 대책 수립이 불가피했습니다. 곧바로 안전 문제 개선을 위한 다양한 노력이 시작됐고, 모터스포츠 세계에서 이후의 모든 중요한 의사 결정은 이 사고를 기준으로 판단하게 되었습니다.

아일톤 세나는 역사상 가장 위대한 레이싱 챔피언으로 평가받고 있습니다. 특히, 모나코 그랑프리에서 거둔 여섯 차례의 우승은, 모터스포츠에서 가장 어려운 써킷에서 거둔 최고의 기록으로 추앙받고 있습니다. 여전히 세나는 많은 사람에게 역사상 가장 재능이 뛰어난 드라이버로 기억되고 있습니다.

1980년대

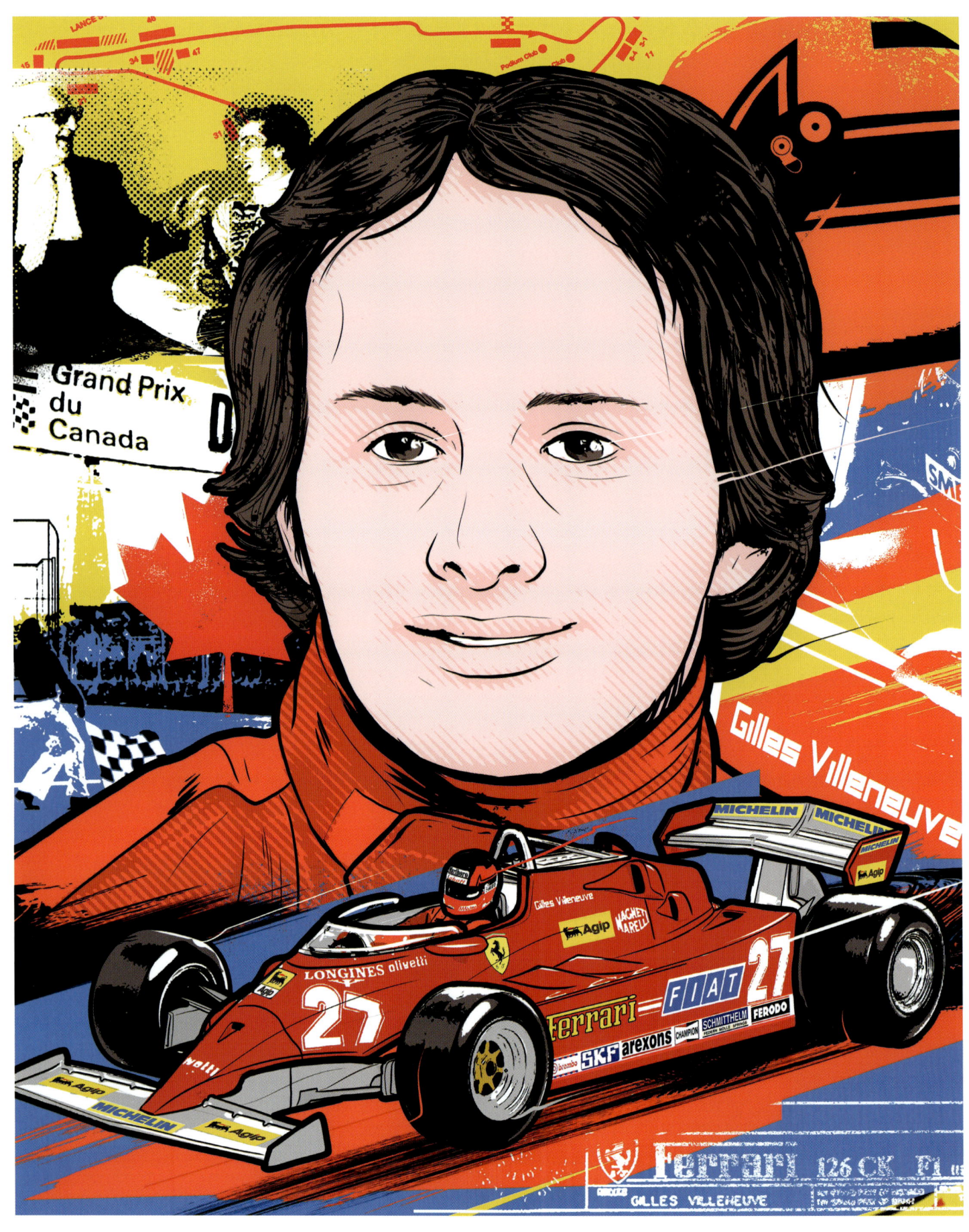

레이스 67 /// 우승 6 /// 포디엄 13 /// 폴 포지션 2 /// 패스티스트 랩 8

# GILLES VILLENEUVE

《《 질 빌너브 》》

로니 페터슨과 마찬가지로 질 빌너브는 '언젠가 챔피언이 될 수 있는 드라이버'로 평가받았습니다. 용감한 드라이빙과 레이스에서 보여 준 뛰어난 기술, 그리고 절대 패배를 인정하지 않는 승부욕은 그를 엔초 페라리가 아들처럼 여긴 사랑받는 드라이버이자 전 세계 F1 팬들의 영웅으로 만들었습니다. 그러나, 페터슨에게 그랬던 것처럼 그에게도 충분히 가능할 것 같았던 챔피언의 자리에 오를 시간이 주어지지 않았고, 페터슨과 마찬가지로 빌너브 역시 그랑프리에서 발생한 비극적인 사고로 세상을 떠났습니다.

1950년 캐나다 퀘벡에서 태어난 질 빌너브가 F1에 데뷔할 때까지의 커리어는 평범한 것과 거리가 멀었습니다. 빌너브는 스노모빌 레이스에서 먼저 성공을 거뒀고, 눈과 얼음 위에서 맹렬히 질주하며 명성을 쌓았습니다. 눈 위에서 스노모빌을 옆으로 미끄러지듯 조종하는 것을 경험했는데, 이는 싱글-시터 레이싱에 뛰어들었을 때 그의 트레이드마크가 된 드라이빙 스타일에 영향을 주었습니다. 포뮬러 레이싱 무대에 진출한 빌너브는 포뮬러 애틀랜틱에서 세 차례나 챔피언 타이틀을 획득하며 써킷 위에서도 충분히 빠르다는 것을 증명했습니다.

1976년 포뮬러 애틀랜틱 레이스를 지켜본 제임스 헌트는 깊은 인상을 준 드라이버를 자기 팀에 추천했고, 빌너브는 맥라렌을 통해 F1에 데뷔했습니다. 그러나, 맥라렌은 단 한 경기만에 그에게 풀 타임 시트를 주지 않기로 결정했고, 반대로 가능성을 높게 평가한 엔초 페라리가 시즌 종반 빌너브를 스쿠데리아에 영입했습니다. 페라리 소속 풀 타임 드라이버가 된 빌너브의 1978시즌 초반 성적은 기대 이하였고, 이탈리아 언론은 바로 그를 해고해야 한다고 주장했습니다. 그러나, 엔초는 빌너브의 남다른 재능을 꿰뚫어 봤고, 빌너브는 1978 캐나다 그랑프리 우승으로 엔초의 믿음에 보답했습니다.

1979시즌 새로운 팀메이트 조디 셱터와 함께 F1 무대에서 가장 강력한 듀오를 형성한 빌너브는 여러 차례 명장면을 연출했습니다. 디종에서는 르네 아르누와 여러 랩 동안 사이드-바이-사이드 배틀을 이어갔고, 잔트포트에서는 펑쳐 이후 거의 한 랩 전체를 남은 두 바퀴로 달리기도 했습니다. 그는 충실한 팀 플레이어였고, 몬짜에서 월드 챔피언 타이틀 획득 확정을 위해 셱터에게 선두를 양보하라는 팀 오더를 따랐습니다. 그러나, 빌너브는 단지 자신이 더 빠르다는 것을 보여주기 위해, 다음 경기였던 캐나다 그랑프리 프랙티스 세션에 다른 모든 드라이버보다 11초 빠른 랩 타임을 기록하기도 했습니다.

1980시즌과 1981시즌에는 대세가 된 터보 엔진에 제대로 적응하지 못한 페라리가 전체적으로 부진했지만, 빌너브는 레이스카의 한계를 뛰어넘는 드라이빙으로 몇 차례 불가능해 보이는 우승을 일궈냈습니다. 이때만 해도 새로운 팀메이트 디디에 피로니는 빌너브에게 미치지 못하는 성적을 내고 있었습니다.

1982시즌을 앞두고 맥라렌 이적 기회가 있었지만, 빌너브는 페라리에 남았습니다. 1982시즌 첫 세 경기는 성적이 좋지 않았지만, 그는 레이스카에 충분한 경쟁력이 있다고 믿었습니다. 그러나, 산마리노 그랑프리에서 빌너브가 앞선 가운데 페라리의 1-2 피니시가 유력해졌을 때, 팀 오더를 무시한 피로니가 팀메이트를 추월하고 우승하며 문제가 발생했습니다. 친구의 배신에 분노한 빌너브는 이어진 벨기에 그랑프리 퀄리파잉에서 피로니를 앞서기 위해 무엇이든 할 생각이었습니다. 그러나, 퀄리파잉 마지막 주행에서 사고가 발생했고, 빌너브의 레이스카는 하늘로 떠올랐습니다. 페라리가 심하게 부서지며 드라이버의 몸이 트랙 경계 캐치 펜스로 내던져졌고, 빌너브는 목과 척추 골절로 32세의 나이에 세상을 떠났습니다.

빌너브의 죽음은 엔초 페라리의 마음에 큰 충격을 주었고, 그가 첫 승을 거뒀던 몬트리올의 써킷은 캐나다의 첫 번째 F1 영웅을 기리기 위해 질 빌너브 써킷이라는 새 이름을 갖게 되었습니다. 질 빌너브의 이름은 용기와 충성심, 그리고 드라이버로서의 놀라운 재능과 함께 영원히 기억될 것입니다.

1980년대

# 그 밖에 최고의 드라이버들 : 1980년대

### 엘리오 데앤젤리스

1980년대 초반 레이스 보이콧 등으로 드라이버들이 호텔에 머물 때, 엘리오 데앤젤리스는 콘서트 피아니스트가 되어 동료 드라이버들을 즐겁게 했습니다. 드라이버로서도 매우 뛰어났던 데앤젤리스는 여러모로 F1 패독에서 사랑받는 인물이었습니다. 비록 F1 그랑프리 우승은 두 차례밖에 차지하지 못했지만, 데앤젤리스는 마리오 안드레티와 나이젤 만셀, 아일톤 세나 등 위대한 월드 챔피언을 팀메이트로 두었을 때 비슷한 속도를 냈던 것은 물론 기록한 포인트에서도 뒤지지 않았습니다. 그러나, 1986년 프랑스에서 테스트를 진행하던 중 비극적인 사고가 발생했고, 엘리오 데앤젤리스는 엄청난 잠재력을 모두 발휘하지 못한 채 세상을 떠났습니다.

### 존 왓슨

오늘날 존 왓슨은 많은 사람에게 과거 F1 해설자로 기억되고 있지만, 1980년대에는 F1에서 가장 강력한 드라이버 중 한 명이었습니다. 그는 1970년대에 F1에 데뷔해 1976시즌 팀 펜스케의 유일한 F1 그랑프리 우승을 기록했습니다. 왓슨의 진가가 발휘된 것은 맥라렌과 함께했던 1980년대였습니다. 1982시즌에는 월드 챔피언십 3위에 올랐고, 1983 롱비치에서 펼쳐진 미국 서부 그랑프리에서는 22그리드에서 레이스를 시작한 뒤 우승을 차지하는 역사적인 장면을 연출했습니다. 22그리드 스타트로 우승한 존 왓슨의 기록은 지금까지 깨지지 않은 'F1 챔피언십 그랑프리 레이스에서 가장 많은 순위를 끌어올리며 우승한 기록'입니다.

## 디디에 피로니, 르네 아르누, 패트릭 탐베

위대한 세 명의 드라이버를 한 단락에 묶어 소개해야 할 정도로 1980년대에는 유능한 드라이버가 많았습니다. 디디에 피로니와 르네 아르누, 패트릭 탐베는 이 시기 알랑 프로스트와 함께 프랑스 모터스포츠를 대표하는 드라이버들이었습니다. 르네 아르누는 레이스카를 예술적으로 다루는 드라이버였으며, 르노와 페라리에서 모두 큰 사랑을 받았습니다. 아르누는 통산 7승과 함께 모두 22회의 포디엄 피니시를 기록했습니다. 패트릭 탐베는 재능이 돋보였지만, 너무 온화한 성격 탓에 마지막 결정타가 부족하다는 얘기를 듣곤 했습니다. 탐베는 페라리의 홈 써킷 중 하나인 이몰라에서 질 빌너브가 사고로 세상을 떠날 때의 27번을 달고, 자신의 두 번째이자 마지막 우승을 기록해 페라리 팬들에게 가장 아름다운 선물을 주기도 했습니다. 디디에 피로니는 외모가 출중하고, 신체적으로도 건장한 데다가 드라이버로서도 뛰어나 F1에서 통산 3승을 거뒀습니다. 팀메이트 빌너브가 사고로 세상을 떠난 뒤 피로니 역시 큰 사고에 휘말렸는데, 간신히 생명을 건졌지만 다리가 크게 손상되어 F1 커리어를 일찍 마감해야 했습니다. 재활을 거쳐 파워보트 레이싱에 도전했던 피로니는 1987년 사고로 세상을 떠났습니다.

## 데지레 윌슨

데지레 윌슨은 F1 레이스카로 진행한 레이스에서 우승한 유일한 여성 드라이버입니다. 그녀는 1980년 브랜즈 햇치에서 펼쳐진 영국 오로라 AFX F1 시리즈에서 역사적인 업적을 달성했습니다. 비록 이 레이스는 F1 월드 챔피언십 이벤트가 아닌 '영국 F1 챔피언십' 경기였지만, 당시 투입된 레이스카와 경쟁자들의 수준을 고려하면 그녀의 우승은 생각보다 큰 의미를 가집니다. 윌슨은 영국 F1에서 모두 여덟 차례 포디엄에 올랐고, 미국의 인디카와 르망 24시간 등 다양한 무대에서 활약했습니다.

# 1980년대의 거인들

## 맥라렌

1980년대에 접어든 직후, 브라밤의 미캐닉 출신 론 데니스가 이끄는 F2 팀 '프로젝트 4'와 F1 팀 맥라렌이 합병했습니다. 론 데니스와 함께 맥라렌에 합류한 천재 디자이너 존 버나드는 카본 파이버 모노코크 섀시를 도입한 혁신적인 디자인의 MP4/1으로 주목받았습니다. TAG 브랜드의 포르쉐 터보 엔진을 탑재한 맥라렌은 1984시즌 12승과 함께 컨스트럭터 챔피언 타이틀을 차지했고, 니키 라우다는 단 0.5포인트 차이로 팀메이트 알랑 프로스트를 꺾고 드라이버 챔피언이 되었습니다. 프로스트는 1985시즌과 1986시즌 챔피언 타이틀을 획득했고, 맥라렌은 1985시즌 컨스트럭터 챔피언의 자리에 올랐습니다. 1988시즌 혼다 엔진을 장착하며 맥라렌-혼다의 전설이 시작됐고, 브라질 출신의 천재적인 드라이버 아일톤 세나가 합류한 뒤 프로스트와 펼친 라이벌 경쟁은 1980년대 말 F1 무대에서 가장 중요한 이슈였습니다. 세나와 맥라렌은 1988시즌 16개 그랑프리에서 15승을 거두며 챔피언 타이틀을 차지했고, 1989시즌에는 혼다의 새로운 자연흡기 3.5L V10 엔진과 함께 프로스트가 챔피언의 자리에 올랐습니다. 그러나, 세나와의 관계가 악화되면서 프로스트가 페라리로 이적했고, 존 버나드를 포함한 맥라렌의 주요 인재들 역시 프로스트를 따라 페라리로 팀을 옮겼습니다.

## 윌리암스

프랭크 윌리암스가 자신의 이름을 따서 만든 F1 팀은 1980년대가 시작될 무렵 챔피언십의 강자로 부상했고, 이후 20년 동안 항상 타이틀 경쟁에 나서는 최강팀 중 하나가 되었습니다. 1980시즌 알란 존스가 드라이버 챔피언 타이틀을 차지했고, 소속 팀 윌리암스 역시 컨스트럭터 챔피언 타이틀을 획득했습니다. 1981시즌에도 팀은 컨스트럭터 챔피언 타이틀을 방어했지만, 드라이버 타이틀은 브라밤의 넬슨 피케가 가져갔습니다. 1982시즌은 F1 역사상 가장 치열한 시즌 중 하나였는데, 지난 시즌에 단 1포인트도 획득하지 못했던 케케 로스버그가 윌리암스로 이적한 첫 시즌에 단 한 번의 우승만으로 드라이버 챔피언의 자리에 올랐습니다. 기존 포드 엔진을 버리고 혼다 엔진을 채택하면서 1980년대 중반 윌리암스의 전력은 다시 강력해졌지만, 이 시기 프랭크 윌리암스가 사고로 하반신이 마비되는 비극적인 사고가 발생했습니다. 프랭크는 이후에도 팀을 이끌며 모두에게 큰 영감을 주는 리더로 거듭났고, 그의 팀 윌리암스는 1986시즌에 컨스트럭터 타이틀을 차지한 데 이어 1987시즌 드라이버와 컨스트럭터 챔피언 타이틀을 모두 손에 넣었습니다.

## 브라밤

그라운드 이펙트를 둘러싼 논쟁이 계속되던 시기 브라밤은 자신들의 잠재력을 최대한 발휘했습니다. 고든 머레이가 디자인한 BT49는 넬슨 피케와 함께 여러 차례 그랑프리 우승을 일궈냈고, 피케는 1981시즌 드라이버 챔피언 타이틀을 차지했습니다. 당시 브라밤이 규정을 위반한 연료를 사용했다는 의혹이 있었지만, FOCA 팀의 반대에도 불구하고 장-마리 발레스트레는 브라밤을 강하게 옹호했습니다. 그라운드 이펙트 시대가 막을 내린 뒤 브라밤은 강력한 BMW 터보 엔진을 장착했고, 넬슨 피케는 1983시즌 BT52와 함께 다시 한번 드라이버 챔피언 타이틀을 차지했습니다. 피케는 1984시즌과 1985시즌에도 몇 차례 더 포디엄 정상에 올랐지만, 이 시기 브라밤은 점점 경쟁력을 잃고 있었습니다. 팀 오너 버니 에클스톤이 점점 FOCA의 업무에 집중하는 동안 고든 머레이가 맥라렌으로 이적했고, 1988시즌 챔피언십 엔트리 등록 마감을 놓친 브라밤은 F1 철수를 발표한 뒤 매각되는 운명을 맞았습니다. 여러 차례 오너가 바뀌는 동안에도 1990년대 초반까지 팀의 이름만큼은 유지됐는데, 사실상 F1 팀 브라밤은 이미 역사의 뒤안길로 사라진 것과 마찬가지였습니다.

## 페라리

페라리는 1982시즌과 1983시즌 F1 월드 컨스트럭터 챔피언의 자리에 올랐고, 1984시즌과 1985시즌에는 챔피언십에서 2위를 차지했습니다. 그러나, 페라리에게 1980년대는 가혹한 시기였습니다. 1982시즌 질 빌뇌브의 사망 사고와 디디에 피로니의 커리어를 끝낸 사고까지 두 개의 큰 사고가 페라리를 근본부터 흔들었습니다. 터보 시대의 페라리는 기대했던 만큼 빠르지 않았고, 위기감을 느낀 페라리는 터보 엔진 시대가 막을 내릴 때 V12 엔진을 사용할 수 없다면 F1에서 철수한 뒤 인디카로 무대를 옮기겠다며 위협했습니다. 페라리는 실제로 인디카 출전을 위한 레이스카를 제작하기도 했지만, 끝내 인디카 시리즈 출전은 성사되지 않았습니다. 이런 가운데 1988년 엔초 페라리가 90세의 나이로 세상을 떠났습니다. 페라리가 세상을 떠난 뒤 한 달도 지나지 않은 시점에 펼쳐진 이탈리아 그랑프리에서는, 시즌 전승을 노리던 맥라렌의 기록 도전을 페라리가 저지하며 홈 그랑프리에서 우승을 차지했습니다.

## 로터스

팀 로터스는 가장 먼저 카본 파이버 섀시의 F1 레이스카를 만들었지만, 트윈-섀시가 금지되면서 그랑프리 실전에 투입하지 못했습니다. 그러나, 로터스는 끊임없이 혁신을 추구했고, 액티브 서스펜션에 대한 실험을 통해 F1의 한계를 뛰어넘으려는 노력을 계속했습니다. 팀 설립자인 콜린 채프먼은 1982년 52세의 나이에 심장마비로 갑작스럽게 세상을 떠나면서 액티브 서스펜션이 실전에 투입되는 것을 보지 못했습니다. 채프먼이 세상을 떠난 뒤 피터 워가 팀을 이끌었고, 디자이너 제라르 뒤카루주와 드라이버 엘리오 데앤젤리스, 나이젤 만셀, 아일톤 세나 등이 로터스의 재기를 위해 노력했습니다. 르노 엔진을 장착한 로터스 94T와 그 뒤를 이은 97T, 98T, 혼다 엔진을 도입한 99T 등의 레이스카들은 팀 로터스가 다시 그랑프리에서 우승할 수 있다는 것을 보여줬습니다.

## 르노

F1 팀 가운데 처음으로 터보 엔진을 도입한 르노는 1980년대 초반 우위를 점할 수도 있었지만, 프랑스 팀은 레이스카와 엔진의 신뢰도 문제가 발목을 잡은 탓에 예상만큼의 성공을 거두지 못했습니다. 르노는 몇 차례 훌륭한 레이스를 펼치며 그랑프리에서 우승을 차지하기도 했지만, 컨스트럭터 챔피언십 최고 성적은 2위에 그쳤습니다. 모기업의 재정 문제가 발생하면서 F1 챔피언십에서 르노 팩토리 팀을 운영하는 데 필요한 막대한 비용을 견딜 수 없는 상황이 되었고, 결국 르노는 1985시즌을 끝으로 팩토리 팀을 철수시킨 뒤 엔진 공급에만 전념하기 시작했습니다.

## 베네통

의류 회사였던 베네통은 먼저 알파로메오와 톨먼의 스폰서로 F1과 인연을 맺었는데, 톨먼이 재정난에 빠졌을 때 직접 팀을 인수하며 본격적으로 F1 무대에 뛰어들었습니다. 첫 시즌이었던 1986시즌 BMW 엔진과 함께했던 베네통은 멕시코 그랑프리에서 게하르트 베르거의 활약으로 첫 승을 거뒀고, 1987시즌부터 포드 엔진을 장착한 뒤 신뢰도 문제로 고전하는 가운데에서도 여러 차례 포디엄에 올랐습니다. 1980년대 말 경쟁력을 회복한 베네통은 한 차례 더 우승을 차지했고, 1988시즌에는 컨스트럭터 챔피언십 3위에 오르기도 했습니다. 1989시즌이 끝난 뒤 이탈리아의 사업가 플라비오 브리아토레가 팀의 운영을 책임지기 시작했고, 넬슨 피케가 드라이버로 합류하면서 베네통은 1990년대에 더 강해질 수 있는 기반을 만들었습니다.

# 1980년대 최고의 레이스

## 1984 모나코 그랑프리

몬테-카를로의 트랙 위에서 스릴 넘치는 레이스가 펼쳐지는 경우는 많지 않습니다. 트랙 폭은 좁고, 가까운 방호벽은 실수를 용납하지 않습니다. 이 때문에 모나코에서는 추월이 어렵고, 다른 '클래식' 그랑프리 써킷에서 흔히 볼 수 있는 화끈한 경쟁조차 쉽게 볼 수 없습니다. 그러나, 이런 토끼 굴과 같은 써킷에서도 비가 내린다면 상황이 크게 바뀔 수 있습니다. 1972 모나코 그랑프리가 그랬고, 1982 모나코 그랑프리 역시 비가 큰 영향을 줬습니다. 1996시즌에는 보기 드문 대혼란의 레이스가 펼쳐지기도 했습니다. 그러나, 포디엄의 가장 높은 두 자리에 오른 드라이버들이 앞으로 만들어낼 치열한 라이벌 경쟁의 작은 시발점이라는 점에서, 사람들의 기억 속에 가장 먼저 떠오르는 이벤트는 분명 1984 모나코 그랑프리일 것입니다.

비가 내릴 때 모나코의 트랙은 매우 위험합니다. 일반 도로를 사용하는 써킷 특성 때문에, 드라이 컨디션에서도 F1 써킷 중에서 노면이 가장 미끄러운 곳이 바로 모나코 써킷입니다. 웻 컨디션이 되면 도로의 차선이 빙판처럼 느껴지고, 트랙 경계의 금속제 방호벽에 부딪히기 전까지 런오프가 많지 않은 트랙은 혼돈의 도가니가 됩니다.

1984 모나코 그랑프리는 폭우 속에서 진행됐습니다. 스타트 직후 여러 명이 리타이어했는데, 데렉 워윅과 패트릭 탐베의 르노 듀오는 첫 번째 코너에서 경기를 포기해야 했습니다. 브라밤의 넬슨 피케는 15랩째에 접어들었을 때 스핀했고, 엔진이 꺼진 뒤 리타이어했습니다. 비슷한 시점에 선두를 달리던 나이젤 만셀은 방호벽에 부딪히면서 리어 윙이 심각하게 손상됐고, 결국 다음 랩에 레이스를 포기했습니다. 위대한 니키 라우다 역시 감당하기 힘든 폭우 속에 스핀했고, 브레이크 고장으로 리타이어 명단에 이름을 올렸습니다. 그러나, 팀메이트가 리타이어한 뒤에도 알랑 프로스트는 빗속에서 흔들림 없는 완벽한 주행을 보여줬습니다.

맥라렌 MP4/2와 함께 폴 포지션에서 레이스를 시작한 프로스트는, 잠시 만셀에게 추월당했던 것을 제외하면 무난하게 선두를 지켰습니다. 그러나, 기상 상황은 점차 악화됐고, 그의 브레이크에도 팀메이트 라우다에게 발생했던 것과 같은 문제가 생기기 시작했습니다. 라우다처럼 스핀하지 않고 버틴 것은 다행이었지만, 그의 리드는 점점 줄어들고 있었습니다.

선두 프로스트와의 간격을 좁히며 맹렬히 추격한 것은 약체 톨먼 소속의 루키 아일톤 세나였습니다. 레이스카의 성능 차이가 분명했기 때문에 세나는 잃을 것이 없다는 마음가짐의 드라이빙을 계속했고, 프로스트와의 격차는 빠른 속도로 좁혀졌습니다. 브라질 출신의 드라이버는 몇 년 뒤 '빗길에 유난히 강한 드라이버'라고 당연하게 여겨졌지만, 당시만 해도 F1에서 세나에 대해 잘 아는 사람은 많지 않았습니다. 프로스트는 강한 압박을 느끼고 있었습니다. 피트를 통과해 랩이 진행될 때마다 필사적으로 손짓하며 레이스 중단을 요청했고, 얼마 지나지 않아 그의 바람이 이뤄졌습니다. 레드 플랙이 발령되었을 때, 세나는 프로스트를 따라잡기 직전이었습니다.

그런데, 세나는 레이스 초반 무리하게 속도를 높이다가 방호벽에 부딪혀 서스펜션이 손상된 상태였고, 레드 플랙이 나오지 않고 예정된 거리를 모두 달렸다면 완주가 불가능했을 수도 있습니다. 따라서, 세나가 확실하게 우승할 수 있었던 레이스에서 부당하게 승리를 빼앗겼다고만 얘기하기는 어렵습니다. 오히려 이 레이스에서 더 빛나는 레이스를 펼친 것은 스테판 벨로프였습니다. 성능이 좋지 않은 티렐 012와 함께 최후미 20그리드에서 레이스를 시작한 벨로프는 프로스트와 세나보다 빠른 랩 타임을 작성했고, 레이스가 끝까지 진행됐다면 우승자가 됐을 가능성도 있었습니다. 비록 레이스에서 실격 처리됐지만, 페라리는 그에게 1986시즌 시트를 제안하며 협상을 시작했습니다. 그러나, 뛰어난 재능으로 F1 포디엄 정상에 오를 자격이 충분했던 벨로프는, 1년 뒤 스파-프랑코샹에서 펼쳐진 스포츠카 레이스에서의 사고로 안타깝게 생을 마감했습니다.

이처럼 험난한 레이스 속에 많은 이야기가 담겨 있었던 1984 모나코 그랑프리는, 앞으로 세나와 프로스트가 펼치게 될 한 시대를 풍미한 뜨거운 경쟁의 서막이었습니다.

1994시즌 이전까지 10년 이상 F1 그랑프리 공식 세션에서 사망 사고가 발생하지 않았지만, 1994년 봄 가장 암울했던 주말에 모든 것이 바뀌었습니다. 1994시즌 다양한 전자 장비를 활용하는 '드라이버 에이드'가 금지되었는데, 엄청나게 빨라졌지만 불안정한 레이스카를 다룰 때 문제가 생길 수 있다는 우려가 드라이버들 사이에서 제기됐습니다. 테스팅 과정부터 여러 대형 사고가 발생하면서 우려는 현실로 드러났고, 시즌 세 번째 그랑프리가 펼쳐진 이몰라에서 가장 두려워했던 일이 벌어졌습니다. 산마리노 그랑프리의 금요일에는 루벤스 바리첼로가 큰 사고로 병원에 입원했고, 토요일에는 오스트리아 출신의 루키 롤랜드 라첸버거가 빌너브 코너에서의 사고 직후 세상을 떠났습니다.

모든 팀과 드라이버, 팬들이 침통한 분위기에 파묻힌 가운데 일요일 레이스가 찾아왔습니다. 1994시즌 맥라렌을 떠나 윌리암스로 이적한 세나는, 레이스를 마쳤을 때 라첸버거를 기리기 위해 오스트리아 국기와 함께 콕핏에 탑승했습니다. 그러나, 세나에게 그렇게 할 기회는 돌아오지 않았습니다. 이미 세 차례 F1 월드 드라이버 챔피언의 자리에 올랐던 F1 역사상 가장 위대한 드라이버 아일톤 세나는 7랩째 큰 사고를 당했고, 병원으로 후송된 직후 사망 선고가 내려졌습니다. 세나의 죽음은 모터스포츠 전체에 엄청난 충격을 주었고, 이후 F1의 모습을 완전히 뒤바꿔놓았습니다.

1990년대 초반부터 안전 문제는 F1의 중요한 과제였습니다. 빠르게 탈착할 수 있는 스티어링 휠이 의무화됐고, 서바이벌 셀과 연료 탱크, 안전벨트에 대한 강도 테스트와 충돌 테스트가 더 엄격해졌습니다. 그러나, 1994시즌을 앞둔 드라이버 에이드 전자 장비에 대한 갑작스러운 금지와 재급유의 도입은 드라이버 안전을 위협할 수 있는 문제들로 지적되기도 했습니다. 결국 이몰라에서의 비극적인 주말이 지난 뒤, 드라이버 안전 문제에 대한 추가적인 대책 마련과 실행이 불가피해졌습니다. 핏레인 속도 제한이 도입되었고, 세계 각지의 써킷 중 과도하게 위험한 코너 30여 개에 대해 시케인을 추가하거나 코너 자체를 없애버리는 극단적인 조치가 내려졌습니다.

이후 엔진 배기량을 제한하면서 레이스카의 속도를 늦추기 위해 노력했고, 콕핏 디자인 규정 변경으로 드라이버 헬멧 주위의 보호 구조가 좀 더 높아지고 길어졌습니다. 더 높은 강도의 레이스카 충돌 테스트가 시행됐고, 트랙 주변의 데브리 펜스 역시 개선되었습니다. FIA는 F1 그랑프리의 모든 의료진을 승인하고 관리하기 시작했으며, 더 빠르고 적절하게 작업에 투입될 수 있는 세이프티 카와 메디컬 카가 도입되었습니다. 1990년대 말에는 레이스카의 폭이 좁아졌고, 속도를 억제하기 위해 슬릭 타이어 대신 홈이 파인 그루브 타이어가 투입됐습니다. 사고 상황에서 바퀴가 분리되어 2차 사고를 유발하지 않도록 휠 테더가 도입되었고, 특정 상황에서 휘어지는 플렉서블 윙도 금지됐습니다.

1990년대의 마지막 여섯 시즌 동안, 대부분의 기술 규정 변경은 드라이버 안전 문제를 개선하거나 레이스카의 속도를 줄이기 위한 방향으로 이뤄졌습니다. 맥스 모슬리의 새로운 리더십 아래 FIA는 레이스카의 안전 못지 않게 써킷의 안전 문제 역시 개선하기 위해 노력했고, 이런 노력은 일반 도로의 자동차 안전에도 영향을 미쳤습니다. 세나의 죽음 이후 드라이버들의 모임 GPDA는 일종의 노조와 같은 형태로 변모했고, 드라이버들의 목소리에 더 큰 힘을 실어주었습니다. FIA와 F1 팀 간의 협력 뿐만 아니라 GPDA의 협력이 더해진 결과, F1에 많은 변화가 이뤄졌습니다.

1990년대는 아일톤 세나와 알랑 프로스트가 최고의 자리를 놓고 다투는 가운데 시작됐지만, 세나의 비극적인 죽음과 프로스트의 은퇴로 새로운 레이싱 스타가 떠오를 기회의 문이 열렸습니다. 새로운 스타로 가장 큰 주목을 받은 드라이버는 미하엘 슈마허와 미카 하키넨이었고, 이들은 각각 두 차례씩 월드 드라이버 챔피언 타이틀을 차지했습니다. 윌리암스와 맥라렌은 여전히 최강팀으로 군림했지만, 슈마허의 활약을 앞세운 베네통이 새로운 챔피언십 경쟁자로 부상했습니다. 그러나, 독일 드라이버와 영국 팀은 끊임없이 논란에 휩싸였습니다. 1994시즌 베네통 레이스카에 이미 금지된 드라이버 에이드 전자 장비가 사용됐다는 의혹은 지금까지 풀리지 않았고, 슈마허는 트랙 위에서 여러 차례 경쟁자와 충돌하며 논란을 증폭시켰습니다. 또한, 미하엘 슈마허가 두 번째 챔피언 타이틀을 손에 넣은 뒤 페라리로 이적한 것은 1990년대 가장 중요한 사건 중 하나였습니다. 슈마허는 10년 넘게 챔피언 타이틀에 근접하지 못했던 페라리를 부활시킨다는 분명한 목표가 있었고, 1999시즌 컨스트럭터 챔피언 타이틀 획득에 성공한 페라리는 다가올 2000년대를 지배하기 위한 초석을 다졌습니다.

과거 위대한 명문 팀이었던 팀 로터스와 브라밤, 티렐은 F1에서 조용히 사라졌고, 새로운 팀이 두각을 나타냈습니다. 유난히 팬들로부터 많은 사랑을 받았던 조단과 그랑프리 우승은 이루지 못했지만 깊은 인상을 준 피터 자우버의 스위스 팀, 두 명의 챔피언 재키 스튜어트와 알랑 프로스트가 각각 설립한 F1 팀까지, 다양한 팀들이 나름의 성공을 거뒀습니다. 이 시기 F1 캘린더는 매 시즌 16 그랑프리로 고정되었고, 주목할 만한 새 이벤트로 말레이시아 그랑프리가 추가됐습니다. 또한, 1991시즌부터 그랑프리에서 6위 안에 든 드라이버가 획득한 포인트 전체가 챔피언십에 포함되기 시작했습니다.

1990년대는 비극으로 시작됐지만, TV 중계가 빠르게 성장하며 새로운 팬층이 폭넓게 유입됐습니다. 특히, 미하엘 슈마허와 같은 현대적인 슈퍼스타의 등장으로 F1에 대한 세계적 관심이 늘어난 가운데 F1은 새천년을 맞이할 준비에 나섰습니다.

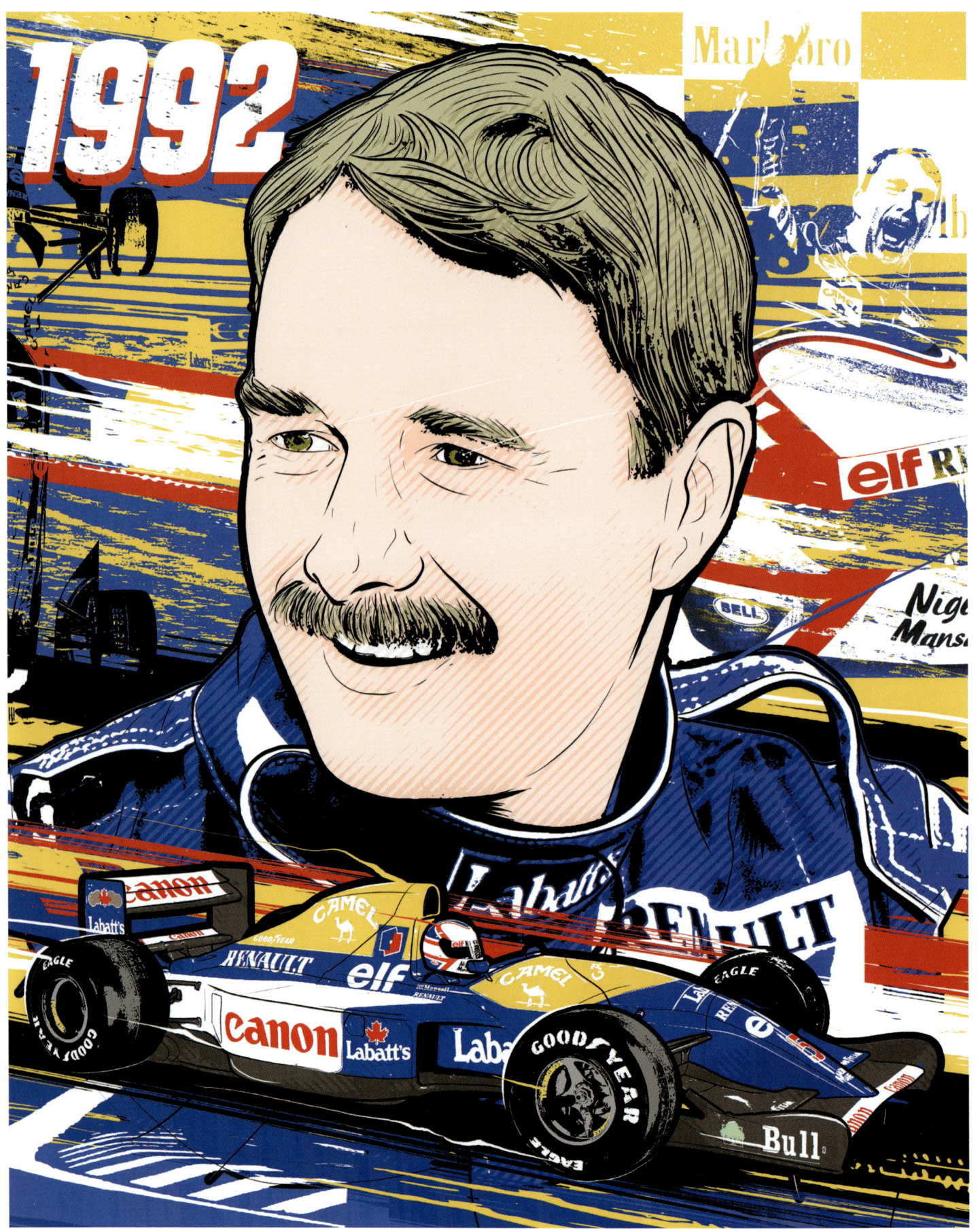

레이스 187 /// 우승 31 /// 포디엄 59 /// 폴 포지션 32 /// 패스티스트 랩 30

# NIGEL MANSELL

《《 나이젤 만셀 · 1회 챔피언 》》

나이젤 만셀의 F1 커리어는 스피드와 인내라는 두 단어로 정리할 수 있습니다. 그의 드라이빙 스타일은 그 누구보다 공격적이었고, 언제나 모든 것을 걸고 배틀에 임했습니다. 때때로 드러나는 까다로운 성격에도 불구하고, 그와 함께 했던 사람들은 마지못해서라도 만셀을 사랑하게 됐습니다. 마치 노동자처럼 보이는 약자의 입장에서 힘겹게 강자를 상대하는 '평범한 사람들의 영웅'이라는 이미지는 전 세계 F1 팬들의 마음을 사로잡았습니다.

1953년 영국 버밍엄 부근에서 태어난 만셀이 F1 무대까지 진출할 수 있었던 것은 기적에 가까운 일이었습니다. 그에게는 돈도 없었고, 운도 따르지 않았습니다. 모터스포츠에 뛰어든 지 얼마 되지 않았을 때부터 잦은 사고를 겪었고, 이 때문에 목과 척추를 심하게 다치기도 했습니다. 그는 이런 어려움을 극복하고 1977년 영국 포뮬러 포드 무대에서 왕좌에 오른 뒤 F3까지 진출했지만, F3 무대에서의 성적이 고르지 못했던 만셀이 F1 시트를 얻기 위해서는 무한한 신뢰를 보여줄 누군가가 필요했습니다.

콜린 채프먼이 바로 그런 사람이었고, 만셀은 1979시즌 팀 로터스의 테스트 드라이버가 되었습니다. 채프먼은 레이스카 개발 프로그램에 크게 기여한 만셀에게 몇 차례 그랑프리 출전 기회를 주기도 했습니다. F1 데뷔전에서 연료 누출로 1도와 2도 화상을 입은 만셀은, 엔진 문제로 리타이어할 때까지 고통을 참아내며 레이스를 계속해 깊은 인상을 남겼습니다. 이후 두 차례 더 그랑프리에 출전했지만 이렇다 할 성적을 내지 못했지만, 팀 로터스의 보스 채프먼은 1981시즌 만셀이 풀 타임 드라이버 자리를 차지할 것이라고 발표해 사람들을 놀라게 했습니다.

그러나, 유일하게 자신을 아껴주고 믿어줬던 콜린 채프먼이 1982년 말 세상을 떠난 뒤 만셀은 큰 충격을 받았고, 이후 팀 내부에서 정치적으로 고립됐습니다. 팀과의 관계는 빠르게 악화됐고, 만셀은 채프먼의 생전에 계약된 1984시즌 이후 윌리암스로 이적해야 했습니다. 팀을 떠나기 전 마지막 경기였던 댈러스 그랑프리에서는 피니시 라인을 몇 미터 남기고 레이스카가 멈추자, 차에서 내려 로터스 95T를 두 팔로 밀어 피니시 라인을 통과해 화제가 되기도 했습니다. 윌리암스 이적 후 만셀에게 행운의 상징으로 여겨질 빨간색 번호 5번과 함께 첫 승을 거뒀고, 1986시즌에는 최종전 레이스 후반 타이어가 터지기 전까지 챔피언십 선두를 달리기도 했습니다. 그는 1987시즌 다시 한번 타이틀 도전에 실패하고 2위로 챔피언십을 마쳤습니다.

1988시즌 윌리암스를 떠나 두 시즌 동안 페라리에서 활약한 만셀은, 1990시즌 팀메이트가 된 알랑 프로스트와 한 시즌 더 함께하는 것보다 F1 은퇴를 선택하려 했습니다. 이렇게 마음먹은 직후 윌리암스의 제안이 아니었다면, 그는 정말로 F1을 떠났을지도 모릅니다. 1991시즌 종반 타이틀 경쟁에서 밀려났던 윌리암스는 1992시즌 전설적인 레이스카 FW14B와 함께 모든 면에서 완벽한 모습으로 거듭났습니다. 1992시즌 만셀은 16차례 그랑프리 중 9승을 거두며 월드 챔피언의 자리에 올랐습니다. 그러나, 만셀은 윌리암스가 다음 시즌 알랑 프로스트와 계약한 것을 알게 된 뒤 크게 분노하며 F1을 떠나 미국의 인디카에 도전하겠다고 선언했습니다.

많은 사람이 혹독한 경쟁의 무대 인디카에 적응하지 못하리라 생각했지만, 만셀은 1993시즌 인디카 월드시리즈 챔피언에 올라 회의론자들의 입을 다물게 했습니다. 윌리암스가 슬픔과 혼란에 빠진 1994시즌 세나의 죽음으로 인한 충격을 극복하는 데 도움을 주려고 잠시 F1에 복귀한 만셀은, 시즌 최종전에서 우승하며 여전한 투지와 스피드를 잘 보여줬습니다.

그는 1995시즌 맥라렌과 계약했지만, 경쟁력이 전혀 없는 레이스카를 확인하고 의욕을 잃을 수밖에 없었습니다. 두 차례 그랑프리에 출전해 실망스러운 레이스를 펼친 만셀은 맥라렌과의 결별과 함께 F1 커리어 역시 마무리했습니다. 나이젤 만셀은 다시는 자신이 정복했던 F1 챔피언십 무대에 나서지 않았습니다.

1990년대

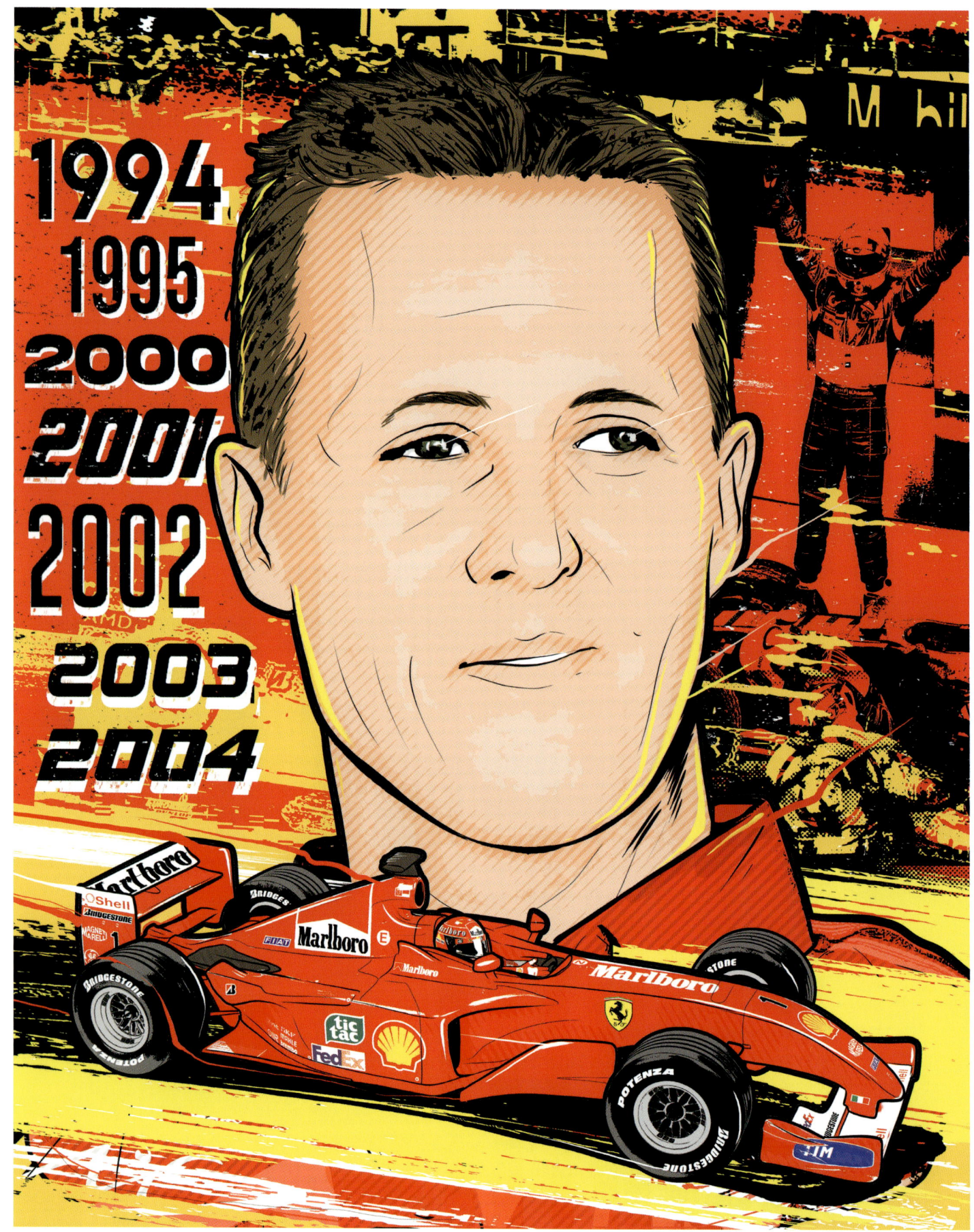

레이스 306 /// 우승 91 /// 포디엄 155 /// 폴 포지션 68 /// 패스티스트 랩 77

# MICHAEL SCHUMACHER

《《 미하엘 슈마허 · 7회 챔피언 》》

미하엘 슈마허는 드라이빙 스타일과 팀 운영 방식을 재정립해 F1을 완전히 다른 모습으로 탈바꿈시킨 드라이버입니다. 그는 독일은 물론 전 세계에서 사랑받는 영웅으로 떠올랐고, 페라리와 F1에 다시 활기를 불어넣으며 세계적인 아이콘이 되었습니다. 1969년 독일 쾰른 근처에서 태어난 미하엘 슈마허는 어린 시절 레이싱에 입문해 독일과 유럽 카트 무대에서 여러 차례 챔피언 타이틀을 차지했습니다. 독일 F3 챔피언의 자리에 오른 뒤에는 메르세데스와 함께 스포츠카 레이싱 무대에서 활약하기도 했습니다. 1991 벨기에 그랑프리에서 에디 조단이 자기 팀에서 뛸 대체 드라이버가 필요했을 때, 젊은 드라이버 중 가장 빠르다고 평가받던 독일인이 최선의 선택이 되었습니다. 슈마허는 퀄리파잉 7위의 성적으로 사람들을 놀라게 했고, 경기 직후 발 빠르게 움직인 베네통이 바로 풀 타임 F1 드라이버 계약을 제시했습니다. 슈마허는 첫 풀 시즌이었던 1992시즌 벨기에 그랑프리에서 데뷔 첫 승을 거뒀습니다.

1994시즌 슈마허는 최종전까지 윌리암스의 데이먼 힐과 치열하게 경쟁했고, 마지막 호주 그랑프리에서 챔피언이 결정되는 상황이 펼쳐졌습니다. 레이스 중반 트랙을 벗어나 방호벽과 충돌한 슈마허는, 부서진 차로 트랙에 복귀하며 선두로 나서려는 힐을 가로막았습니다. 두 차는 충돌했고, 두 타이틀 경쟁자 모두 리타이어했습니다. 결국 슈마허가 첫 번째 F1 월드 드라이버 챔피언 타이틀을 차지했지만, 논란의 여지가 많았던 것만은 분명합니다.

1995시즌 슈마허의 베네통은 무적이었고, 독일 드라이버는 두 번째 챔피언 타이틀을 손에 넣었습니다. 그러나, 슈마허는 자신이 절정의 기량을 발휘할 수 있을 때 페라리를 왕좌에 앉히겠다고 결심했고, 몇 년 뒤 페라리에서 자신의 꿈을 현실로 만들었습니다. 적응을 위해 1996시즌을 보낸 뒤, 1997시즌 페라리의 붉은 레이스카는 타이틀 경쟁에 나서기 시작했습니다. 다시 한번 슈마허의 경쟁자는 윌리암스였는데, 이번에도 시즌 최종전에서 타이틀이 결정되는 상황이었습니다. 그는 또다시 경쟁자에게 돌진했지만, 이번에는 고의로 충돌을 일으켰다는 판단으로 슈마허의 시즌 성적 전체가 실격 처리됐습니다. 1999시즌에는 영국 그랑프리에서 다리가 부러진 뒤 시즌 절반을 결장하기도 했습니다.

그의 전설이 본격적으로 시작된 것은 2000시즌이었습니다. 2000시즌부터 5년 연속으로 F1 월드 드라이버 챔피언 타이틀을 독식한 미하엘 슈마허는, 그동안 무려 48승을 거뒀습니다. 아무도 슈마허와 페라리를 막을 수 없었습니다. 이전까지 그 어떤 드라이버도 팀의 중심인물이 되거나 의사 결정에 핵심적인 역할을 하지 못했지만, 슈마허는 엔지니어들과 밤낮없이 함께 작업하며 조금이라도 성능을 개선하기 위해 노력했습니다. 슈마허는 2006시즌을 끝으로 은퇴를 선언해 사람들을 놀라게 했지만, 2010시즌을 맞이하며 메르세데스와 함께 복귀해 독일을 대표하는 매뉴팩쳐러가 F1에서 자리 잡는 데 큰 도움을 줬습니다. 그러나, 다른 많은 드라이버의 복귀 사례처럼 슈마허 역시 과거의 영광을 재현하지는 못했고, 복귀 후 58차례의 그랑프리 중 단 한 번 포디엄에 오르는 데 그쳤습니다. 결국 몇 년 뒤 팀이 이룩할 큰 성공의 씨앗을 심었던 슈마허는, 두 번째이자 마지막 은퇴 선언과 함께 F1을 떠났습니다.

얼마 뒤 비극적인 소식이 전해졌습니다. 2013년 12월 휴가 기간에 스키를 즐기던 중, 큰 사고를 당한 슈마허가 머리를 크게 다쳤다는 소식이었습니다. 이후 슈마허는 한 번도 공개석상에 모습을 드러내지 않았고, 그의 건강 상태에 대한 정보는 지금까지도 거의 알려지지 않았습니다. 알려진 것은 그가 스위스에서 가족과 함께 조용히 생활하고 있다는 것뿐입니다. 역사상 가장 위대한 드라이버 중 한 명으로 평가받으며 F1의 모습을 완전히 바꿔버린 미하엘 슈마허는 눈부신 성공의 기록을 남겼습니다. 월드 드라이버 챔피언십 7회, 포디엄 피니시 155회, 패스티스트 랩 77회, 폴 포지션 68회, 그리고 놀라운 91승이 슈마허가 남긴 기록들입니다. 미하엘 슈마허는 F1 그 자체였습니다.

레이스 115 /// 우승 22 /// 포디엄 42 /// 폴 포지션 20 /// 패스티스트 랩 19

# DAMON HILL

《《 데이먼 힐 · 1회 챔피언 》》

데이먼 힐은 최초로 아버지에 이어 F1 월드 챔피언의 자리에 오른 드라이버입니다. 그의 성공은 강한 의지와 끊임없는 노력, 그리고 '힐'이라는 이름을 가진 가족의 명예를 지키겠다는 각오에서 비롯되었습니다. 힐은 역사상 가장 위대한 드라이버 중 한 명을 물리치며 F1의 역사에 자기 이름을 남겼고, 그의 세대에 가장 사랑받는 드라이버 중 한 명으로 기억됩니다.

1960년 두 차례 월드 챔피언 타이틀을 차지한 그레이엄 힐의 아들로 태어난 데이먼 힐은, 가족 모임에 F1의 유명 인사가 자주 얼굴을 비추는 것처럼 여러모로 모터스포츠와 밀접한 환경에서 성장했습니다. 그러나, 15세의 어린 나이에 아버지 그레이엄 힐이 비행기 사고로 세상을 떠나면서, 데이먼 힐과 가족은 큰 충격을 받은 것은 물론 경제적으로도 매우 어려운 상황에 놓였습니다.

힐은 빨리 어른이 되어 가족의 생계를 책임져야 했지만, 레이싱의 매력을 완전히 뿌리치지는 못했습니다. 그는 아버지가 사용해 유명해진 디자인의 헬멧을 착용하고 21세에 모터싸이클 레이싱 커리어를 시작했고, 싱글-시터 레이싱으로 전향한 뒤 가능성을 보여줬습니다. 후원자를 구하지 못해 어려움을 겪은 힐은, 자신의 기량을 제대로 증명할 기회조차 얻지 못했습니다. 그러나, 윌리암스의 창립자 프랭크 윌리암스가 그의 잠재력을 알아봤고, 데이먼 힐에게 테스트 드라이버 계약을 제시했습니다.

1992시즌 힐은 윌리암스의 리저브 드라이버 자리를 지키는 동안 경쟁력이 없는 브라밤을 통해 F1 데뷔전을 치렀고, 1993시즌에는 알랑 프로스트의 팀메이트로 윌리암스에서 풀 시즌 시트를 차지하는 큰 도약을 이뤘습니다. 힐은 자신이 개발 과정에 기여했던 레이스카와 함께 세 차례 F1 그랑프리에서 우승을 차지했고, 이어진 1994시즌 팀메이트 아일톤 세나가 비극적으로 세상을 떠난 뒤에는 윌리암스의 리더가 되어 팀을 이끌어야 하는 중책을 맡았습니다. 힐은 1994시즌 최종전까지 미하엘 슈마허와 치열한 경쟁을 펼쳤지만, 단 1포인트 차이로 챔피언 타이틀 획득에 실패했습니다. 이어진 1995시즌에도 힐은 슈마허에 이어 드라이버 챔피언십 2위에 머물렀습니다.

그러나, 1996시즌은 달랐습니다. 힐은 이미 인디카에서 스타의 반열에 오른 뒤 F1에 데뷔한 팀메이트 자끄 빌너브와 라이벌이 되었고, 시즌 절반에 해당하는 여덟 차례 그랑프리에서 우승을 차지하며 마침내 F1 월드 드라이버 챔피언의 자리에 올랐습니다. 놀랍게도 힐이 챔피언 타이틀을 놓고 한창 경쟁하는 동안, 윌리암스는 이미 다음 시즌 그와 계약을 갱신하지 않기로 결정한 상태였습니다. 디펜딩 챔피언이면서도 새 팀을 찾아야 했던 힐은, 조건에 맞는 팀을 찾지 못해 어려움을 겪다가 최하위권 팀인 애로우즈와 계약했습니다. 애로우즈와 같은 최하위권 팀에서 어떤 성공을 기대하는 사람은 없었지만, 힐은 1997 헝가리 그랑프리에서 마지막 순간 기어박스에 이상이 생기기 전까지 큰 격차로 선두를 달리는 놀라운 모습을 보여주기도 했습니다.

1998시즌 에디 조단의 팀으로 이적한 데이먼 힐은 벨기에 그랑프리에서 팀에게 첫 F1 그랑프리 우승을 선물했습니다. 그러나, 1999시즌 F1에 대한 열정이 식었음을 느낀 힐은, 가족과 함께 더 많은 시간을 보내기 위해 시즌 종료 직후 은퇴를 선언했습니다. 평범한 삶으로 돌아왔을 때 힐은 오랫동안 겪었던 많은 고난과 비극, 특히 자신의 아버지이자 영웅이었던 그레이엄 힐의 죽음이 남긴 큰 상처를 처음으로 제대로 마주하며 우울증에 빠졌습니다. 치료 과정에서 깊은 성찰을 통해 자신을 이해한 경험은 그를 현대 F1 해설자 중 가장 흥미롭고 존경할 만한 인물로 만들었습니다. 모두의 사랑을 받았던 데이먼 힐은 아버지의 유산을 이어받으며 '힐 가문의 F1 이야기'에서 마지막 장을 아름답게 장식했습니다.

1990년대

레이스 163 /// 우승 11 /// 포디엄 23 /// 폴 포지션 13 /// 패스티스트 랩 9

# JACQUES VILLENEUVE

《 자끄 빌너브 · 1회 챔피언 》

전설적인 드라이버 질 빌너브의 아들 자끄 빌너브가 아버지의 발자취를 따른 것은 어찌 보면 당연해 보입니다. 그러나, 아버지의 죽음은 아들에게 모터스포츠가 위험하다는 사실을 각인시켰고, 젊은 시절의 자끄는 아버지의 유산을 이용해 기회를 얻는 대신 자신만의 길을 개척하겠다고 결심했습니다. 그의 커리어가 시작된 것은 아버지가 이룬 업적의 그늘을 벗어나거나, 반대로 사람들이 빌너브라는 이름에 기대하는 것에 부응하려는 것이 아니었습니다. 빌너브는 자신이 해야만 하기 때문이 아니라, 할 수 있었기 때문에 모터스포츠 세계에 뛰어들었습니다.

1971년 캐나다 퀘벡에서 태어난 자끄 빌너브는 아버지의 레이스를 따라다니며 성장했습니다. 이 때문에 자연스럽게 어린 시절부터 레이싱에 관심을 보였지만, 1982년 아버지가 세상을 떠난 직후 레이싱을 멀리하게 된 것 역시 자연스러운 반응이었습니다. 그러나, 계속된 트랙의 부름이 점점 그의 마음을 사로잡았고, 빌너브는 어머니의 축복을 받으며 모터스포츠에 입문했습니다. 그는 처음부터 잠재력과 가능성을 보여줬지만, 사람들이 기대했던 것만큼은 아니었습니다. 자끄는 경쟁자들에 비해 부족한 자신의 능력을 메꾸는 것은 물론 더 완벽해지기 위해 계속 노력했고, 살룬 카, 스포츠카 레이싱, F3와 포뮬러 애틀랜틱 등 다양한 무대에서 경험을 쌓았습니다. 1994시즌 그는 인디카에 진출해 데뷔 시즌부터 한 차례 우승을 기록했고, 공격적인 드라이빙 스타일과 직설적인 발언으로 팬들에게 강렬한 인상을 남겼습니다. 1995시즌 자끄 빌너브는 인디 500에서 우승한 데 이어, 인디카 시리즈 챔피언 타이틀을 획득해 슈퍼스타가 되었습니다.

1990년대 들어 인디카에서 F1으로 진출하는 드라이버가 많지 않았지만, 윌리엄스는 빌너브의 퍼포먼스에 깊은 인상을 받은 뒤 데이먼 힐의 팀메이트 자리를 제안했습니다. 자끄 빌너브는 1996시즌 데뷔전에서 폴 포지션을 차지했고, 레이스에서도 오일 누출 문제가 생기기 전까지 선두를 지켰습니다.

빌너브는 윌리엄스가 기대했던 것만큼의 경쟁력을 보여주며 자신의 가치를 증명했습니다. 1996시즌 팀메이트 데이먼 힐과 월드 챔피언십 경쟁을 펼치며 2위를 차지했고, 1997시즌에는 페라리의 미하엘 슈마허와 시즌 내내 접전을 펼쳤습니다. 최종전까지 이어진 경쟁 끝에 자끄 빌너브는 아버지가 이루지 못했던 업적을 성취하며, 마침내 F1 월드 드라이버 챔피언 타이틀을 차지했습니다.

그러나, 이어진 1998시즌 윌리엄스의 퍼포먼스는 실망스러웠고, 빌너브는 1999시즌 윌리엄스를 떠나 그의 매니저가 이끄는 신생팀 BAR로 이적했습니다. 그는 몇 차례 뛰어난 드라이빙으로 시선을 끌기도 했지만, 다섯 시즌 동안 단 한 번도 포디엄에 오르지 못했습니다. 2003시즌을 끝으로 F1 커리어가 끝난 것처럼 보였던 빌너브는 2004시즌 르노 소속으로 세 차례 그랑프리에 출전했고, 2005시즌에는 자우버와 계약해 풀 시즌 시트를 확보했습니다. 그러나, 2006시즌까지 이렇다 할 성과가 없었고, 자끄 빌너브는 화려했던 시작과 대비되는 안타까운 모습으로 F1 커리어를 마감했습니다.

F1 은퇴 이후 자끄 빌너브는 어쿠스틱 락 앨범을 녹음하고 시장에 내놓기도 했지만, 모터스포츠 세계에서 멀리 떨어져 있기만 했던 것은 아니었습니다. 그는 NASCAR와 브라질 스톡카, 포뮬러 E, 르망 24시간 등 다양한 무대에서 레이스에 나섰고, 현재까지도 레이스를 계속하고 있습니다. 그는 여전히 모터스포츠의 '트리플 크라운'을 달성할 가능성이 있는 몇 안 되는 드라이버 중 한 명이기도 합니다.

1990년대

레이스 161 /// 우승 20 /// 포디엄 51 /// 폴 포지션 26 /// 패스티스트 랩 25

# MIKA HÄKKINEN

《《 미카 하키넨 · 2회 챔피언 》》

1990년대 가장 빠른 드라이버 중 한 명인 미카 하키넨은 놀랄 만큼 뛰어난 재능으로 엄청난 역경을 딛고 월드 챔피언 타이틀을 차지하며 F1의 정점에 선 드라이버입니다. 솔직하고 충직했던 하키넨은 따뜻하고 장난기 많은 성격으로 경쟁자들 모두에게 존경받는 드라이버였습니다. 미하엘 슈마허의 가장 큰 라이벌이었고, 일곱 차례 챔피언 타이틀을 차지한 F1의 황제가 가장 존중했던 드라이버가 바로 하키넨입니다.

1968년 핀란드에서 태어난 하키넨이 다섯 살이 되었을 때, 그의 부모가 처음으로 하키넨을 카트 트랙으로 인도했습니다. 비록 사고를 경험하기는 했지만, 하키넨은 레이싱의 매력에 푹 빠져들었습니다. 그의 부모는 부유하지 않았지만, 가능한 모든 것을 끌어모아 아들에게 첫 카트를 사줬습니다. 하키넨은 다양한 카트 챔피언십에서 타이틀을 차지하며 부모의 헌신에 보답했습니다. 1982 월드 챔피언 케케 로스버그가 매니저가 되어 그의 싱글-시터 진출을 도왔고, 하키넨은 포뮬러 포드와 포뮬러 오펠을 정복한 뒤 1990년에는 영국 F3에서도 챔피언의 자리에 올랐습니다.

하키넨은 1991시즌 팀 로터스를 통해 F1에 데뷔했습니다. 당시 로터스는 1960년대와 1970년대 최강팀의 그림자에 불과했고, 퀄리파잉을 통과해 레이스에 출전하는 것조차 쉽지 않았습니다. 그러나, 타고난 재능과 인내심을 눈여겨본 윌리암스와 리지에 등이 그를 영입하려 했고, 로터스는 뛰어난 드라이버를 보내주고 싶지 않았습니다. 결국 많은 논쟁과 법적 다툼이 이어졌고, 이들 중 누구도 싸움에서 원하는 것을 얻지 못했습니다. 하키넨 영입 경쟁의 승자는 맥라렌이었습니다.

1993시즌 테스트 드라이버로 맥라렌에서의 커리어를 시작한 하키넨은, 시즌 중반 마이클 안드레티가 팀을 떠난 뒤 주전 드라이버가 될 기회를 얻었습니다. 그는 첫 퀄리파잉부터 팀메이트 아일톤 세나를 앞서 사람들을 놀라게 했고, 두 번째 레이스에서는 처음으로 포디엄에 올랐습니다. 하키넨은 맥라렌이 고전을 면치 못한 1994시즌과 1995시즌에도 팀을 이끌며 포디엄 피니시 8회를 기록했습니다. 그러나, 1995시즌 최종전 호주 그랑프리에서 타이어 펑처가 불러온 사고로 목숨을 잃을 뻔한 하키넨은, 빠르게 회복해 다음 시즌 문제없이 엔트리에 이름을 올렸습니다. 1996시즌 여러 차례 포디엄 피니시에 성공한 하키넨은 1997시즌 자신의 첫 승을 거두는 데 성공했습니다.

모든 준비가 완벽했던 1998시즌, 8승을 거둔 하키넨은 페라리의 슈마허를 꺾고 F1 월드 드라이버 챔피언 타이틀을 차지했습니다. 이어진 1999시즌에도 5승을 거둔 하키넨은 2년 연속 챔피언 타이틀 획득에 성공했습니다. 그는 2000시즌 세 번째 타이틀을 노리며 경쟁에 나섰고, 스파-프랑코샹에서는 슈마허와 백마커 존타를 한꺼번에 추월하며 F1 역사상 가장 위대한 추월 장면을 연출하기도 했습니다. 그러나, 최전성기의 기량을 뽐냈음에도 불구하고, 슈마허와 페라리의 강력한 조합을 넘지 못한 하키넨은 챔피언십 2위에 만족해야 했습니다.

2001시즌은 미카 하키넨의 마지막 시즌이었습니다. 3년에 걸쳐 계속된 치열한 타이틀 경쟁 이후 동기부여와 레이스에 대한 열정이 이전 같지 않았고, 가족이 늘어나면서 사고에 대한 두려움도 커졌습니다. 2001 미국 그랑프리에서 자신의 마지막 우승을 기록한 하키넨은 2002시즌 한 시즌 동안 휴식을 선언했는데, 안식년 선언은 결국 은퇴로 이어졌습니다. DTM에서 세 시즌 동안 활약하기도 했지만, F1 그랑프리에는 다시 출전하지 않았습니다.

레이스 201 /// 우승 1 /// 포디엄 32 /// 폴 포지션 2 /// 패스티스트 랩 4

# JEAN ALESI

**《 장 알레시 》**

그랑프리에서 더 많은 우승을 기록한 드라이버는 아주 많습니다. 월드 챔피언십에서 더 높은 순위를 차지했던 드라이버도 많습니다. F1의 왕좌에 더 가까이 다가간 드라이버 역시 적지 않습니다. 그러나, 순수한 재능과 기량 면에서 장 알레시를 확실히 앞선 드라이버 역시 많지 않습니다. 만약 상황이 달랐다면, 감정이 풍부하고 널리 사랑받았던 프랑스와 시칠리아 혈통의 드라이버가 여러 차례 F1의 정상에 올랐을지도 모릅니다.

1964년 태어난 알레시는 비교적 늦은 나이인 16세에 카팅에 입문했고, 1983년이 되어서야 카 레이싱으로 전향했습니다. 1987년 프랑스 F3 챔피언의 자리에 오른 알레시는, 1989년 포뮬러 3000 챔피언 타이틀을 획득했습니다. 그는 1989시즌 계약 문제로 드라이버 라인업에 공백이 생긴 티렐을 통해 F1 데뷔 기회를 얻었고, 데뷔전에서 레이스 중반 2위까지 오르는 선전을 펼친 끝에 4위를 차지했습니다. 티렐은 바로 18개월 계약을 제시했고, 알레시는 포뮬러 3000과 병행하며 F1 커리어를 시작했습니다.

처음으로 F1에서 풀 시즌을 보낸 1990시즌, 알레시는 반년 만에 팀의 리더가 됐습니다. 시즌 개막전에서 25랩 동안 선두를 달렸고, 당시 압도적 최강자였던 맥라렌의 아일톤 세나를 오랫동안 막아내며 전설적인 챔피언과 팽팽한 대결을 펼쳤습니다. 그는 이 경기에서 2위로 포디엄에 올랐고, 모나코 그랑프리에서도 다시 한번 2위를 차지했습니다. 이런 성과 덕분에 1990시즌 중반 거의 모든 상위권 팀이 알레시 영입 경쟁에 나섰고, 알레시는 중요한 결정을 내려야만 했습니다.

알레시가 선택한 것은 윌리암스였지만, 계약 체결 후에도 발표를 미루는 팀의 의도에 대해 의심하기 시작했습니다. 결국 알레시는 수상한 윌리암스 대신 자신의 이탈리아 혈통까지 고려했을 때 더 매력적이었던 페라리로 이적했습니다. 그러나, 윌리암스가 챔피언 타이틀을 연달아 획득하는 동안, 페라리는 경쟁력 없는 레이스카로 가장 어려운 시기를 보냈습니다. 그는 페라리에서 다섯 시즌 동안 활동하며 팀에게 큰 의미가 있는 27번 레이스카를 몰았지만, 레이스카의 성능 부족에 불운까지 겹치면서 이탈리아 팀 소속으로 단 1승을 거두는 데 그쳤습니다. 알레시는 2001시즌까지 F1 무대에 남아 있었지만, 페라리에서의 1승이 커리어에서 가장 빛나는 순간이었습니다.

만약 알레시가 윌리암스와 맺었던 계약을 유지했다면 어땠을까요? 1991시즌의 FW14와 1992시즌의 FW14B는 F1 최강의 레이스카였고, 당시 알레시는 젊은 시절의 나이젤 만셀보다도 젊고 강한 상위호환의 드라이버로 평가받고 있었습니다. 이런 상황을 고려하면 그가 최소 한 번의 월드 챔피언 타이틀, 혹은 두 번 이상의 타이틀을 차지했을지도 모릅니다. 자신의 마음이 가리키는 길을 선택했던 알레시는, 재능을 통해 얻은 레이스 결과와 챔피언 타이틀 대신, 그의 따뜻한 성격과 인품이 불러온 팬들의 인기와 사랑을 얻었습니다.

1990년대

# 그 밖에 최고의 드라이버들 : 1990년대

### 게하르트 베르거

그랑프리에서 통산 10승, 포디엄 피니시 48회의 기록을 남긴 게하르트 베르거는 맥라렌과 페라리에서 맹활약한 드라이버입니다. 그는 팀과 팬 모두에게 많은 사랑을 받았고, 1980년대와 1990년대를 아우르며 14시즌 동안 F1 챔피언십에서 경쟁했습니다. 챔피언 타이틀을 차지하기에는 모든 것이 맞아떨어지는 경우가 없었지만, 언제나 경쟁력만큼은 충분하다는 평가를 받으며 두 차례 챔피언십 3위를 차지했습니다. 게하르트 베르거와 아일톤 세나는 1990년대 F1에서 가장 깊은 우정을 나누며 장난기 넘치는 행동이나 농담을 자주 나눴던 것으로도 유명합니다.

### 리카르도 파트레제

리카르도 파트레제는 1977시즌 그랑프리에 출전하기 시작했고, 1970년대 후반과 1980년대 전체를 관통하며 F1 커리어를 이어갔습니다. 그의 전성기는 1980년대가 끝나고 1990년대에 들어설 무렵 찾아왔는데, 1989시즌과 1991시즌에는 챔피언십 3위에 오르기도 했습니다. 특히, 나이젤 만셀의 팀메이트로 활약한 1992시즌에는 커리어 최고의 시즌을 보내며 F1 월드 챔피언십 2위를 차지했습니다. 통산 6승을 기록한 파트레제는 F1 역사상 처음으로 200경기와 250경기에 출전한 드라이버가 되었고, 1993시즌을 끝으로 은퇴한 뒤에는 패독에서 많은 사랑을 받는 유명 인사가 되었습니다.

## 하인츠-하랄드 프렌첸

미하엘 슈마허와 같은 세대의 드라이버였던 하인츠-하랄드 프렌첸은 월드 챔피언 7회에 빛나는 슈마허와 마찬가지로 메르세데스 프로그램을 통해 커리어를 시작했습니다. 그는 1994시즌 자우버를 통해 F1에 데뷔해 깊은 인상을 남겼습니다. 윌리엄스는 1997시즌을 앞두고 데이먼 힐의 대체자로 독일 출신의 프렌첸을 영입했고, 그는 윌리엄스와 함께 한 첫 시즌 챔피언십 2위에 올랐습니다. 프렌첸이 자신의 진가를 발휘한 것은 소형 팀 조단으로 이적한 1999시즌이었는데, 그는 최강의 맥라렌과 페라리에 맞서 타이틀 경쟁을 이어간 끝에 F1 월드 드라이버 챔피언십 3위에 오르는 기염을 토했습니다.

## 에디 어바인

자신의 데뷔전에서 백마커가 되었던 에디 어바인은 선두 아일톤 세나를 추월하고 스스로 리드 랩에 복귀하며 깊은 인상을 남겼습니다. 이 사건에 분노한 브라질 드라이버는 북아일랜드 출신 루키에게 주먹을 날리기도 했습니다. 어바인은 파티를 즐기는 화려한 사생활로도 유명했지만, 종종 트랙에서 F1 최강의 드라이버들에게 조금도 밀리지 않는 강력한 퍼포먼스로 경쟁하기도 했습니다. 그는 1996시즌 미하엘 슈마허의 팀메이트로 페라리에 영입되었고, 1999시즌 슈마허가 다리 부상으로 시즌 대부분 경기에 결장했을 때 챔피언 타이틀 도전 기회를 얻었습니다. 시즌 4승을 거둔 에디 어바인은 아쉽게 타이틀을 놓쳤지만, 1999시즌 F1 월드 챔피언십을 2위로 마감했습니다.

## 지오반나 아마티

이탈리아에서 태어난 지오반나 아마티는 부유한 가정에서 태어났지만, 10대 시절 유괴범에게 납치되어 75일 동안 나무 우리에 갇혀 지내야 했습니다. 부모님이 몸값을 지불한 뒤 풀려난 아마티는 강한 정신력과 자신감으로 끔찍한 경험을 극복해 냈고, 자신의 꿈을 좇아 레이싱에 입문했습니다. 경쟁하는 모터스포츠의 카테고리 단계를 조금씩 끌어올린 그녀는 마침내 F1 챔피언십에 출전할 기회를 얻어냈습니다. 아마티는 1992시즌 브라밤 소속으로 세 차례 F1 챔피언십 그랑프리의 퀄리파잉에 나섰는데, 아쉽게도 모두 퀄리파잉 통과에 실패해 레이스에는 나서지 못했습니다. 이후 그녀의 대체자가 된 데이먼 힐 역시 첫 다섯 경기 동안 퀄리파잉 통과에 실패할 만큼 당시 브라밤은 경쟁력이 없었습니다. F1까지 진출한 아마티는 큰 아픔을 딛고 일어선 회복의 이야기로 사람들에게 많은 영감을 주었고, 지금까지 F1 챔피언십 그랑프리 퀄리파잉에 출전한 마지막 여성 드라이버로 기록되어 있습니다.

# 1990년대의 거인들

**윌리암스**

1990년대는 윌리암스의 시대였습니다. 영국 팀은 이 기간 다섯 차례 컨스트럭터 타이틀을 차지했고, 모든 경쟁자의 도전 대상이 되었습니다. 프랭크 윌리암스와 패트릭 헤드가 팀을 이끌었고, 전설적인 디자이너 애드리안 뉴이가 지휘하는 기술 부문에서는 레이스카의 한계를 계속 끌어올렸습니다. 1990년대 초반에는 천재적인 엔지니어 패디 로를 영입했고, 1992시즌 각종 전자 장비와 액티브 서스펜션을 완벽하게 조합해 무적의 FW14B를 완성했습니다. 이 기간 윌리암스 드라이버가 네 차례 타이틀을 차지했고, 1992시즌, 1993시즌, 1994시즌, 1996시즌, 1997시즌까지 모두 다섯 차례 윌리암스가 컨스트럭터 챔피언의 자리에 올랐습니다. 그러나, 윌리암스도 성공한 다른 팀들이 자주 겪던 문제에서 예외가 아니었고, 최강 전력을 구성하던 주요 인력이 차례로 팀을 떠났습니다. 결국 1990년대 초반 항상 정상권에 머물렀던 윌리암스는, 1990년대 종반에는 전력이 크게 약화되고 타이틀 경쟁에서 멀어졌습니다.

**맥라렌**

맥라렌은 1990년대의 시작과 끝만 본다면 분명 가장 앞서 있었지만, 1990년대 중반에는 여러 차례 엔진을 바꾸는 혼란 속에 고전을 면치 못했습니다. 강력한 혼다 엔진과 아일톤 세나의 활약으로 1990시즌과 1991시즌 연속으로 챔피언 타이틀을 차지하며 1990년대를 기분 좋게 시작한 맥라렌은, 혼다의 철수 이후 1993시즌 포드를 새 엔진 파트너로 선택했습니다. 맥라렌은 포드 엔진과 함께 5승을 거뒀지만, 당시 F1을 지배하기 시작한 윌리암스를 넘어설 수 없었습니다. 결국 세나가 윌리암스로 이적했고, 맥라렌과 포드의 동행은 1년 만에 끝났습니다. 푸조 엔진마저 1년 만에 포기한 맥라렌은 1995시즌 메르세데스와 손을 잡은 뒤 안정을 되찾기 시작했고, 이후 애드리안 뉴이가 합류하면서 모든 것이 완벽하게 맞아떨어졌습니다. 1997시즌이 끝날 무렵부터 경쟁력을 회복했고, 1998시즌에는 미카 하키넨과 맥라렌 모두 월드 챔피언의 자리에 올랐습니다. 하키넨은 1999시즌에도 드라이버 챔피언 타이틀을 방어했지만, 1990년대의 마지막 컨스트럭터 챔피언 타이틀은 전력이 급상승한 페라리에게 내줬습니다.

**베네통**

플라비오 브리아토레가 팀을 이끌기 시작한 뒤, 베네통은 빠르게 F1 최고의 팀 중 하나로 성장했습니다. 이탈리아 출신 사업가 브리아토레는 모두에게 사랑받는 타입과 거리가 멀었고, F1 주변 사람들은 아웃사이더에게 의심의 눈길을 보냈습니다. 그러나, 브리아토레는 어떻게 해야 결과를 만들 수 있는지 잘 알고 있었고, 뛰어난 인재로 팀을 구성해 경쟁자들과 싸워 이겼습니다. 브리아토레가 팀을 맡은 첫 시즌이었던 1990시즌 베네통은 3승과 함께 컨스트럭터 챔피언십을 3위로 마쳤습니다. 1991시즌은 만족스럽지 않았지만, 이 시기 로스 브런을 영입해 팀 전력을 강화했습니다. 브런은 강력한 레이스카를 개발하고 기발한 전략으로 팀의 혁신을 이끌었습니다. 미하엘 슈마허와 함께 그랑프리 우승 횟수가 점점 늘어났고, 1994시즌에는 월드 챔피언십에 도전할 수 있었습니다. 1994시즌 베네통 B194는 규정을 어기고 트랙션 컨트롤을 사용한다는 의혹을 받았지만, 이런 주장을 뒷받침할 증거가 부족했습니다. 이런 논란과 함께 2경기 출전 정지, 두 차례의 실격 등 수많은 난관에도 불구하고 미하엘 슈마허는 F1 드라이버 챔피언 타이틀을 획득했습니다. 1995시즌에는 슈마허의 두 번째 드라이버 타이틀과 함께 베네통 역시 F1 월드 컨스트럭터 챔피언 타이틀을 차지했습니다. 그러나, 슈마허는 1995시즌 이후 페라리로 이적했고, 로스 브런과 수석 디자이너 로리 번 등 핵심 인력들까지 팀을 옮긴 뒤 베네통은 이전과 같은 전력을 보여주지 못했습니다. 팀을 이끌던 브리아토레는 자리에서 물러났고, 1990년대 종반의 베네통은 가끔 포인트 획득에 만족하는 중위권 팀으로 전락했습니다.

## 페라리

스쿠데리아는 알랭 프로스트와 함께 치열한 타이틀 경쟁을 펼치며 1990년대를 시작했고, 최종전에서 아쉽게 아일톤 세나에게 승리를 내줬습니다. 이후 맥라렌과 윌리암스가 상승세를 이어간 반면, 페라리와 프로스트의 성적은 계속 하락했습니다. 불화를 겪던 프로스트를 해고한 페라리의 성적은 추락했고, 1993년까지 푸죠 랠리 팀을 이끌던 장 토드를 영입한 뒤에야 겨우 안정을 되찾기 시작했습니다. 그는 오랜 시간을 투자해 구조조정을 계속하면서 이사회와 레이스 팀 사이에 보이지 않는 장벽을 만들었고, 유능한 고급 인력을 영입해 각자의 영역을 책임지게 했습니다. 이를 통해 토드는 작은 일에 매몰되는 대신, 시야를 넓혀 큰 흐름을 파악할 수 있었습니다. 1996시즌에는 베네통으로부터 미하엘 슈마허를 영입했고, 이어서 로스 브런과 로리 번까지 영입하며 '드림 팀'을 구성했습니다. 모두가 각자의 영역에서 탁월한 능력을 발휘한 드림 팀은 무적의 조합이었습니다. 슈마허는 1997시즌부터 다시 타이틀 경쟁에 나서기 시작했고, 1999시즌에는 다리 부상으로 많은 레이스에 출전하지 못했음에도 페라리의 컨스트럭터 챔피언 타이틀 획득에 공헌했습니다. 그러나, 페라리의 최전성기는 이제 막 시작되려는 참이었습니다.

## 조단

드라이버로 짧게 활동했던 에디 조단은 1980년대에 F3 팀을 성공적으로 운영하며 이름을 널리 알렸고, 1991년 자신이 만든 팀을 F1 챔피언십에 진출시켰습니다. 게리 앤더슨이 디자인한 조단 191은 동시대에 가장 아름다운 레이스카로 평가받았고, 트랙 위에서도 준수한 성능으로 강렬한 인상을 남겼습니다. 조단은 1994시즌 첫 폴 포지션과 첫 포디엄 피니시를 기록했고, 1990년대 후반에는 강팀들을 위협하는 다크호스로 자리 잡았습니다. 1998시즌 첫 승을 거둔 데 이어 1999시즌에는 하인츠-하랄드 프렌첸이 2승을 거두며 드라이버 챔피언십 경쟁에 나서기도 했습니다. 조단은 비록 실버스톤에 본부를 둔 작은 팀에 불과했지만, 에디 조단이라는 매력적인 오너와 함께 전 세계 F1 팬들로부터 많은 사랑을 받았습니다.

## 리지에

프랑스에서 럭비 선수로 활동했던 기 리지에는 1976년 마트라의 자산을 인수하면서 자신의 F1 팀을 출범시켰습니다. 리지에는 1980년대에 여러 차례 F1 그랑프리에서 우승했지만, 1980년대 말에는 어려운 시기를 보냈습니다. 1992시즌과 1993시즌에는 어느 정도 경쟁력을 보여준 리지에가 예상 밖의 좋은 성적을 거뒀고, 1996 모나코 그랑프리에서 올리비에 파니스가 잊을 수 없는 우승을 차지하기도 했습니다. 그러나, 1996시즌이 끝난 뒤 알랭 프로스트가 리지에를 인수했고, 1997시즌 프로스트 그랑프리라는 이름으로 팀이 재탄생하면서 리지에라는 이름은 역사 속으로 사라졌습니다. 리지에는 F1 월드 챔피언십에서 통산 9승을 거뒀고, 포디엄 피니시 50회의 준수한 기록을 남겼습니다.

## 스튜어트

스튜어트 그랑프리가 F1 챔피언십에 출전한 세 시즌 동안 포디엄 피니시 5회를 기록했고, 그중에는 한 차례의 그랑프리 우승도 포함되어 있습니다. 재키 스튜어트 경의 아들 폴 스튜어트는 오랫동안 자신의 F3 팀을 운영했는데, 1997년에 아버지와 힘을 합치고 포드와 파트너십을 체결하면서 F1에 진출했습니다. 데뷔 시즌부터 포디엄 피니시를 기록한 스튜어트는 1998시즌은 다소 고전하며 한 번도 포디엄에 오르지 못했습니다. 그러나, 1999시즌의 스튜어트는 꾸준히 포인트를 획득했고, 루벤스 바리첼로는 세 차례나 포디엄에 올랐습니다. 뉘르부르크링에서 펼쳐진 유러피언 그랑프리에서는 조니 허버트가 팀의 유일한 우승을 기록하기도 했습니다. 스튜어트는 1999시즌 이후 포드에 매각되어 재규어 브랜드의 F1 팀이 되었고, 몇 년 뒤 디트리히 마테시츠가 이 팀을 인수해 레드불 레이싱이 탄생했습니다.

# 1990년대 최고의 레이스

## 1993 유러피언 그랑프리

1990년대와 2000년대의 유러피언 그랑프리는 거의 매년 유럽 각지에서 펼쳐지던 레이스 이벤트에 붙여진 이름이었습니다. 1993 유러피언 그랑프리는 영국의 도닝턴 파크에서 개최됐는데, 도닝턴 파크는 공략이 까다로우면서 추월이 어려운 것으로도 악명이 높았습니다. 그러나, 변덕스러운 영국 날씨와 아일톤 세나의 경이로운 드라이빙이 조화를 이루면서, 1993시즌의 레이스는 역사상 가장 위대한 경기 중 하나가 되었습니다. 1993 유러피언 그랑프리는 치열한 우승 경쟁이 펼쳐졌기 때문이 아니라, 위대한 챔피언이 전성기의 기량으로 무결점의 레이스를 펼친 사례로 높게 평가받아야 마땅합니다.

각종 전자 장비와 드라이버 에이드가 유행하던 시기, 맥라렌은 시대의 흐름에 뒤처져 있었습니다. 경쟁력이 떨어지는 포드 엔진의 맥라렌은 당대 최강의 윌리암스-르노 패키지와 비교해 분명한 열세에 놓여있었습니다. 그러나, 비가 내리는 1993년 5월의 어느 주말 연휴 기간에, 세나는 압도적인 퍼포먼스를 보여주며 그의 F1 커리어에서 가장 소중하게 기억될 드라이빙을 보여줬습니다.

세나는 퀄리파잉에서 오랜 라이벌 알랑 프로스트의 윌리암스에 1.5초 이상 뒤졌고, 레이스를 4그리드에서 출발해야 했습니다. 웻 컨디션의 트랙 위에서 레이스가 시작된 직후, 프로스트와 힐까지 두 명의 윌리암스, 칼 벤들링거의 자우버, 미하엘 슈마허의 베네통이 5위로 밀려난 세나의 앞에서 달리고 있었습니다. 그러나, 세나는 먼저 슈마허를 추월한 뒤, 코너 바깥쪽을 멋지게 공략해 바로 벤들링거까지 추월했습니다. 힐의 윌리암스를 여유롭게 넘어선 뒤에는 프로스트의 안쪽을 파고들면서 단 한 바퀴만에 선두로 올라섰고, 두 번째 랩이 시작됐을 때 그의 사이드미러에 보이는 것은 물보라뿐이었습니다.

세나는 18랩째 슬릭 타이어로 교체했는데, 이후 비가 내릴 때와 그칠 때를 완벽하게 판단하며 모두 다섯 번 핏 스탑을 진행했습니다. 반면, 윌리암스는 혼란의 도가니에 빠졌습니다. 힐은 여섯 차례의 핏 스탑을 거친 뒤 세나와 같은 리드 랩에서 레이스를 마친 유일한 드라이버가 되었고, 프로스트는 핏 스탑 7회를 기록했습니다. 윌리암스가 고전을 면치 못하는 동안, 눈부신 활약을 펼친 드라이버가 많았습니다. 조단 소속의 루벤스 바리첼로는 한 때 2위로 달리는 역주를 펼쳤고, 71랩째 레이스카의 문제로 리타이어하기 전까지 4위를 달렸습니다. 팀 로터스의 조니 허버트는 열악한 레이스카의 성능에도 불구하고, 비가 내리는 동안 슬릭 타이어로 주행하는 놀라운 능력을 보여주었습니다. 11그리드에서 레이스를 시작했던 허버트는 결국 바리첼로가 놓친 4위를 차지했습니다. 리카르도 파트레제와 파브리치오 바르바차가 5위와 6위로 레이스를 마쳤는데, 마지막 1포인트를 차지한 바르바차는 소형 팀 미나르디 소속으로 자신의 F1 데뷔 후 첫 포인트 획득에 성공했습니다.

그러나, 이날의 주인공은 단연 아일톤 세나였습니다. 비록 트랙션 컨트롤의 도움을 받았다고는 하지만, 빗길에서의 차량 제어, 날씨를 읽는 감각, 정확한 타이어 선택, 웻 컨디션에서 슬릭 타이어로 고속 질주하는 모습은 다른 드라이버들과 차원이 다른 것이었습니다. 세나 본인이 생각하는 자신의 최고의 레이스는 다른 경기였지만, 많은 F1 팬이 세나의 커리어에서 최고의 레이스로 떠올리는 것 중 하나가 도닝턴 파크에서 펼쳐진 1993 유러피언 그랑프리였습니다. 세나는 레이스 스타트부터 체커드 플랙이 휘날릴 때까지 아무도 범접할 수 없는 존재였고, 경쟁자에게는 그와 경쟁할 기회조차 주어지지 않은 완벽한 레이스였습니다.

**2000년대는 새로운 그랑프리와 팀의 등장과 함께 F1의 덩치가 커지면서 스타 드라이버들이 가장 밝게 빛난 시대였습니다.** 주요 자동차 제조사가 F1의 잠재력에 주목하며 독립 팀과 협력하거나 직접 팀을 인수하는 방법으로 챔피언십에 참가했습니다. 레이스카 개발에 끝없이 자금을 투입하는 매뉴팩쳐러의 등장으로 무한 지출 경쟁이 펼쳐졌고, 거의 10년 이상 비제조사 팀이 챔피언 타이틀에 근접하지 못하는 시기가 이어졌습니다. 그러나, 2009시즌 마치 동화 속에나 있을 것 같은 믿을 수 없는 일이 펼쳐지면서 새 밀레니엄의 첫 번째 10년이 마무리되었습니다.

2000년대 초반은 붉은색, 더 정확히 말하자면 '로쏘 코르사'가 지배했습니다. 장 토드가 이끄는 스쿠데리아 페라리는 F1 챔피언십에서 역사상 전례가 없는 압도적인 모습을 보여줬고, 2000년대 초반의 다섯 시즌 87회의 그랑프리에 출전해, 57승과 함께 미하엘 슈마허의 5회 연속 월드 드라이버 챔피언 타이틀 획득이라는 전무후무한 기록을 남겼습니다. 페라리는 컨스트럭터 챔피언십에서도 6년 연속 챔피언의 자리에 올랐습니다. 2000시즌부터 2004시즌까지 드라이버가 슈마허가 아니거나 페라리 소속이 아니라면 우승 가능성이 거의 없었던 셈입니다.

그러나, 이렇게 기울어진 시기에도 3분의 1만큼의 그랑프리에서는 다른 팀의 다른 드라이버가 우승을 차지했습니다. 맥라렌은 언제나 페라리에게 가장 큰 위협이 되었고, 인디카에서 넘어와 여러 차례 슈마허의 간담을 서늘하게 만든 후안 파블로 몬토야의 윌리암스도 무시할 수 없었습니다. 미하엘 슈마허의 동생인 랄프 슈마허 역시 윌리암스에서 여러 차례 포디엄 정상에 올라 존재감을 드러냈습니다. 2003시즌부터 상위 8명이 포인트를 획득할 수 있는 새 규정이 도입되었습니다. 윌리암스의 엔진 파트너로 F1에 복귀했던 BMW는 자우버를 인수하며 직접 챔피언십에 뛰어들었고, 토요타는 2002시즌부터 F1에 출전했습니다. 2006시즌에는 혼다가 BAR을 인수해 엄청난 화제를 모으며 챔피언십에 합류했습니다. 엔진 공급자로만 활약하던 르노는 베네통을 인수해 프랑스 매뉴팩쳐러의 F1 복귀를 알렸습니다. 돌아온 플라비오 브리아토레와 그의 젊은 드라이버 페르난도 알론소는 마침내 페라리의 독주를 막았고, 2005시즌과 2006시즌 연속으로 챔피언 타이틀을 휩쓸었습니다.

2000년대 후반에는 메르세데스의 투자에 힘입어 경쟁력을 회복한 맥라렌이 르노와 페라리의 아성에 도전했고, 2007시즌 맥라렌의 루키 루이스 해밀턴은 이미 두 차례 챔피언의 자리에 오른 알론소와 팀메이트가 되었습니다. 2007시즌 내내 논란이 끊이지 않았던 맥라렌은, 페라리의 기밀 자료를 전달받은 사실이 밝혀진 뒤 1억 달러의 벌금과 함께 모든 포인트를 박탈당하기도 했습니다. 같은 해 페라리 이적 후 첫 시즌을 보낸 키미 라이코넨은 F1 월드 드라이버 챔피언의 자리에 올랐고, 페라리 역시 컨스트럭터 챔피언 타이틀을 되찾았습니다.

2008시즌 맥라렌의 해밀턴은 최종전 마지막 코너에서 극적인 추월에 성공해, 페라리의 마싸를 제치고 드라이버 챔피언 타이틀을 차지했습니다. 그러나, 2008시즌 컨스트럭터 챔피언십에서는 페라리가 타이틀을 방어했고, 이 타이틀은 오늘날까지 페라리가 차지한 마지막 챔피언 타이틀로 남아 있습니다.

규정 변화 면에서도 2000년대는 흥미로운 시기였습니다. 트랙션 컨트롤의 사용을 완벽하게 감시하거나 통제하기 어렵다고 판단한 FIA는, 2001시즌부터 TCS를 허용하기 시작했습니다. 트랙션 컨트롤은 표준 ECU가 도입된 2008시즌에 다시 금지되었습니다. 이 시기 천문학적인 비용 증가로 소규모 팀들이 어려움을 겪기 시작했고, 그랑프리 주말마다 하나의 엔진만 사용할 수 있도록 하는 규정이 도입됐습니다. 엔진 사용량 제한과 함께 규정을 벗어난 엔진 사용에 대한 페널티도 처음으로 도입됐습니다.

비용 절감을 위한 또 다른 노력으로 엔진 사양이 동결되어 개발이 중단되었지만, 이후 엔진 형식이 V10에서 V8 바뀌었을 때 개발 비용 부담이 다시 한번 큰 문제로 떠올랐습니다. 이런 비용 문제와 신뢰도 문제를 어느 정도 완화하기 위해, 허가받은 소형 팀들은 엔진 형식 변경 이후에도 몇 년 동안 출력을 낮춘 V10 엔진을 사용할 수 있었습니다. 안전 측면에서는, 사고가 일어났을 때 드라이버의 머리와 헬멧의 움직임을 제한해 두뇌 손상이나 경추 골절 가능성을 줄이는 HANS가 도입되어 의무화된 것이 2000년대의 가장 큰 변화였습니다. 이 시기 슬릭 타이어는 더 이상 슬릭이 아니었습니다. 1970년대 이후 처음으로 드라이 컨디션 전용 타이어에 홈이 추가된 그루브 타이어가 사용되었고, 그립을 제한해 결과적으로 레이스카의 속도를 낮췄습니다.

한동안 공기역학적 성능과 관련된 개발은 거의 통제받지 않았고, 2000년대 중반에는 레이스카의 거의 모든 부분에 다운포스를 최대한 확보하기 위한 작은 날개와 부품이 부착되기도 했습니다. 2007시즌 F1의 타이어 공급을 한 회사가 독점하기 시작하면서, 레이스에서 단단한 프라임 타이어와 더 부드러운 옵션 타이어를 모두 사용해야 한다는 규정이 처음 도입됐습니다. 2009시즌 규정 변경은 레이스카의 형태를 크게 바꿔놓았습니다. 대다수의 에어로파츠 부착이 금지되었고, 리어 윙은 높고 좁게, 프론트 윙은 낮고 넓은 형태로 바뀌었습니다. 슬릭 타이어가 다시 도입됐고, 엔진 회전수는 18,000rpm으로 제한됐습니다. KERS(운동 에너지 복원 시스템)라는 완전히 새로운 시스템이 도입되면서, 브레이킹 중 유실될 수 있는 에너지를 회수해 동력으로 재사용할 수 있게 되었습니다.

2000년대의 첫 번째 10년이 지날 무렵, 몇 년 동안 부진한 성적을 기록하며 이렇다 할 성과를 내지 못한 주요 매뉴팩쳐러들은 레이스 프로그램을 재검토하기 시작했습니다. 2009시즌에 대비해 막대한 투자를 했던 혼다는 2008시즌이 끝난 뒤 갑작스럽게 F1 철수를 발표했습니다. 당시 혼다의 팀 수석이었던 로스 브런은 팀의 F1 출전 자격을 단 1파운드에 매입했고, 혼다 F1 팀 직원의 고용을 승계하면서 메르세데스 엔진을 확보해 자신의 이름을 딴 F1 팀 브런GP를 설립했습니다. 브런GP는 처음이자 단 한 번뿐이었던 F1 출전 시즌에 기적을 만들었습니다. 데뷔전부터 폴 포지션과 우승을 차지한 젠슨 버튼은, 시즌이 끝났을 때 F1 월드 드라이버 챔피언이 되어 있었습니다. 브런GP 역시 F1 컨스트럭터 챔피언 타이틀을 차지했습니다. 다른 한편에서는 국제 금융 위기 속에 주요 매뉴팩쳐러들이 챔피언십에 계속 참가할지 고민하는 가운데, 토요타와 BMW가 F1 철수를 선택했습니다. 매뉴팩쳐러가 지배했던 10년이 지나고, 2010년대에는 다시 비제조사 팀들이 부상하는 시대가 기다리고 있었습니다.

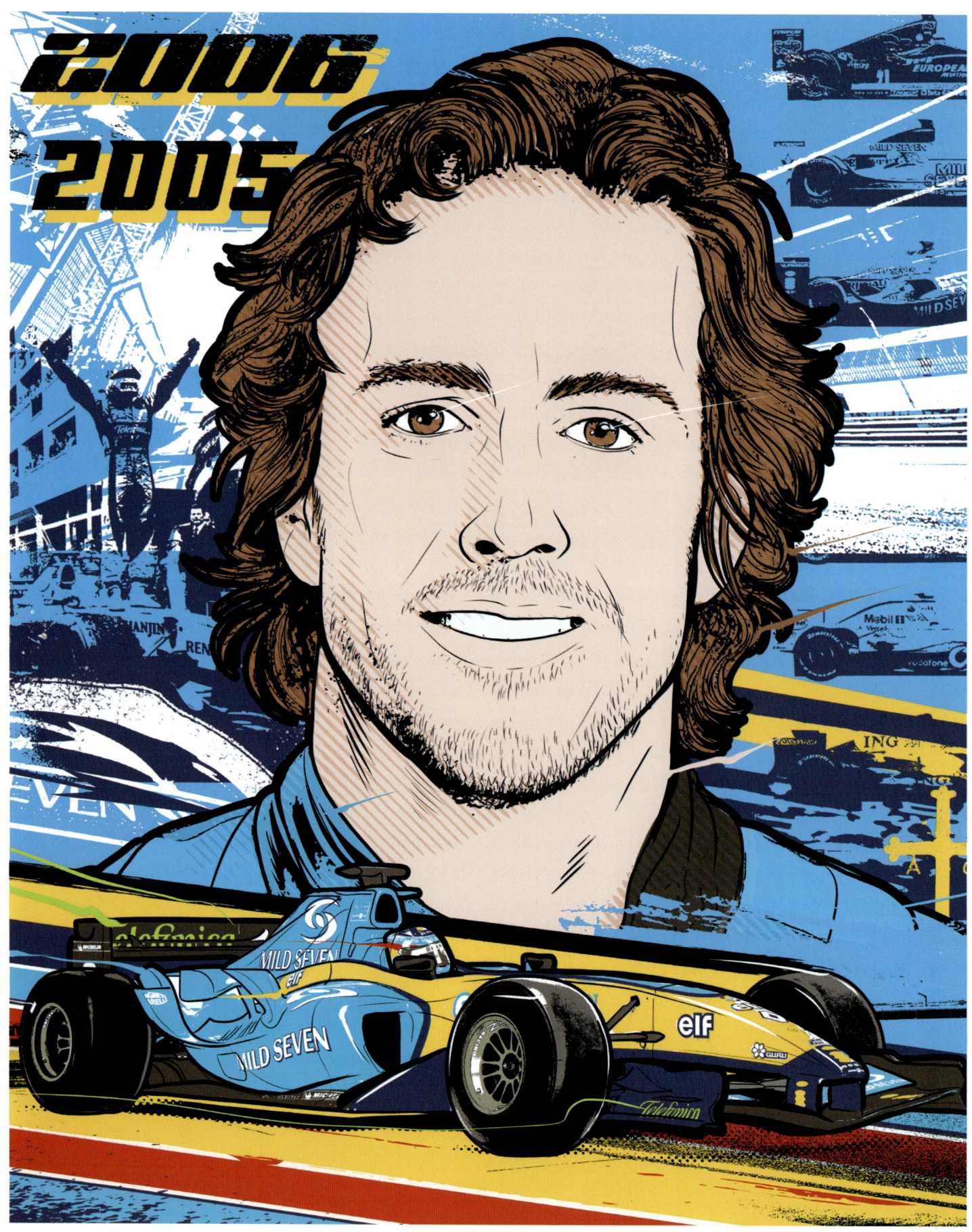

/// 현역 드라이버 ///

# FERNANDO ALONSO

《《 페르난도 알론소 · 2회 챔피언 》》

처음으로 F1 그랑프리에서 우승할 당시, 페르난도 알론소는 최연소 그랑프리 우승자였습니다. 알론소는 두 시즌 동안 F1 무대를 휩쓸며 슈마허 시대의 막을 내린 주인공이었지만, 여러 차례 논란에 휩싸이는 가운데 잘못된 팀 선택이 반복되며 세 번째 타이틀에서 점점 멀어졌습니다. 잠시 은퇴를 선언했던 알론소는, F1의 매력을 포기하지 못하고 40세의 나이에 챔피언십에 복귀했습니다.

1981년 스페인 오비에도에서 태어난 알론소는 아버지가 누나를 위해 만들어줬던 수제 카트와 함께 처음으로 레이싱을 경험했습니다. 남매 중 스피드의 스릴에 빠져든 것은 어린 페르난도였고, 동생은 5세의 나이에 카트 라이센스를 획득했습니다. 알론소는 빠르게 상위 카테고리로 진출했습니다. 여러 카트 챔피언십에서 챔피언 타이틀을 차지한 뒤 17세에 싱글-시터에 도전했고, 첫 번째 시즌이었던 1999 닛산 챔피언십에서 바로 챔피언 타이틀을 차지했습니다. 알론소는 인터내셔널 F3000을 거쳐 2001시즌 19세의 나이에 미나르디를 통해 F1에 데뷔했습니다. 최약체 팀에서 포인트는 획득하지 못했지만, 데뷔 시즌의 알론소는 빠른 속도와 헌신적인 노력으로 패독에 깊은 인상을 남겼습니다. 르노의 팀 보스였던 플라비오 브리아토레가 알론소의 매니저가 된 뒤, 스페인 드라이버는 프랑스 팀의 테스트 드라이버로 2002시즌을 보냈습니다. 2003시즌 르노의 풀 타임 시트를 확보한 알론소는 포디움 피니시 4회를 기록했고, F1 데뷔 후 처음으로 그랑프리 우승도 기록했습니다. 이어진 2004시즌에도 포디움 피니시 4회를 추가한 알론소는 그의 커리어 최고의 시즌이 될 2005시즌을 준비했습니다.

페르난도 알론소는 2005시즌 F1 챔피언십을 완전히 지배하며 7승을 거뒀고, 2006시즌에도 같은 승수를 기록하며 2년 연속 챔피언의 자리에 올랐습니다. 레이스 모든 부분에서 탁월했던 알론소는, F1에서 가장 용감하고 타고난 재능이 돋보이는 드라이버로 여겨졌습니다. 그러나, F1의 복잡한 정치 게임에서만큼은 알론소도 어려움을 겪었습니다. 더블 챔피언의 화려한 이력과 함께 2007시즌 맥라렌으로 이적했지만, 그곳에서 루키 팀메이트 루이스 해밀턴은 그가 예상한 것보다 훨씬 강한 도전이 되었습니다. 결국 맥라렌에서 단 한 시즌만을 보낸 알론소는 르노로의 복귀를 선택했습니다.

이후 프랑스 팀에서 보낸 두 시즌은 성공과 거리가 멀었고, 2010시즌 페라리로 이적을 선택하며 다시 한번 챔피언 타이틀 도전에 나섰습니다. 그러나, 다섯 시즌 동안 세 차례나 챔피언십 2위에 머무르면서, 알론소와 페라리는 모두 인내심을 잃었습니다. 그는 충격적인 맥라렌 복귀를 선언했지만, 예전의 영광과 거리가 먼 영국 팀의 전력은 다시 한번 알론소를 좌절시켰습니다.

2018시즌을 끝으로 F1 은퇴를 선언한 알론소는 토요타 소속으로 WEC에 출전했고, 르망 24시간 우승과 함께 WEC 챔피언의 자리에 올랐습니다. 그는 다카르 랠리에 참가하기도 했고, 인디 500에 출전해 모터스포츠의 트리플 크라운에 도전했습니다. 2021시즌 알론소는 갑자기 F1 복귀를 선언했고, 과거의 르노였던 알핀에서 두 시즌을 보낸 뒤 이번에는 애스턴마틴으로 이적했습니다. 2023시즌 41세가 된 알론소는 나이가 든 만큼 더 성숙한 모습을 보였고, 여러 차례 포디움에 오르며 20년 전 젊은 시절 못지않은 놀라운 기량을 다시 보여줬습니다.

이제 알론소는 F1 역사상 가장 경험 많은 드라이버가 되었고, 그가 얼마나 오래 F1에 머물면서 얼마나 많은 것을 성취하게 될지 알 수 없습니다. 여전히 경쟁력을 보여주고 있는 월드 챔피언 알론소에게는 아직 끝이 보이지 않습니다.

레이스 349 /// 우승 21 /// 포디엄 103 /// 폴 포지션 18 /// 패스티스트 랩 46

# KIMI RÄIKKÖNEN

《《 키미 라이코넨 · 1회 챔피언 》》

2001시즌 자우버가 임시로 슈퍼 라이센스를 받아내 키미 라이코넨을 서둘러 F1에 데뷔시킨 일은, 그가 어린 시절부터 보여줬던 놀라운 잠재력을 설명하는 가장 좋은 사례입니다. 한 시대의 현상이 된 그의 커리어에는 흥미로운 성공담과 안타까운 좌절의 이야기가 함께 담겨있습니다. 때로는 모든 세계 위에 군림할 것처럼 보였지만, 때로는 무한한 재능을 가지고도 운명적인 종착점에 도달하지 못할 것처럼 느껴지기도 했습니다. 그러나, 그는 결국 F1에서 가장 위대한 팀에서 월드 챔피언의 왕좌에 올랐습니다.

1979년 핀란드의 헬싱키 근교에서 태어난 라이코넨은 세 살 때부터 미니 모터크로스 바이크를 몰면서 스피드에 대한 애정을 키우기 시작했습니다. 열 살 때부터 카팅에서 뛰어난 재능을 보여줬고, 열여덟 살이 되었을 때 병역의무를 수행하면서 싱글-시터 레이싱 커리어를 시작했습니다. 이후 포뮬러 르노에서 20회의 레이스에 출전해 13승을 거두며 두 차례 챔피언 타이틀을 차지했습니다.

자우버가 주최한 테스트에서 깊은 인상을 남긴 라이코넨은, 단 23회의 오픈-휠 레이스 경력만으로 자우버와 계약해 2001시즌 F1에 데뷔했습니다. 그는 레이스 시작 30분 전까지 잠을 잔 것으로 유명한 데뷔전에서 6위로 포인트를 획득하며 모두의 관심을 끌었습니다. 그의 꾸준한 성적에 주목한 맥라렌은, 같은 핀란드 출신의 미카 하키넨이 떠난 2002시즌 라이코넨을 영입했습니다.

말수가 적고 언론 노출을 극도로 싫어했던 라이코넨은, 곧 팬들에게 사랑받는 스타가 되었습니다. 라이코넨은 남을 신경 쓰지 않고 자신의 방식대로 행동했는데, 항상 솔직하고 자기 자신에게 절대적인 확신을 가지고 있는 모습은 레이스카에 올랐을 때도 크게 변하지 않았습니다. 그가 남긴 여러 팀 라디오 메시지는 전설이 되었고, 동의하지 않는 요구에는 짧고 단호하게 거부하는 것으로 유명했습니다. 과묵하고 때로는 변덕스럽다고 느껴질 수 있었지만, 실제로 라이코넨은 어떻게 하면 일을 재밌게 만들 수 있는지 아는 사람이었습니다. 그리고, 기회가 있을 때마다 생각한 것을 실천했습니다.

맥라렌으로의 이적은 라이코넨에게 여러 차례 그랑프리 우승을 가능하게 했지만, 다섯 시즌 동안 챔피언 타이틀 도전에서는 번번이 실패했습니다. 이 시기는 미하엘 슈마허와 페라리가 지배하는 것으로 시작해 알론소와 르노가 최강자로 떠오르는 것으로 마무리된 기간이었습니다. 모두가 그를 다음 챔피언 후보로 꼽는 가운데, 라이코넨은 은퇴 선언을 한 슈마허의 후임으로 지목되어 2007시즌 페라리에 합류했습니다. 2007시즌 최종전은 5승을 거둔 라이코넨과, 각각 4승을 기록하며 포인트에서 앞서 있던 맥라렌 소속 두 드라이버의 챔피언 타이틀을 놓고 펼치는 마지막 승부였습니다. 극적인 마지막 경기에서 시즌 여섯 번째 우승을 차지한 라이코넨은, 단 1포인트 차이로 맥라렌 듀오를 제치며 극적으로 F1 월드 드라이버 챔피언 타이틀을 차지했습니다.

이후에도 여러 레이스에서 우승했지만, 이전만큼 빛나는 스타성을 보여주지 못한 라이코넨은 2009시즌 종료 후 잠시 F1을 떠났습니다. 그는 랠리와 NASCAR 등의 무대에서 경쟁한 뒤, 2년 만에 다시 F1 무대에 복귀했습니다. 로터스 F1 팀에서 맹활약한 라이코넨은 이후 페라리로 복귀해 모두를 놀라게 했고, 이탈리아 팀에서 다섯 시즌을 더 보냈습니다. 비록 나이가 들면서 예전만큼의 기량을 보여주지는 못했지만, 그의 꾸준함과 여유로운 성격 덕분에 스쿠데리아의 주력 드라이버에게 가장 완벽한 팀메이트가 될 수 있었습니다. 라이코넨은 당시 알파로메오로 불린 자우버로 복귀한 뒤, 2021시즌까지 활약한 뒤 자신이 커리어를 시작한 팀에서 은퇴했습니다. 키미 라이코넨은 F1 역사상 타고난 스피드가 가장 빨랐던 드라이버 중 한 명으로 여겨지고 있으며, 현재까지도 페라리의 마지막 월드 챔피언으로 남아 있습니다.

2000년대

/// 현역 드라이버 ///

# SIR LEWIS HAMILTON

《《 루이스 해밀턴 · 7회 챔피언 》》

루이스 해밀턴 경은 화려한 배경 없이 어렵게 커리어를 시작했지만, 모터스포츠의 모든 단계를 차례로 정복하며 역사상 가장 위대한 드라이버가 되었습니다. 그는 단순하게 자신의 세대만을 대표하는 것이 아니라, F1 월드 챔피언이 이룩할 수 있는 한계를 다시 정의했습니다. 언제나 믿을 수 없을 만큼 뛰어난 드라이빙 스킬과 엄청난 속도를 보여줬고, 마음이 쓰이는 여러 가지 이슈를 위해 자신의 명성을 활용하는 방법 역시 잘 알고 있었습니다. 트랙 위에서 전설적인 존재가 된 해밀턴은 그의 F1 커리어를 통해 세계적인 아이콘이 되었습니다.

1985년 영국 스테버니지에서 태어난 해밀턴의 부모는 그가 두 살 때 이혼했고, 해밀턴은 열두 살 때부터 아버지와 함께 살았습니다. 그의 아버지는 아들의 카트 커리어를 유지하기 위해 동시에 세 가지 일을 하며 돈을 모아야 했습니다. 해밀턴은 열세 살 때 참가했던 한 시상식에서 맥라렌의 팀 보스 론 데니스를 만났고, 언젠가 그의 팀에서 달리고 싶다고 말했습니다. 이런 해밀턴의 태도에 깊은 인상을 받은 데니스는 맥라렌이 팀 차원에서 그를 재정적으로 지원하도록 했습니다. 해밀턴은 카트 무대에서 유러피언 챔피언십과 월드 챔피언십을 제패하며 이런 기대에 부응했고, 싱글-시터로 전환한 뒤에는 포뮬러 르노, F3, GP2 등에서 챔피언의 자리에 올랐습니다. 그리고, 맥라렌과 계약을 맺은 해밀턴은 2007시즌부터 F1에서 활약할 기회를 얻었습니다.

해밀턴은 데뷔전에서 포디엄 피니시에 성공했고, 여섯 번째 출전 경기에서 처음으로 우승을 차지했습니다. 루키로서 경험이 풍부하지는 않았지만, 팀메이트인 더블 챔피언 알론소와 대등하게 경쟁하며 종종 그를 앞서며 알론소를 불편하게 했습니다. 해밀턴은 루키 시즌에 단 1포인트 차이로 챔피언 타이틀을 놓쳤지만, 두 번째 시즌인 2008시즌에는 F1 월드 드라이버 챔피언의 자리에 올랐습니다. 그는 마지막 경기, 마지막 랩, 마지막 코너에서 그의 강한 의지를 보여주는 추월에 성공했고, 꼭 필요했던 1포인트를 추가하며 챔피언 타이틀을 차지할 수 있었습니다.

그러나, 맥라렌은 점차 쇠퇴했습니다. 해밀턴은 매 시즌 그랑프리 우승을 추가했지만, 네 시즌 동안 챔피언 타이틀과 인연이 없었습니다. 이때 해밀턴은 자신의 모든 커리어를 함께했던 맥라렌을 떠나 메르세데스로 이적하는 도박을 선택했습니다. 그리고, 이 도박은 그의 커리어에서 가장 뛰어난 선택이었습니다. 어린 시절 친구이자 카팅 시절의 팀 동료였던 니코 로스버그와 짝을 이룬 해밀턴은, 2010년대 새롭게 떠오르는 강팀의 중심이 되었습니다. 메르세데스의 우승 횟수가 늘어나고 챔피언십이 가까워지면서, 빨라지는 속도만큼 해밀턴과 로스버그의 관계도 악화됐습니다. 메르세데스 소속으로 로스버그가 한 차례 챔피언 타이틀을 차지했지만, 해밀턴은 나머지 시즌 모든 도전자를 물리치며 여섯 차례 챔피언 타이틀을 추가했습니다. 루이스 해밀턴은 최다 폴 포지션, 최다승, 최다 패스티스트 랩 등 F1 챔피언십의 역사를 다시 쓰는 수많은 신기록을 세웠습니다.

해밀턴은 레이싱을 계속하는 것과 별개로, 자신이 더 큰 역할을 해야 한다는 것을 깨달았습니다. 백인들만의 무대였던 모터스포츠에서 처음으로 두각을 나타낸 흑인 드라이버로서, 자신의 커리어를 힘들게 했던 추가적인 장벽을 기억했습니다. F1에는 겉으로 보기에 그와 비슷한 드라이버가 없었고, 그가 걸어왔던 것과 같은 험난한 길을 지나 성공한 경우도 많지 않았습니다. 해밀턴은 자신의 지위를 이용해 형평성과 다양성 면에서 모터스포츠가 실질적으로 변화할 수 있도록 노력했습니다.

루이스 해밀턴 경은 2025시즌부터 페라리로 이적한다는 충격적인 발표를 했습니다. F1에서 가장 큰 성과를 거둔 드라이버와 F1에서 가장 성공적이었던 팀의 조합은 모든 F1 팬에게 흥미로운 일이 아닐 수 없습니다.

레이스 306 /// 우승 15 /// 포디움 50 /// 폴 포지션 8 /// 패스티스트 랩 8

# JENSON BUTTON

**《《 젠슨 버튼 · 1회 챔피언 》》**

많은 드라이버가 '적절한 시기에 적절한 레이스카'를 얻지 못합니다. 그런 기회가 오더라도, 모든 것이 완벽하게 맞아떨어져 모터스포츠에서 가장 큰 영광을 차지한 경우는 많지 않습니다. 젠슨 버튼에게도 황금기는 단 한 시즌뿐이었고, 월드 챔피언 타이틀을 차지할 기회 역시 한 번뿐이었습니다. 그리고, 버튼은 이 기회를 놓치지 않았습니다.

1980년 영국 프롬에서 태어난 버튼은 부모가 이혼한 뒤 랠리크로스 드라이버로 명성을 쌓았던 아버지와 함께 살았습니다. 그는 아버지를 우상으로 삼았고, 어린 시절부터 레이스 출전을 꿈꿨습니다. 카트를 타기 시작한 직후 주변 사람들은 부전자전이라고 생각하기 시작했습니다. 18세에 싱글-시터 레이스에 뛰어든 버튼은 처음 출전한 포뮬러 포드 챔피언십에서 타이틀을 차지했고, 이듬해 영국 F3에서 최고의 루키로 평가받으며 챔피언십을 3위로 마쳤습니다. 여러 차례 F1 테스트에 나선 버튼은, 윌리엄스 팀과 계약한 뒤 2000시즌 F1 데뷔 후 두 경기만에 포인트 피니시에 성공했습니다.

데뷔 시즌 이후 두 시즌 동안 르노로 임대되었던 버튼은 2003시즌 BAR로 이적했습니다. 당시 젊고, 잘생겼으며, 재치 넘치는 버튼은 모든 팀의 홍보 담당자들에게 꿈의 드라이버였습니다. 물론 타블로이드지의 헤드라인에 오르내리며 사교생활을 즐기는 모습은 일부에서 '레이싱보다 파티에 관심이 있다'는 비판을 불러오기도 했습니다. 그러나, 그가 트랙 위에서 거의 힘을 들이지 않는 듯한 우아한 드라이빙으로 얼마나 빠르게 달릴 수 있는지에 대해 의심하는 사람은 없었습니다. 2004시즌과 2005시즌 버튼에게는 제법 빠른 레이스카가 있었지만, 그랑프리 우승과는 인연이 없었습니다. 이어진 2006시즌, 헝가리에서 변덕스러운 날씨가 변수를 만들어줬을 때, 기회를 잡은 버튼은 처음으로 F1 그랑프리에서 우승을 거뒀습니다.

하지만, 혼다가 BAR을 인수한 뒤 선보인 레이스카의 성능은 기대 이하였고, 버튼의 커리어 역시 급격한 내리막길을 걸었습니다. 혼다가 2008시즌 종료 후 F1 철수를 선언했을 때, 버튼의 커리어 역시 단 1승과 함께 끝날 것처럼 보였습니다. 그러나, 로스 브런이 혼다의 자산을 인수하면서 브런GP가 탄생했고, 버튼은 새 레이스카가 처음 트랙에 등장한 순간부터 자신의 시간이 왔음을 직감했습니다.

브런GP의 레이스카는 로켓처럼 빨랐고, 버튼은 시즌 첫 두 경기에서 폴 포지션과 우승을 독차지했습니다. 그는 시즌 초반 7개 그랑프리에서 6승을 거두며 챔피언십 선두를 질주했습니다. 비록 시즌 후반 경쟁자들이 브런GP를 따라잡았지만, 버튼이 시즌 초반 벌어둔 포인트는 충분했습니다. 결국 젠슨 버튼은 2009시즌 F1 월드 드라이버 챔피언의 자리에 올랐고, 브런GP 역시 컨스트럭터 챔피언 타이틀을 차지했습니다.

2010시즌 맥라렌으로 이적한 버튼은 영국 팀에서 일곱 시즌 동안 활약했습니다. 2011시즌에는 팀메이트 해밀턴을 제치고 챔피언십 2위를 차지했고, 맥라렌에서만 모두 8승을 거뒀습니다. 그는 2016시즌 종료 후 은퇴를 선언했고, 이후 일본 슈퍼 GT에 진출해 GT500 챔피언 타이틀을 차지했습니다. 2017 모나코 그랑프리에서는 임시로 단 한 차례의 복귀 경기를 치르기도 했습니다.

현재 젠슨 버튼은 아내와 아이들과 함께 미국에서 살고 있으며, 인기 있는 TV 해설자로도 활동하고 있습니다. 또한, 르망 24시간과 NASCAR를 포함한 다양한 레이스와 챔피언십에 출전하며, 여전히 레이싱에 대한 열정을 이어가고 있습니다.

2000년대

레이스 99 /// 우승 1 /// 포디엄 12 /// 폴 포지션 1 /// 패스티스트 랩 1

# ROBERT KUBICA

《 로버트 쿠비차 》

로버트 쿠비차의 이야기는 '만약 그랬다면'의 이야기입니다. F1 최초의 폴란드 드라이버였던 쿠비차는, 당대의 위대한 챔피언들이 가장 높게 평가하는 드라이버였습니다. 그러나, 그가 간신히 목숨을 건진 큰 사고가 모든 것을 바꿔놓았습니다.

1984년 태어난 쿠비차는 어린 시절부터 드라이빙에 애정을 갖기 시작했고, 열 살이 되어 챔피언십 출전 자격을 얻기 전까지 꾸준히 카트 드라이빙을 연습했습니다. 십대 초반 3년 동안 폴란드에서 여섯 개의 챔피언 타이틀을 획득한 쿠비차는, 이탈리아로 무대를 옮긴 뒤에는 자신의 카트 팀 차고 바닥에서 생활하며 경쟁을 계속했습니다. 그는 순수하게 레이싱만을 위해 살았고, 그의 세대에 가장 주목 받으면서 동시에 가장 존경받는 드라이버 중 한 명이 되었습니다.

그는 르노의 영 드라이버 프로그램에 발탁되면서 싱글-시터 레이싱에 입문했습니다. 이탈리아 포뮬러 르노 챔피언십을 2위로 마친 뒤, 2005년에는 르노 월드 시리즈에서 챔피언 타이틀을 차지했습니다. 주니어 포뮬러에서의 성공은 F1에 뛰어든 BMW의 관심을 끌었고, 2006시즌 쿠비차를 리저브 드라이버로 영입했습니다. 그는 시즌 중반 자끄 빌너브가 팀을 떠난 뒤 BMW 자우버의 정규 드라이버 시트를 차지했고, 데뷔전 퀄리파잉에서 팀메이트보다 앞서는 기염을 토했습니다.

쿠비차는 2007시즌 꾸준히 포인트를 기록했지만, 상승세가 한창일 때 펼쳐진 캐나다 그랑프리에서 시속 300km의 사고로 75G의 엄청난 충격을 받았습니다. 다행히 그는 단 한 경기만 결장한 뒤 복귀해 4위를 기록하며 사람들을 놀라게 했습니다. 2008시즌에도 BMW 자우버와 함께한 쿠비차는 페라리의 펠리페 마싸, 맥라렌의 루이스 해밀턴과 챔피언 타이틀 경쟁을 펼쳤고, 한때 챔피언십 선두에 나서기도 했습니다. 그는 전년도에 큰 사고를 겪었던 캐나다에서 처음이자 유일한 F1 그랑프리 우승을 차지했고, 바로 이 경기를 마쳤을 때 F1 월드 드라이버 챔피언십 1위 자리에 이름을 올렸습니다. 그러나, BMW는 2009시즌이 더 좋은 기회라 생각해 다음 시즌 레이스카 개발에 집중했고, 남은 시즌 쿠피차의 레이스카는 경쟁력을 잃었습니다.

기대와 달리 2009시즌 BMW 자우버는 실망스러운 성적을 거뒀고, 시즌이 끝난 뒤 BMW는 F1 철수를 선언했습니다. 자유계약 상태가 된 쿠비차는 2010시즌 르노를 선택했습니다. 르노에서 포디엄 피니시 3회를 기록한 쿠비차는 2012시즌 페라리 이적을 약속하는 사전 계약을 체결했지만, 결국 그의 커리어에서 가장 큰 기회는 찾아오지 않았습니다. 레이싱에 대한 열정이 넘쳤던 쿠비차는 종종 랠리 이벤트에 참가했는데, 2011년 2월 이탈리아 사르데냐 랠리에서 매우 큰 사고를 당했습니다. 그의 랠리카는 길을 벗어나 금속 가드레일과 충돌했고, 큰 충격과 함께 오른팔이 부분적으로 절단됐습니다. 다행히 팔을 잃지는 않았지만 회복 후에도 그의 오른팔은 이전처럼 자유롭지 않았고, 쿠비차의 레이싱 커리어 역시 끝난 것처럼 보였습니다.

놀랍게도 로버트 쿠비차는 2013년 WRC를 통해 최고 수준의 랠리 무대에 복귀했고, 이후 윌리암스의 부름을 받아 잠시 F1 챔피언십에 출전하기도 했습니다. F1을 은퇴한 쿠비차는 스포츠카 레이싱에 뛰어들었고, 2023시즌 WEC LMP2 클래스 챔피언의 자리에 올랐습니다. F1에서는 그의 재능에 걸맞은 성과를 얻지 못했지만, 루이스 해밀턴과 페르난도 알론소 등 정상급 F1 드라이버는 쿠비차를 가장 어려운 라이벌이라고 평가했습니다. 만약 운명이 그에게 다른 기회를 주었다면, 만약 2010년대 초반 페라리의 시트를 차지할 수 있었다면 어떤 결과가 나왔을지 궁금할 따름입니다.

# 그 밖에 최고의 드라이버들 : 2000년대

### 펠리페 마싸

펠리페 마싸는 2008시즌 30초 동안 챔피언이었습니다. 상파울루에서 펼쳐진 홈 그랑프리에서 피니시 라인을 통과하며 우승을 확정했을 때, 그는 챔피언 타이틀을 획득할 수 있는 포인트를 획득한 상황이었습니다. 그러나, 마지막 랩, 마지막 코너에서 순위가 바뀌어 루이스 해밀턴이 꼭 필요했던 1포인트를 추가하면서, 마싸의 챔피언 타이틀에 대한 꿈을 물거품으로 만들었습니다. 강한 의지가 돋보였던 브라질 드라이버는 2009시즌 기묘한 사고로 머리를 크게 다쳐 시즌 대부분 경기에 결장했고, 재활을 거쳐 F1에 복귀한 뒤로는 두 번 다시 챔피언 타이틀 경쟁에 나서지 못했습니다.

### 루벤스 바리첼로

루벤스 바리첼로만큼 많은 사람에게 널리 사랑받은 드라이버는 찾아보기 어렵습니다. 언제나 밝은 미소를 보였던 브라질 드라이버는 타고난 스피드로 모두에게 인정받았고, 이와 함께 꾸준하고 언제나 성실한 드라이버로도 유명했습니다. 페라리가 F1을 지배하던 시기에는 미하엘 슈마허의 충실한 세컨드 드라이버로 활약했고, 이 기간 페라리의 컨스트럭터 챔피언 타이틀 획득에 크게 공헌했습니다. 2009시즌에는 모두를 놀라게 한 브런GP의 챔피언 등극에도 바리첼로가 중요한 역할을 했습니다. 루벤스 바리첼로는 19시즌 동안 F1 챔피언십에서 활약한 뒤 미국 인디카에 진출했고, 2021년 브라질 스톡카로 무대를 옮긴 뒤 이듬해 챔피언 타이틀을 획득했습니다.

## 데이빗 쿨싸드

데이빗 쿨싸드는 아일톤 세나의 사망 사고라는 비극적인 상황 속에서, 공석이 된 윌리암스의 시트를 이어받으며 F1에 데뷔했습니다. 그러나, 쿨싸드는 단순한 대타 역할에 머무르지 않았고, 데뷔 직후부터 뛰어난 재능을 발휘해 성적을 내기 시작했습니다. 쿨싸드는 여러 차례 그랑프리에서 우승을 차지한 뒤, 미카 하키넨과 환상적인 짝을 이루며 맥라렌의 핵심 드라이버로 성장했습니다. 그는 1990년대와 2000년대까지 빛나는 활약을 펼쳤고, 2001시즌에는 미하엘 슈마허에 이어 챔피언십 2위라는 자신의 최고 성적을 거뒀습니다. 데이빗 쿨싸드는 초창기부터 팀의 틀을 잡고 미래의 성공을 준비하는 데 큰 역할을 한 레드불에서 F1 커리어를 마감했습니다.

## 후안 파블로 몬토야

인디카 챔피언이자 인디 500 우승자인 후안 파블로 몬토야는 인디카에서 F1으로 성공적인 전향에 성공한 마지막 드라이버입니다. 그는 21세기에는 보기 힘든 전형적인 올드-스쿨 드라이버로, 매우 공격적이면서도 과감한 드라이빙 스타일을 자랑했습니다. 마치 두려움을 느끼지 못하는 것처럼 보였던 몬토야는 F1 데뷔전부터 기존의 강자들에게 도전해 많은 사람을 놀라게 했고, F1 챔피언십의 최강자였던 미하엘 슈마허조차 여러 차례 당황스러워했습니다. 다른 시대였다면 몬토야가 월드 챔피언의 자리에 올랐을지도 모르지만, 그에게는 페라리가 완벽하게 지배하던 시기에 본격적인 경쟁에 나설만한 기회조차 주어지지 않았습니다. F1에서 활약한 기간이 5년 반에 불과하지만, 후안 파블로 몬토야는 당대 최고의 F1 드라이버 중 한 명으로 평가받았습니다.

# 2000년대의 거인들

## 페라리

페라리는 1990년대의 마지막을 월드 컨스트럭터 챔피언 타이틀 획득으로 장식했지만, 가장 원하던 드라이버 챔피언은 배출하지 못했습니다. 그러나, 2000년대 첫 번째 시즌에 오랜 염원이 달성됐습니다. 2000시즌 미하엘 슈마허가 페라리 소속으로는 조디 섹터 이후 21년 만에 F1 월드 드라이버 챔피언의 자리에 올랐고, 이를 시작으로 다섯 시즌 연속으로 드라이버 챔피언 타이틀을 차지했습니다. 페라리의 6시즌 연속 컨스트럭터 챔피언 타이틀 획득과 슈마허의 5연패는 이후 누구도 깨지 못할 기록처럼 보였습니다. 특히, 2002시즌에는 시즌 절반이 남은 6월 프랑스 그랑프리에서 슈마허의 챔피언 타이틀 획득을 확정하며, 챔피언십을 지배하는 압도적인 전력을 과시하기도 했습니다. 페라리는 2000시즌부터 2004시즌까지 85회의 그랑프리에 출전해, 포디엄 피니시 117회와 57승을 기록하며 F1의 역사를 새로 썼습니다. 이후 두 시즌 동안 르노와 알론소에게 왕좌를 내준 뒤, 2006시즌 종료와 함께 슈마허까지 은퇴를 선언하며 페라리의 시대가 일단락되는 듯했습니다. 그러나, 페라리는 곧 경쟁력을 되찾았고, 2007시즌 맥라렌으로부터 이적해 온 라이코넨이 곧바로 챔피언 타이틀을 차지하며 슈마허 시대의 영광을 이어갔습니다. 페라리는 누구도 부인할 수 없는 2000년대의 최강자였습니다.

## 르노

2000시즌 중 이미 베네통 인수를 결정했던 르노는, 2002시즌 공식적으로 F1 컨스트럭터로 챔피언십에 복귀했습니다. 프랑스 팀은 2003시즌 스페인의 젊은 드라이버 페르난도 알론소를 정규 드라이버로 내세우며 주목받기 시작했고, 알론소는 시즌 중반 F1 데뷔 첫 승을 기록하며 가능성을 보여줬습니다. 2004시즌부터 챔피언십 경쟁에 근접한 르노는 컨스트럭터 챔피언십 2위 싸움에서 아쉽게 패했지만, 2005시즌과 2006시즌에는 드디어 F1 뉴스의 헤드라인을 장식하는 팀이 되었습니다. 알론소와 팀메이트 지앙카를로 피지켈라의 활약과 함께 르노는 2년 연속 컨스트럭터 챔피언 타이틀과 드라이버 챔피언 타이틀을 모두 휩쓸었습니다. 그러나, 2008 싱가포르 그랑프리에서 알론소를 우승시키기 위해 세컨드 드라이버 넬슨 피케 주니어에게 고의로 사고를 일으키도록 명령한 사건으로 르노는 큰 논란을 일으켰습니다. 르노는 챔피언십에서 배제될 위기를 맞았고, 팀 보스였던 플라비오 브리아토레는 F1에서 퇴출당했습니다.

## 브런GP

1997 월드 챔피언 자끄 빌너브의 매니저 크레이그 폴락이 만든 BAR은 1999시즌 빌너브와 함께 F1 챔피언십에 뛰어들었습니다. 혼다의 지원을 받은 BAR은 2000년대 중반부터 포디엄에 자주 오르기 시작했고, 젠슨 버튼이 팀의 주력 드라이버로 활약했습니다. 2005시즌이 끝난 뒤 BAR을 인수한 혼다는 2006 헝가리 그랑프리에서 버튼과 함께 첫 승을 거뒀습니다. 그러나, 2007시즌부터 저조한 성적을 거둔 혼다는 2008시즌 종료 후 충격적인 F1 철수를 발표했고, 이미 2009시즌 규정 변경을 대비해 막대한 투자를 했던 혼다는 팀의 문을 닫는 대신 팀 수석이었던 로스 브런에게 자산을 매각했습니다. 이렇게 탄생한 브런GP는 규정의 허점을 파고든 더블-덱 디퓨저를 내세워 2009시즌 초반 압도적인 성적을 거뒀습니다. 시즌 후반 대형 팀들이 브런GP의 속도를 따라잡았지만, 젠슨 버튼과 브런GP는 챔피언십에서의 리드를 지켜내며 월드 챔피언 타이틀을 차지했습니다. 시즌이 끝난 뒤 브런GP는 메르세데스에 인수되었고, 브랙클리에 본부를 둔 팀의 믿을 수 없던 10년 동안의 여정은 화려하게 마무리됐습니다.

## 맥라렌

맥라렌은 2000년대 내내 꾸준히 경쟁력을 유지했지만, 2008시즌 이전까지 챔피언 타이틀과는 인연이 없었습니다. 애드리언 뉴이가 팀의 수석 디자이너로 활동하는 동안 설계했던 MP4/15부터 MP4/20까지의 레이스카는, 미카 하키넨, 데이빗 쿨싸드, 키미 라이코넨, 후안 파블로 몬토야 등 여러 드라이버와 함께 많은 그랑프리에서 우승을 차지했습니다. 그러나, 강력한 페라리를 상대로 맥라렌은 이전 세대만큼 큰 성공을 거두지 못했습니다. 2006시즌에는 뉴이가 레드불로 팀을 옮겼고, 맥라렌은 단 1승도 기록하고 시즌을 마감했습니다. 2007시즌에는 상황이 달라졌고, 페르난도 알론소와 루이스 해밀턴의 새로운 라인업을 갖춘 맥라렌은 MP4/23과 함께 챔피언십 경쟁에서 앞서 나갔습니다. 그러나, 두 드라이버 사이 경쟁이 과열되면서 서로의 포인트를 뺏고 뺏기는 상황이 연출됐고, 결국 페라리와 라이코넨이 챔피언 타이틀을 모두 가져갔습니다. 여기에 더해 맥라렌은 페라리의 디자인 기밀 자료를 입수한 사건으로 인해 챔피언십에서 제외되는 불명예까지 떠안아야 했습니다. 맥라렌과 해밀턴은 2008시즌 드라이버 챔피언 타이틀 획득에 성공했지만, 컨스트럭터 타이틀은 다시 한번 페라리에게 내줬습니다. 놀랍게도 맥라렌이 컨스트럭터 부문에서 챔피언 타이틀을 마지막으로 획득한 것은 1998시즌으로, 2023시즌까지 무려 25시즌 동안 맥라렌은 왕좌에 복귀하지 못했습니다.

## 윌리엄스

윌리엄스는 BMW와의 엔진 파트너십에 이어 신인 드라이버 젠슨 버튼의 영입으로 2000년대를 희망차게 시작했지만, 한동안 팀의 주력 드라이버로 활약한 랄프 슈마허가 대부분의 성적을 책임졌습니다. 버튼은 2001시즌 인디카 챔피언 후안 파블로 몬토야로 교체됐고, FW23은 윌리엄스를 컨스트럭터 챔피언십 3위에 올려놓으며 가능성을 보여줬습니다. 2002시즌 강력한 페라리를 상대한 몬토야는 일곱 차례 폴 포지션을 기록했고, 2003시즌에는 1990년대의 전성기 이후 챔피언 타이틀에 가장 근접하기도 했습니다. 2002시즌에 이어 2003시즌에도 윌리엄스는 챔피언십 2위를 차지했고, 몬토야는 최강의 미하엘 슈마허에 단 11포인트 뒤지면서 드라이버 챔피언십 3위에 올랐습니다. 그러나, BMW가 자우버를 인수하고 윌리엄스에 대한 엔진 공급을 중단한 뒤, 윌리엄스는 코스워스와 토요타 엔진을 차례로 거치면서 점차 경쟁력을 잃어갔습니다. 이후 윌리엄스는 2012시즌 이전까지 단 한 차례의 우승도 기록하지 못했습니다.

## BMW

BMW는 오랫동안 윌리엄스의 엔진 공급자로 여러 차례 우승을 기록하며 F1 챔피언십에서 명성을 얻었지만, 2000년대 초반 강력한 페라리에 맞서 고전을 면치 못했습니다. BMW가 자우버 팀의 지분을 인수하면서 상황은 크게 변했습니다. 2007시즌과 2008시즌은 모두 BMW 자우버에게 특별한 시즌이 되었고, 2008 캐나다 그랑프리에서 로버트 쿠비차가 전년도 사고의 아픔을 딛고 첫 우승을 차지하며 정점을 찍었습니다. BMW 자우버는 2008시즌 챔피언 타이틀 경쟁에 많은 투자를 할 수도 있었지만, 2009시즌 더 큰 도전에 투자를 집중하기로 결정했습니다. 그러나, 새로운 규정에 따른 신차의 성능은 기대에 미치지 못했고, 얼마 지나지 않아 BMW는 F1 철수를 결정했습니다.

## 토요타

토요타는 막대한 예산과 야심 찬 목표를 가지고 F1 무대에 뛰어들었고, 2002시즌 챔피언십에 처음 참가할 때부터 기존의 경쟁 구도를 무너뜨리면서 승자가 되겠다는 목표를 분명히 했습니다. 그러나, 사실상 무한에 가까운 자금을 투입하고 탁월하게 우수한 시설을 갖췄음에도 불구하고, 토요타는 목표에 가까이 다가가지 못했습니다. 8시즌 동안 13회의 포디엄 피니시와 우승이 없었다는 결과는 팀과 토요타가 다른 모터스포츠 무대에서 거둔 성공에 비하면 매우 초라한 성과였습니다. 2008년 금융 위기 이후 본사인 자동차 제조사가 사상 첫 적자를 기록하자, 명분이 생긴 토요타는 2009시즌을 끝으로 F1에서 철수했습니다. 현재 토요타는 랠리와 내구 레이싱에 집중하고 있으며, 이들 분야에서 훨씬 더 강한 경쟁력을 보여주는 가운데 여러 차례 챔피언 타이틀을 차지했습니다.

# 2000년대 최고의 레이스

## 2005 일본 그랑프리

2000년대 초반 F1은 여러 가지 퀄리파잉 포맷을 실험했고, 이 때문에 상위권 드라이버가 예상과 전혀 다른 그리드에 서는 경우가 많았습니다. 다양한 포맷들이 공통으로 집중했던 요소는, 각 드라이버가 트랙에서 다른 드라이버의 영향을 받지 않고 홀로 달리도록 하는 것이었습니다. 2005시즌에는 싱글 랩 퀄리파잉이 도입되었습니다. 이 시스템 아래에서 한 번 더 다시 달리는 것은 허용되지 않았습니다. 두 번째 기회는 없었습니다. 피니시 라인을 통과할 때 어떤 기록을 냈든, 그것이 퀄리파잉의 유일한 결과가 되었습니다.

2005 일본 그랑프리 퀄리파잉이 펼쳐진 토요일 오후, 세션 진행 중 빗줄기가 강해지면서 드라이버들이 서로 다른 조건 아래 기록을 작성하게 됐습니다. 그 결과 일요일 레이스의 스타팅 그리드는 매우 혼란스러워졌습니다. 토요타의 랄프 슈마허가 폴 포지션을 차지했고, BAR의 젠슨 버튼과 르노의 지앙카를로 피지켈라가 그 뒤에 섰습니다. 한편, 당시 최강자로 분류되던 드라이버 그룹은 뒤쪽 그리드를 차지했습니다. 페라리의 미하엘 슈마허는 14그리드, 르노의 알론소는 16그리드, 맥라렌의 키미 라이코넨과 후안 파블로 몬토야는 각각 17그리드와 18그리드에서 레이스를 시작했습니다.

일요일에도 많은 구름이 끼었지만, 비는 내리지 않았습니다. 덕분에 예상보다 낮은 최하위권 그리드에서 출발한 상위권 드라이버들이 필드를 뚫고 나가면서 멋진 레이스가 펼쳐졌습니다. 폴 시터 랄프 슈마허가 이른 시점에 핏 스탑한 이후 피지켈라가 선두를 지켰지만, 레이스 대열 후미에서 다양한 배틀이 펼쳐지며 팬들의 시선을 사로잡았습니다. 알론소는 첫 랩에만 아홉 계단 순위를 끌어올렸고, 19랩째에는 미하엘 슈마허와 휠-투-휠 배틀을 펼쳤습니다. 알론소는 스즈카의 악명 높은 고속 코너 130R의 바깥쪽을 공략해 슈마허를 제쳤고, F1 역사상 가장 용감한 추월 중 하나를 성공시켰습니다.

10랩이 더 지난 뒤 라이코넨 역시 슈마허를 추월했고, 한 차례 핏 스탑을 마친 알론소는 32랩째에 또다시 슈마허를 앞질렀습니다. 르노는 점차 라이코넨의 속도를 감당할 수 없다는 것을 깨닫기 시작했고, 선두 피지켈라가 마지막 핏 스탑을 진행한 뒤 핀란드 드라이버는 클린 에어를 만났습니다. 클린 에어에서 속도를 높이며 많은 시간을 단축한 라이코넨은 45랩째 마지막 핏 스탑을 진행했고, 2위로 트랙에 복귀해 다시 피지켈라를 추격하기 시작했습니다.

마지막 랩이 얼마 남지 않았을 때 라이코넨이 피지켈라의 뒤로 바짝 따라붙었지만, 추월 기회는 쉽게 찾아오지 않았습니다. 레이스의 마지막 랩, 라이코넨은 메인 스트레이트를 질주하며 속도를 높였고, 첫 코너에서 용감하게 바깥쪽을 찌르며 추월에 성공했습니다. 엄청난 관중들의 환호 속에 라이코넨은 17그리드 출발에서 우승이라는 놀라운 장면을 완성했습니다. 피지켈라는 2위를 차지했고, 16그리드에서 출발해 멋진 경기를 펼친 알론소는 3위로 포디엄에 올랐습니다.

시즌 종료와 함께 싱글 랩 퀄리파잉은 폐지되었지만, 2005 일본 그랑프리는 독특한 퀄리파잉 포맷이 역사에 길이 남을 짜릿한 레이스를 만들 수 있다는 것을 잘 보여준 사례로 남았습니다.

**2010년대의 F1은 격변과 함께 시작됐습니다.**

혼다와 토요타의 철수 이후 주요 매뉴팩쳐들이 긴장할 수밖에 없었고, 좀 더 흥미로운 스포츠를 만들면서 동시에 비용을 절감할 수 있도록 여러 규정이 변경되었습니다. 결과는 두 팀(하나는 독립 팀, 다른 하나는 제조사 기반 팀)과 두 명의 위대한 챔피언이 새로운 10년을 지배하는 것이었습니다.

새로운 시대는 재급유 금지로 시작됐고, 사용할 수 있는 엔진과 기어박스의 양이 줄어들어 비용 절감에 도움을 주었습니다. 휘어지는 윙과 라이드 하이트를 반능동적으로 조절하는 시스템, 복잡한 엔진 매핑을 응용하는 혁신적인 기술들이 금지되었고, 테스팅에 대한 제한도 크게 강화됐습니다. 2010시즌 리어 윙 주변에서 공기의 흐름을 정체시켜 직진 구간에서의 속도를 높이는 시스템을 개발하자, FIA는 이런 방법 자체를 완전히 금지하는 대신 DRS, 즉 드래그 감소 시스템으로 발전시켜 레이스에서 추월에 도움을 주도록 만들었습니다.

가장 큰 변화는 2014시즌 찾아왔고, F1은 하이브리드 시대를 맞이했습니다. 자연흡기 V8 엔진 대신, 터보차저 1.6L V6 엔진이 채택되었습니다. 매우 복잡한 '파워유닛'의 도입과 함께 내연기관 엔진 기술도 급성장했고, 레이스 트랙과 일반 도로를 가리지 않고 이전에 경험한 적 없는 높은 효율에 도달했습니다. 그러나, 새로운 파워유닛이 내는 윙윙거리는 낮은음의 사운드는 과거 V8, V10, V12 엔진의 울부짖는 듯한 사운드와 비교될 수밖에 없었고, 팬들로부터 보편적인 지지를 받지 못했습니다.

레이스에서 탑10 드라이버에게 포인트를 부여하는 새 포인트 시스템이 도입되면서 시작된 2010년대 초반은 레드불이 지배했습니다. 천재 디자이너 애드리언 뉴이는 비제조사 팀을 위해 챔피언십 위닝 카를 설계했고, 독일 출신의 젊은 드라이버 세바스찬 베텔이 이끄는 오스트리아 팀은 4시즌 연속 더블 타이틀을 차지했습니다. 터보-하이브리드 시대가 시작된 이후로는 익숙한 옛 이름이 앞서 나갔습니다. 메르세데스는 1955시즌 이후 매뉴팩쳐의 팩토리 팀 자격으로 F1 챔피언십에 출전하지 않았지만, 과거 BAR의 팩토리를 본부로 둔 브런GP를 인수해 F1에 복귀했습니다. 로스 브런과 함께 출범한 21세기의 메르세데스는, 이후 토토 울프와 니키 라우다의 지휘 아래 맥라렌으로부터 루이스 해밀턴을 영입하며 월드 챔피언 등극을 위한 여정을 시작했습니다. 그들은 F1 역사상 가장 효율적인 팀을 구축했고, 과거 페라리의 기록을 넘어 8시즌 연속 월드 컨스트럭터 챔피언 타이틀과 7시즌 연속 월드 드라이버 챔피언 타이틀을 획득하는 놀라운 업적을 세웠습니다.

악명 높은 F1 세계의 정치 무대에도 지각 변동이 일어났고, 맥스 모슬리와 버니 에클스톤이 통제하던 시대가 막을 내렸습니다. 맥스 모슬리의 사생활이 타블로이드의 헤드라인을 장식하던 시기가 지나고, FIA의 회장직을 물려받은 장 토드와 함께 2010년대가 시작되었습니다. F1의 재정 부문을 통제하던 에클스톤에 대한 규제 당국의 감시가 강화됐고, 그와 그의 회사가 지니고 있던 F1의 지분은 2010년대에 접어들어 은행과 창업투자회사, 미디어 기업에 여러 차례 매각되고 재매각되는 과정을 거쳤습니다.

2016년 리버티 미디어가 F1을 인수했고, 이와 함께 F1 챔피언십은 비로소 지금과 같은 현대적인 모습으로 탈바꿈하기 시작했습니다. 리버티 미디어는 F1을 세계 최대인 것은 물론 역동적인 스포츠 엔터테인먼트로 만들기 위해 체계적이고 폭넓은 전략을 수립했습니다. F1을 지금과 같은 세계적인 스포츠로 성장시켰던 버니 에클스톤은, 오히려 시대의 흐름과 현대적인 변화에 어울리지 않는 발언을 계속하며 점차 사람들의 외면을 받았습니다.

이런 가운데, 2014 일본 그랑프리에서 비극이 벌어졌습니다. 20년 만에 처음으로 F1에서 사망 사고가 발생했고, 유망하고 인기 많았던 젊은 프랑스 드라이버 쥴스 비앙키가 레이스 중 사고로 세상을 떠났습니다. 페라리 주니어 프로그램 소속으로 언젠가 스쿠데리아 페라리에서 활약하리라 기대됐던 드라이버였기 때문에 사람들이 받은 충격은 더 컸습니다. 그의 죽음 이후 F1은 콕핏 속에 있는 드라이버를 더 확실하게 보호하기 위한 새로운 개념을 연구하는 등, 안전 문제 개선을 위한 노력에 박차를 가했습니다. 에어로스크린과 나중에 인디카에서 채택한 위쪽이 뚫린 캐노피 등의 디자인이 이 시기 등장했는데, F1은 이들과 비슷한 신개념 시스템으로 헤일로 디바이스를 개발했습니다. 콕핏 주변을 감싸는 Y자 형태의 헤일로는 런던 버스의 무게를 버틸 수 있을 정도로 강한 구조물이었으며, 큰 물체가 드라이버의 머리에 닿지 않도록 보호하는 방어막이 되었습니다. 2018시즌부터 F1에서 헤일로 디바이스가 의무화됐습니다.

비앙키가 활약했던 마루시아는 2010시즌 F1에 합류했던 세 개의 신생팀 중 하나였지만, 2017시즌이 시작되었을 무렵에는 구조적인 경쟁력 부족과 재정적 한계 속에 모든 신생팀이 문을 닫은 상태였습니다. 문을 닫은 신생팀의 빈자리를 메꾼 것은 미국 NASCAR 팀을 운영하던 진 하스의 팀이었습니다. 큰 야망을 품고 F1에 뛰어든 하스는 두 번째 그랑프리에서 포인트 피니시에 성공해 가능성을 입증했고, 두 번째 출전한 시즌에는 챔피언십 5위에 오르기도 했습니다.

2010년대 후반, 미국과 세계 시장에서 F1에 대한 관심이 높아지는 가운데, F1 챔피언십은 새로운 모습으로 거듭나기 시작했습니다. 리버티 미디어가 제시한 방향에 따라, F1은 새로운 미디어와 디지털 스트리밍을 통해 새로운 시청자층을 끌어들이며, 지구상에서 가장 빠르게 성장하는 스포츠가 되었습니다. 2019년에는 한 시즌 동안 20개 이상의 F1 챔피언십 그랑프리를 따라다니며 촬영한 넷플릭스 다큐멘터리 〈F1, 본능의 질주〉의 스트리밍이 시작됐고, 사람들에게 더 널리 알려진 F1은 폭발적으로 늘어나는 새로운 팬층을 확보했습니다.

F1은 이제 중동에서 중국까지, 러시아에서 싱가포르까지, 호주에서 아제르바이잔까지 다양한 무대를 옮겨 다니며 레이스를 펼칩니다. 유럽 중심으로 시작됐던 챔피언십이었지만, 이제 전체 캘린더에서 유럽이 차지하는 비중은 절반 이하로 줄어들었습니다. 이제 F1은 더 이상 소수의 팬을 위한 틈새시장의 스포츠가 아닌, 모든 사람이 즐길 수 있는 글로벌 스포츠가 되었습니다.

2010년대

레이스 299 /// 우승 53 /// 포디엄 122 /// 폴 포지션 57 /// 패스티스트 랩 38

# SEBASTIAN VETTEL

《《 세바스찬 베텔 · 4회 챔피언 》》

세바스찬 베텔은 마치 F1 월드 챔피언이 되기 위해 태어난 것 같은 드라이버였습니다. 지적이고 겸손하면서 가족을 지극히 사랑하는 인간적인 면모와 다르게, 레이스카 속에서 보여준 그의 냉정하고 무자비한 모습이 F1의 정점에 오르는 데 결정적인 역할을 했습니다.

1987년 독일 헤펜하임에서 태어난 베텔은 세 살부터 카트를 탔고, 여덟 살 때 카트 레이싱 이벤트에 출전하기 시작했습니다. 베텔의 타고난 재능은 그의 영웅이었던 미하엘 슈마허를 감탄하게 했고, 슈마허는 나중에 그의 멘토가 되어주었습니다. 그의 빠른 속도는 레드불의 관심을 끌었고, 레드불은 베텔을 드라이버 아카데미에 영입했습니다. 그는 2003년 독일 포뮬러 BMW를 통해 싱글-시터 무대에 뛰어들었고, 2004년에는 20개 레이스 중 18승을 거두며 압도적인 챔피언이 되었습니다.

그는 2년간 F3에서 활동한 뒤 2007년에 르노 월드 시리즈에 진출하며 전형적인 드라이버의 성장 과정을 거쳤습니다. 르노 월드 시리즈에 출전하는 동안 BMW 자우버의 리저브 드라이버 역할도 병행했는데, 로버트 쿠비차의 미국 그랑프리 결장으로 베텔은 갑자기 F1 데뷔 기회를 얻었습니다. 데뷔전에서 포인트 피니시에 성공한 베텔의 퍼포먼스가 매우 뛰어나다고 판단한 레드불은, 남은 시즌 동안 자신들의 주니어 팀인 토로로쏘 시트를 베텔에게 맡기기로 결정했습니다.

당시 토로로쏘는 팀의 역사를 통틀어 단 한 번도 그랑프리에서 우승하지 못했고, 포디엄 피니시조차 기록한 적 없는 팀이었습니다. 그러나, 베텔은 2008 이탈리아 그랑프리에 출전해 폭우 속에서 폴 포지션과 우승을 휩쓸었고, 팀에게 최초의 폴 포지션과 우승을 선물하며 F1 최연소 우승자가 되었습니다. 2009시즌 레드불은 베텔을 메인 팀인 레드불 레이싱으로 승격시켰고, 베텔은 4승을 거두며 챔피언십 2위에 오르는 기염을 토했습니다.

넘치는 자신감과 누적된 경험, 그의 스타일에 딱 맞게 디자인된 레이스카와 그를 전폭적으로 지원하는 팀이 어우러지면서 2010시즌부터 베텔이 F1을 지배하는 시대가 열렸습니다. 레드불과 베텔의 조합은 2000년대 초반 슈마허와 페라리의 완벽한 조합에 비견될 수 있었고, 네 시즌 동안 34승을 거두며 드라이버 타이틀과 컨스트럭터 타이틀을 모두 석권했습니다.

그는 자신의 위대한 영웅인 슈마허의 발자취를 따라 2015시즌 페라리로 이적했습니다. 그러나, 페라리에서 챔피언 타이틀을 다시 획득하겠다는 꿈은 이뤄지지 못했습니다. 2017시즌과 2018시즌에 루이스 해밀턴과 치열한 경쟁을 펼치기도 했지만, 강력한 메르세데스의 벽을 넘지 못했습니다. 베텔이 여섯 시즌 동안 페라리에서 남긴 성적은 14승과 두 차례의 드라이버 챔피언십 2위가 전부였습니다.

아버지가 된 베텔은 마지막 두 시즌을 애스턴마틴에서 보냈습니다. 레이스카의 경쟁력은 크게 부족했고, 베텔은 레이스트랙에서의 경쟁보다 환경과 인권 운동에 관련된 활동에 더 집중했습니다. 결국 2022시즌을 끝으로 F1 은퇴를 선언한 베텔은, 이전부터 자신이 소중하게 생각했던 가족과 사회 운동에 전념하고 있습니다.

2010년대

레이스 206 /// 우승 23 /// 포디엄 57 /// 폴 포지션 30 /// 패스티스트 랩 20

# NICO ROSBERG

《《 니코 로스버그·1회 챔피언 》》

니코 로스버그는 F1 역사상 두 번째로 아버지에 이어 월드 챔피언의 자리에 오른 드라이버입니다. 또한, 로스버그는 같은 레이스카로 루이스 해밀턴을 앞섰던 극소수의 드라이버 중 한 명입니다. 이 때문에 두 명의 월드 챔피언이 메르세데스 팀 내에서 경쟁했을 때, F1 팬들은 항상 긴장과 기대 속에 레이스를 지켜봤습니다. 그러나, 로스버그는 정점에 섰을 때 충격적인 은퇴 선언을 했고, 다시는 F1 그랑프리에 출전하지 않았습니다.

1985년 독일에서 태어난 로스버그는 모나코에서 성장했지만, 레이싱 커리어에서는 어머니의 국적인 독일 국적을 선택했습니다. 그는 학교에서 성적이 우수했고, 여러 언어를 구사할 수 있는 지적이고 성실한 학생이었습니다. 영국 임페리얼 칼리지에서 항공우주공학을 공부할 기회도 있었지만, 학업을 이어가려면 레이싱 커리어는 포기해야 했습니다.

그가 레이싱 커리어를 계속하기로 결정한 것은 주니어 시절 어느 정도 성적을 거뒀기 때문이지만, 미래에 F1 월드 챔피언이 될 정도의 가능성을 충분히 보여줬던 것은 아니었습니다. 포뮬러 BMW에서 챔피언 타이틀을 획득한 뒤 F3에서 몇 번 우승한 것만으로는 '슈퍼스타'라고 부르기에 부족했습니다. 그러나, GP2 챔피언십의 출범 첫해, 로스버그는 경험이 훨씬 많고 조건이 유리했던 경쟁자들을 모두 물리치고 챔피언 타이틀을 차지해 주목받았습니다. 2006시즌 윌리엄스를 통해 F1에 데뷔한 로스버그는 데뷔전에서 포인트를 획득하며 성공적인 첫발을 내디뎠습니다.

2010시즌 F1 무대에 복귀한 메르세데스는 유력한 드라이버들을 영입해 '독일인으로만 구성된 라인업'을 갖추려 했습니다. 메르세데스는 은퇴를 선언했던 슈마허를 복귀시키는 한편, 떠오르는 독일인 유망주로 로스버그를 선택해 슈마허의 옆에 세웠습니다. 부활한 메르세데스의 초창기 몇 시즌 동안 로스버그는 슈마허와 대등한 수준을 넘어 꾸준히 더 빠른 속도를 과시했고, 성적 면에서도 팀메이트를 크게 앞섰습니다. 그는 2012 중국 그랑프리에서 메르세데스에게 1955시즌 이후 첫 F1 그랑프리 우승을 선물하기도 했습니다. 2013시즌에는 카팅 시절부터 친구였던 루이스 해밀턴이 팀메이트로 합류해 기대를 모았지만, 우정 어린 라이벌 관계로 시작했던 두 드라이버의 경쟁은 곧 불신과 적대감에 매몰됐습니다.

로스버그는 항상 체계적이고 정교한 드라이빙 스타일을 보여줬고, 과도할 정도로 깨끗한 드라이버로 알려져 있었습니다. 하지만, 때로는 그의 성격이 다른 사람을 불편하게 했고, 일부에서는 로스버그가 오만하고 짜증 나는 부류의 사람이라고 여기기도 했습니다. 결국, 이런 독특한 성격이 날카롭게 다져지면서 자기중심적으로 발전했고, 이런 마음가짐은 치열했던 2016시즌 최종전에서 로스버그가 F1 월드 드라이버 챔피언 타이틀을 차지하는 데 도움이 됐습니다.

로스버그는 타이틀을 차지할 때까지 그가 치른 희생과 냉정한 결단이 자신을 다른 사람으로 만들었고, 이전에 원했던 남편과 아버지로서의 모습에서 너무 멀어졌다는 것을 깨달았습니다. 챔피언 타이틀을 획득하고 닷새가 지났을 때, 로스버그는 즉각적인 은퇴 선언과 함께 바로 F1을 떠났습니다. 현재 로스버그는 익스트림 E 무대에서 경쟁하는 오프로드 팀을 운영하고 있으며, 자선 활동에 많은 시간을 투자하고 있습니다.

레이스 257 /// 우승 8 /// 포디엄 32 /// 폴 포지션 3 /// 패스티스트 랩 17

# DANIEL RICCIARDO

**《《 대니얼 리카도 》》**

대니얼 리카도의 커리어는 최근의 F1 역사에서 가장 안타까운 이야기 중 하나입니다. 그는 같은 세대 드라이버 중 가장 뛰어난 추월 능력으로 널리 사랑받았고, 한때 위대한 성공의 문턱에 서기도 했습니다. 그러나, 그가 한순간에 모든 것을 처음부터 다시 시작해야 하는 절박한 상황까지 내몰린 과정은, 놀라움을 주는 동시에 쉽게 이해하기 어려운 이야기이기도 합니다.

1989년 호주 퍼스에서 태어난 리카도는 어린 시절부터 주목받는 드라이버였고, 2007년 레드불 아카데미에 합류했습니다. 그는 포뮬러 BMW와 포뮬러 르노, 영국 F3에서 챔피언 타이틀을 차지했고, 르노 월드 시리즈에 진출한 뒤에는 인상적인 레이스를 거듭한 끝에 챔피언십 2위를 차지했습니다. 2011시즌 중반 가장 느린 팀이었던 HRT를 통해 F1에 데뷔해 미래 레드불 드라이버가 될 수 있을지 일종의 테스트를 받은 리카도는, 2012시즌 토로 로쏘에서 풀 타임 정규 시트를 확보했습니다. 그는 2014시즌에는 레드불의 메인 팀으로 승격되었고, 디펜딩 챔피언인 세바스찬 베텔의 팀메이트가 되었습니다.

2010시즌부터 2013시즌까지 4시즌 연속 월드 드라이버 챔피언 타이틀을 차지했던 베텔은 2014시즌 단 한 차례의 우승도 기록하지 못했지만, 리카도는 자신의 첫 승을 포함해 모두 세 차례 그랑프리에서 우승했습니다. 2014시즌이 끝났을 때 베텔의 순위는 5위였고, 리카도는 팀메이트보다 두 계단 높은 3위로 챔피언십을 마무리했습니다. 레드불은 새로운 챔피언을 찾은 것처럼 보였고, 베텔이 페라리로 이적하면서 리카도가 팀의 리더가 되었습니다. 그러나, 리카도가 레드불을 이끌던 시기는, 팀의 전력이 쇠퇴하던 시기와 정확히 일치했습니다. 잦은 리타이어로 제대로 기량을 보여줄 기회가 사라지자, 그의 좌절감은 커져만 갔습니다. 2016시즌 막스 베르스타펜이 팀에 합류한 뒤 레드불이 미래의 스타로 낙점한 팀메이트를 중심으로 움직이기 시작했고, 리카도는 레드불에 계속 남는다면 자신의 미래가 정해진 것과 같다고 생각했습니다. 리카도는 르노로 이적해 두 시즌을 보내는 미래를 선택했고, 이후 다시 맥라렌으로 팀을 옮겼습니다.

항상 미소를 잃지 않는 리카도는 패독에서 가장 사랑받는 드라이버 중 한 명이었습니다. 그러나, 시간이 흐르는 동안 원하던 성과를 계속 얻지 못하자, 그의 상징과도 같았던 미소 역시 점차 희미해졌습니다. 그는 왜 자신과 레이스카가 조화를 이루지 못하는지 이해할 수 없었고, 결국 2022시즌 종료 시점에는 더 이상 견딜 수 없는 상황까지 다다랐습니다. 자신감과 정신적 안정을 완전히 잃어버린 리카도는 레이싱을 계속할지 고민하기 위해 잠시 F1을 떠났습니다.

2023시즌 레드불이 리카도에게 구원의 손길을 내밀었고, 리카도는 리저브 드라이버로 레드불에 합류했습니다. 그리고, 레드불 주니어 팀의 라인업이 기대에 미치지 못하자, 시즌 중반 리카도가 스쿠데리아 알파타우리에서 F1 복귀 기회를 얻었습니다. 그러나, 네덜란드 그랑프리 프랙티스에서의 사고로 손뼈가 부러졌고, 몇 경기 동안 결장한 리카도의 레드불 승격에 대한 희망도 희미해졌습니다. 다행히, 리카도가 2024시즌 이름을 바꾼 RB의 풀 타임 드라이버로 발탁되었고, 12년 전 처음으로 풀 타임 F1 시즌을 시작했던 곳으로 돌아온 셈이 되었습니다.

가장 큰 아이러니는 레드불이 2010년대 초반 이후 가장 강력한 드라이버 라인업인 리카도와 베르스타펜 조합을 완성했지만, 제대로 경쟁력을 갖추고 상위권에 복귀하기 직전 리카도가 팀을 떠났다는 점입니다. 만약 대니얼 리카도가 그 순간 레드불을 떠나지 않고 시트를 지켰다면, 적어도 한 차례 이상 F1 월드 드라이버 챔피언 타이틀을 차지했을 것이라고 생각하는 사람이 적지 않습니다.

# 그 밖에 최고의 드라이버들 : 2010년대

### 발테리 보타스

핀란드에서 태어난 발테리 보타스는 카팅과 싱글-시터 레이싱 무대를 차례로 제패한 뒤 F1까지 진출하며 누구나 꿈꾸는 커리어의 전반부를 보냈습니다. 보타스는 하락세의 윌리암스 소속이었지만, 포디엄 피니시와 패스티스트 랩을 누적하며 자신의 가능성을 확실하게 보여줬습니다. 니코 로스버그가 갑자기 은퇴를 선언했을 때, 메르세데스는 주저 없이 발테리 보타스를 선택했습니다. 메르세데스에서 보타스는 한 랩에서의 속도만큼은 엄청나게 빨랐지만, 레이스 페이스는 종종 실망스러운 수준이었습니다. 그럼에도 불구하고 보타스는 빠르고 충실한 팀메이트로서 루이스 해밀턴과 함께했고, 해밀턴은 그에게 호감을 가진 것은 물론 마음속 깊이 존중했습니다.

### 마크 웨버

마크 웨버는 홈 그랑프리에서 약체 미나르디 소속으로 포인트 피니시에 성공하면서, F1 데뷔전부터 팬들에게 큰 사랑을 받는 드라이버가 되었습니다. 그는 재규어와 윌리암스, 레드불로 이어지는 커리어를 거쳤고, 여러 차례 그랑프리에서 우승하며 2010년대 초반 레드불의 계속된 챔피언 타이틀 획득에 공헌했습니다. 그러나, 레드불에서 자신이 세컨드 드라이버로 취급된다는 생각에 좌절을 느끼면서도, 여러 차례 드라이버 챔피언 타이틀 경쟁에 나서 세 차례나 챔피언십 3위를 차지했습니다. F1에서 은퇴한 웨버는 스포츠카 레이싱으로 전향해 WEC에서 챔피언 타이틀을 획득했고, 르망 24시간 레이스를 2위로 마치기도 했습니다.

### 로망 그로장

프랑스 국적의 로망 그로장은 주니어 포뮬러에서 가장 높게 평가받는 드라이버 중 한 명이었고, 참가한 모든 카테고리에서 챔피언 타이틀을 차지했습니다. 그러나, 잘못된 선택과 안타까운 불운이 겹치며, 그의 F1 커리어는 기대에 미치지 못했습니다. 그는 로터스 F1 팀과 하스 두 개로 나뉜 F1 커리어를 거쳤는데, 때로는 포디엄에 오르며 같은 세대에서 가장 빠른 드라이버로 여겨지기도 했습니다. 그로장은 F1에서의 마지막 시즌 끔찍한 화재 사고에서 살아남으며 '불사조'라는 별명을 얻었고, 이후 인디카에 진출해 현재까지 커리어를 이어가고 있습니다.

### 수지 울프

수지 스토다트는 카트 레이싱에 출전했을 때부터 두각을 드러냈고, 고향인 스코틀랜드에서 챔피언 타이틀을 차지한 뒤 유러피언 챔피언십과 국제 챔피언십 무대에 진출했습니다. 그녀는 포뮬러 르노와 F3에서 주목받았고, 이후 독일에서 DTM 무대에 진출했을 때 오스트리아 드라이버 토토 울프와 만나 결혼했습니다. 2012시즌 수지는 개발 드라이버로 윌리암스 F1 팀에 합류했고, 2014시즌과 2015시즌에는 그랑프리 공식 프랙티스 세션에 참가해 남성 중심의 스포츠에서 경쟁력 있는 기록을 보여줬습니다. 그러나, 레이스 출전 가능성은 거의 없었고, 그녀는 포뮬러 E 팀을 관리하는 역할로 전향했습니다. 현재 수지 울프는 다음 세대 여성 드라이버 육성의 목표를 세운 F1 아카데미의 운영에 집중하고 있습니다.

# 2010년대의 거인들

## 메르세데스

메르세데스는 2009시즌 월드 챔피언 타이틀을 차지한 브런GP를 인수하며, 55년간의 공백을 깨고 2010시즌 매뉴팩쳐러의 팩토리 팀으로 F1에 복귀했습니다. 은퇴를 선언했던 F1의 전설 미하엘 슈마허를 설득해 복귀시키고, 같은 독일 국적의 젊은 드라이버 니코 로스버그를 영입한 것은 독일 자동차 제조사로서 훌륭한 마케팅 전략이었습니다. 그러나, 슈마허의 퍼포먼스는 전성기에 미치지 못했고, 로스버그가 항상 우위를 점했습니다. 부활한 메르세데스의 초창기를 이끈 것은 로스 브런이었지만, 이후 토토 울프와 니키 라우다가 함께 팀을 지휘하는 집단 지도 체제를 갖췄습니다. 그리고, 맥라렌을 떠난 루이스 해밀턴을 영입한 뒤 팀의 운명이 바뀌었습니다. F1의 하이브리드 시대 개막과 제임스 앨리슨, 알도 코스타 등 기술 부문의 뛰어난 리더십이 결합하며, 메르세데스는 2010년대를 지배했습니다. F1 월드 컨스트럭터 챔피언 타이틀을 8시즌 연속 획득했고, 2014시즌부터 모든 드라이버 챔피언 타이틀도 독점했습니다. 로스버그가 타이틀을 획득한 뒤 은퇴를 선언한 2016시즌을 제외하면, 2014시즌부터 2019시즌까지의 나머지 모든 F1 월드 드라이버 챔피언 타이틀은 루이스 해밀턴이 차지했습니다. 비록 해밀턴과 로스버그 사이의 갈등이 있긴 했지만, 토토 울프가 이끄는 메르세데스는 F1 역사상 가장 효율적인 팀인 동시에 가장 확실하게 한 시대를 지배한 팀이었습니다.

## 레드불

드라이버로 활동하다가 F1 피더 시리즈의 팀 오너로 성공을 거둔 크리스찬 호너는 레드불의 드라이버 아카데미와 긴밀한 협력 관계를 구축했습니다. 2005시즌 레드불이 F1 팀을 출범시켰을 때, 자연스럽게 호너가 팀을 이끄는 팀 수석으로 선정되었습니다. F1 드라이버 출신의 헬무트 마르코와 수석 디자이너 애드리언 뉴이가 차례로 합류하면서, 레드불은 최강팀으로 성장해 2010년대 초반을 지배했습니다. 팀 출범 직후에는 레이스보다 파티로 더 유명한 팀이었지만, 세바스찬 베텔을 영입하면서 분위기가 바뀌었습니다. 이후 레드불은 공기역학적으로 가장 뛰어난 레이스카, 탁월하게 빠른 핏 스탑, 영리한 전략이 결합해 F1에서 가장 매끄럽게 운영되는 팀이 되었습니다. 2010시즌부터 4시즌 연속 F1 월드 챔피언 타이틀을 독점했지만, 하이브리드 시대가 열린 이후 엔진 문제가 발목을 잡았습니다. 베텔이 페라리로 이적한 뒤에는, 대니얼 리카도와 막스 베르스타펜을 중심으로 팀을 재정비해 2020년대 챔피언 타이틀 도전을 위한 기틀을 마련했습니다.

## 페라리

2010년대 페라리는 팀 보스와 드라이버가 여러 차례 교체되는 등 큰 변화를 겪었습니다. 몇 차례 왕좌에 근접했다가 아쉽게 타이틀을 놓치기도 했지만, 챔피언십 경쟁에서 페라리의 승리는 끝내 찾아오지 않았습니다. 첫 번째 기회는 스테파노 도메니칼리가 팀 수석을 맡고 페르난도 알론소가 리드 드라이버였던 시기에 찾아왔고, 자연흡기 엔진이 사용된 마지막 몇 시즌 동안 레드불과 페라리가 치열하게 경쟁했습니다. 2010시즌과 2012시즌에는 알론소가 아주 적은 포인트 차이로 챔피언 타이틀을 놓쳤고, 페라리는 알론소의 상대였던 세바스찬 베텔을 영입해 메르세데스의 가장 강력한 도전자로 자리 잡았습니다. 새로운 팀 수석 마우리치오 아리바베네는 두려움에 기반을 둔 규칙을 세워 팀을 이끌었는데, 팀원 다수가 방어적으로 문제를 회피하려는 마음가짐을 갖는 등의 문제가 생기기도 했습니다. 베텔은 여러 차례 그랑프리에서 우승했지만, 어린 시절의 영웅이었던 미하엘 슈마허처럼 페라리를 다시 영광의 자리에 올려놓는다는 꿈은 이루지 못했습니다. 2019시즌에는 도메니칼리처럼 팀 내에서 승진한 마티아 비노토가 팀을 이끌기 시작했고, 페라리는 새로운 시대를 위한 젊은 드라이버에게 힘을 쏟기 시작했습니다.

## 맥라렌

맥라렌은 레드불의 가장 강력한 경쟁자로 2010년대를 시작했습니다. 그러나, 몇몇 중요한 결정이 잘못되면서, 정상의 자리에서 멀어지는 것은 물론 팀의 역사에서 가장 어려운 시기를 겪었습니다. 메르세데스에게 해밀턴을 내준 데 이어, 혼다를 엔진 파트너로 선택하는 모험은 치명적인 실패로 이어졌습니다. F1 터보 엔진 역사에서 풍부한 경험과 실적을 가진 엔진 제조사였지만, 맥라렌의 요구가 엔진 설계에 큰 제약을 주었기 때문에 혼다는 매우 불리한 입장에서 F1에 복귀해야 했습니다. 페르난도 알론소가 맥라렌과 두 번째 계약을 맺으면서 젠슨 버튼과 팀을 이뤘지만, 내부의 정치 갈등과 론 데니스의 퇴출 등 혼란이 이어지며 팀은 무너지기 시작했습니다. 2015시즌과 2017시즌 맥라렌은 10개 팀 중 9위에 머무르며 팀 역사에서 가장 나쁜 성적을 거뒀습니다. 그러나, 마케터이자 드라이버였던 잭 브라운이 CEO로 임명된 뒤 상황은 호전되기 시작했습니다. 혼다 대신 르노 엔진을 도입하며 점차 경쟁력을 회복했고, 2010년대 말에는 조금이나마 희망을 가질만한 결과가 나오기 시작했습니다.

## 포스인디아

2000년대 중반 조단 그랑프리가 매각된 뒤 여러 차례 팀의 주인이 바뀌었고, 인도의 억만장자 비제이 말리야가 팀을 인수하면서 포스인디아가 탄생했습니다. 과거 에디 조단의 실버스톤 팩토리를 물려받은 포스인디아는 F1의 주요 팀과 비교해 예산이 훨씬 적었지만, 일관성 있는 컨셉을 유지하면서 효과적인 레이스카 만들기에 집중했습니다. 뛰어난 전략까지 곁들여졌을 때는 종종 많은 포인트를 가져가거나 포디엄에 오르며, '자이언트 킬러'로 불리기도 했습니다. 그러나, 2010년대 말 비제이 말리야가 인도의 정치 문제와 모기업의 재정 문제로 곤경에 처했고, 포스인디아는 결국 법정 관리에 들어갔습니다. 문을 닫을 위기에 처한 팀의 인수전에 나선 캐나다의 억만장자 로렌스 스트롤이 포스인디아를 구했고, 레이싱포인트라는 새 이름으로 F1 챔피언십 출전을 계속했습니다. 레이싱포인트로 이름을 바꾼 팀은 2020시즌이 끝날 무렵 세르히오 페레스와 함께 팀의 처음이자 마지막 그랑프리 우승을 차지했습니다.

## 윌리암스

2010년대 윌리암스의 행보는 롤러코스터와 같았습니다. 최하위권에서 시작해 포디엄에 오르는 팀이 되었고, 다시 밑바닥까지 추락했습니다. 이 기간 윌리암스는 세 가지 엔진을 사용했는데, 코스워스 엔진에서 시작해 르노 엔진으로, 마지막으로는 메르세데스 엔진으로 공급자를 변경했습니다. 2012시즌 파스토르 말도나도는 스페인 그랑프리에서 폴 포지션을 획득한 데 이어 레이스에서 우승까지 차지하며 모두에게 충격을 주었는데, 이는 현재까지 윌리암스의 마지막 우승 기록으로 남아 있습니다. 엔진 공급자로 메르세데스와 손잡은 직후 몇 시즌 동안 윌리암스의 성적은 비교적 안정되었고, 2014시즌과 2015시즌에는 자주 폴 포지션 경쟁에 나섰고 포디엄에도 올랐습니다. 그러나, 2016시즌과 2017시즌을 거치며 팀 성적은 하락세를 보였고, 레이스카 개발 지연과 디자인 과정의 실수가 겹치며 빠르게 경쟁력을 잃어갔습니다. 1980년대와 1990년대 F1 챔피언십을 지배했던 과거의 모습은 온데간데없이 사라졌고, 2010년대 말 윌리암스는 거의 모든 그랑프리에서 최하위권에 머무르는 팀으로 전락했습니다.

# 2010년대 최고의 레이스

## 2011 캐나다 그랑프리

2011 캐나다 그랑프리는 4시간이 넘는 시간 동안 진행되어 F1 역사상 가장 긴 레이스로 기록되었습니다. 폭우, 세이프티 카, 여러 차례의 핏 스탑, 그리고, 믿을 수 없는 추월 장면이 어우러진 레이스는 더없이 흥미진진했습니다. 특히, 한때 최하위로 밀려났던 드라이버가 마지막 랩에 선두로 올라서며 우승을 차지했다는 점에서 2010년대 최고의 레이스로 꼽기에 부족함이 없습니다. 적지 않은 사람이 2011 캐나다 그랑프리를 F1 역사상 최고의 레이스로 여기기도 합니다. 이 경기는 'F1에서는 무슨 일이든 일어날 수 있으며, 절대 포기해선 안 된다'는 것을 가장 잘 보여준 사례이기도 했습니다.

레드불이 지배하던 시기에 펼쳐진 레이스였던 만큼, 디펜딩 챔피언 세바스챤 베텔이 폴 포지션을 차지한 것은 그리 놀라운 일이 아니었습니다. 그랑프리 주말 내내 가장 빨랐던 베텔은 퀄리파잉에서도 가장 빨랐고, 페라리의 페르난도 알론소와 펠리페 마싸 듀오가 2, 3그리드를 차지했습니다. 그런데, 일요일 레이스를 앞두고 쏟아지기 시작한 폭우는 전략적인 결정은 물론 레이스 자체에도 큰 혼란을 불러왔습니다. 레이스는 세이프티 카 뒤에서 시작되었고, 오후 내내 세이프티 카의 개입이 반복됐습니다.

맥라렌의 젠슨 버튼은 7그리드에서 출발했지만, 레이스 초반 팀메이트 해밀턴과 충돌한 뒤 중하위권으로 밀려났습니다. 해밀턴은 사고 직후 리타이어했고, 얼마 뒤 포인트권으로 복귀한 버튼 역시 여러 가지 문제로 자꾸만 순위가 뒤로 밀렸습니다. 상황에 맞는 웻 타이어를 잘못 선택하기도 했고, 펑쳐가 발생하기도 했습니다. 드라이브-스루 페널티를 받았고, 따로 프론트 윙도 교체해야 했습니다. 요요처럼 순위를 끌어올렸다가 뒤로 밀려나기를 반복하던 버튼은 레이스 중반 최하위까지 추락하기도 했습니다.

웻 타이어로도 트랙에서 주행이 어려운 폭우가 계속되자, 레이스 컨트롤은 레드 플래그를 발령하고 레이스를 일시 중단시켰습니다. 레이스가 재개될 때까지는 약 두 시간이 필요했고, 리스타트 직후 페라리의 마싸는 먼저 메르세데스의 미하엘 슈마허와, 나중에는 자우버의 코바야시카무이와 2위 자리를 놓고 치열한 경쟁을 펼쳤습니다. 반면 마싸의 팀메이트 알론소는 스핀과 함께 레이스 중반 리타이어하고 말았습니다.

서서히 트랙이 마르기 시작하자, 드라이버들은 하나둘 슬릭 타이어로 교체했습니다. 기록을 통해 곧 이 선택이 옳다는 것이 확인됐는데, 버튼 역시 먼저 슬릭 타이어로 교체한 드라이버 중 하나였습니다. 전략적 우위를 점한 버튼은 애매한 트랙 상황에서 어떻게든 그립을 찾아내면서 빠르게 순위를 끌어올렸습니다. 레이스의 마지막 랩이 시작됐을 때, 버튼은 선두 베텔을 단 1초 차이로 추격하고 있었습니다. 버튼의 압박을 받던 베텔은 실수를 저질렀고, 이를 놓치지 않은 버튼이 마지막 반 랩을 남기고 선두로 올라서며 극적으로 우승을 차지했습니다.

이날의 레이스는 극단적으로 위험을 감수한 선택이 극적으로 보상을 받은 경우였습니다. 레이스에서 부정적인 변수를 모두 경험했던 드라이버가, 모든 경쟁자의 행렬을 관통하고 우승을 차지한 기적 같은 순간이었습니다. 2009 월드 챔피언 젠슨 버튼의 커리어에서 가장 빛나는 순간이었던 것은 물론, 많은 이들에게 F1 역사상 가장 위대한 레이스로 기억되는 경기였습니다.

**2020년대는 전 세계가 글로벌 팬데믹에 휩싸인 가운데 시작됐습니다.** 코로나19(COVID-19)의 확산은 이동과 여행의 자유를 제한했고, 각국 정부는 봉쇄 조치를 실시하면서 모든 대규모 이벤트를 취소했습니다. 이처럼 빠르게 모든 것이 제한되는 상황은 사람들에게 충격을 주었고, F1 역시 예외가 아니었습니다. 2020시즌을 앞둔 프리-시즌 테스트와 레이스카 런치 이벤트에서도 바이러스 이야기가 화제가 됐지만, 그 엄청난 확산 속도를 예상한 사람은 아무도 없었습니다. F1은 호주에서 개막전을 준비했는데, 패독이 완성된 지 얼마 지나지 않아 스태프 중에 확진자가 발생하면서 모든 것이 중단되었습니다.

F1은 문을 닫았고, 팀들은 각자의 나라로 돌아갔습니다. 몇 달 동안 언제 무슨 일이 벌어질지 아무도 알지 못했습니다. 그랑프리가 중단되는 동안 각 팀의 엔지니어들은 전문적인 지식으로 정부의 보건 기구를 지원했고, F1과 FIA는 레이싱을 재개할 방법을 모색했습니다. 얼마 뒤 새로운 챔피언십 일정이 발표되었습니다. 유럽을 중심으로 그랑프리를 배치한 새 캘린더는 오스트리아와 영국에 더블 헤더를 배치했고, 이탈리아의 무젤로와 이몰라, 포르투갈의 포르티망, 독일의 뉘르부르크링, 터키의 이스탄불 등 신규 써킷의 데뷔와 역사적인 써킷의 복귀를 포함하고 있었습니다.

2020년 7월, 17그랑프리로 구성된 시즌이 시작됐습니다. 모든 패독은 팀별로 엄격히 구분된 '버블' 안에 머물러야 했고, 제한된 그룹 사이에 접촉이 금지됐습니다. 의무적으로 마스크를 착용해야 했고, 미디어 활동은 2미터 이상 떨어진 거리에서만 허용됐습니다. 패독의 모든 구성원은 72시간마다 코로나19 검사를 받아야 했습니다. 시즌이 진행되는 동안 세르히오 페레스, 랜스 스트롤, 루이스 해밀턴이 바이러스에 감염돼 레이스에 결장한 일도 있었습니다. 상황이 좋지 않았지만 F1 챔피언십은 모든 어려움을 극복하며 계속 진행됐고, F1은 전 세계적인 팬데믹 이후 재개된 첫 번째 국제적인 대형 스포츠 시리즈가 되었습니다. 이는 조직력과 결단력의 승리였으며, 다른 스포츠 분야에서 팬데믹 동안 활동할 수 있는 방향에 대한 청사진을 제시했습니다.

2021시즌으로 예정됐던 대규모 규정 변경은 팬데믹의 영향으로 1년 연기됐습니다. 새로운 레이스카 도입은 2022시즌으로 미뤄졌고, 2021시즌은 2020시즌 스펙을 상당 부분 계승한 레이스카로 진행됐습니다. 덕분에 2021시즌은 F1 역사에 전설로 남을 만한 챔피언십 경쟁을 낳았습니다. 캘린더는 정상적인 시기와 같은 수준으로 돌아와 모두 22회의 그랑프리가 펼쳐졌습니다. 루이스 해밀턴은 메르세데스와 함께 자신의 8번째 월드 챔피언십을 노렸고, 막스 베르스타펜은 자신의 첫 번째 타이틀에 도전했습니다.

처음부터 치열했던 타이틀 경쟁은 최종전까지 이어졌습니다. 시즌 내내 경기 중 사건에 대한 레이스 컨트롤의 판단에 일관성 문제가 제기됐고, 두 라이벌은 여러 차례 서로 부딪혔습니다. 드라이버와 팀 보스뿐만 아니라 레이스 디렉터에게도 막중한 압박이 가중됐고, 시간이 지나면서 레이스 디렉터는 혼란한 경쟁의 서사 속에 점점 더 깊게 휘말렸습니다. 시즌 최종전 마지막 랩에 세이프티 카를 불러들인 그의 결정은 오래도록 논쟁거리가 될 것이 분명합니다. 그리고, 이 결정은 논쟁과 별개로 마지막 랩에 스릴 넘치는 대결을 만들기도 했습니다.

해밀턴은 오래된 타이어로 선두를 지키고 있었고, 2

위의 베르스타펜에겐 새 타이어가 있었습니다. 네덜란드 드라이버는 마지막 랩에 추월을 시도했고, 결국 우승을 차지했습니다. 그렇게 베르스타펜이 F1 월드 드라이버 챔피언 타이틀을 차지했습니다. 메르세데스와 해밀턴은 충격에 빠졌고, 레드불과 베르스타펜은 환호했습니다. F1 팬들의 반응도 엇갈렸습니다. 일부는 환호했고, 일부는 혼란스러워했습니다. 어떤 식으로든 F1 역사에 길이 남을 특별한 사건이었습니다.

그해 겨울, 정해졌던 일정에 따라 FIA 회장이 교체됐고, 논란의 중심에 섰던 레이스 디렉터가 해임된다는 소식이 들려왔습니다. 관리 부문의 큰 변화에 이어 새 규정과 새로운 세대의 레이스카가 2022시즌 개막을 알렸습니다. 과거의 복잡했던 공기역학적 디자인 개념 상당수가 사라졌고, 더 단순하게 디자인된 차체의 외형 덕분에 차들이 더 가까이 붙어 달릴 수 있게 되었습니다. 1980년대 초반 금지됐던 그라운드 이펙트가 다시 돌아왔고, 레이스카는 트랙에 밀착되며 막대한 양의 그립을 얻었습니다. 휠 사이즈가 13인치에서 18인치로 커졌고, 타이어도 재설계됐습니다. 이는 F1 역사상 가장 큰 규모의 규정 변화였고, 모든 팀은 기존 설계를 버리고 모든 것을 처음부터 새로 시작해야 했습니다.

대대적인 기술 규정 변경과 함께, 과도한 지출 경쟁을 억제하기 위해 규정이 신설됐습니다. 모든 팀의 재정 지출은 같은 규모로 제한되었고, 더 이상 대형 팀이 소형 팀을 막대한 지출로 압도할 수 없게 되었습니다. 개발 시간을 성적에 따라 차등 적용하는 규정이 추가되었고, 챔피언십에서 상위 팀은 CFD와 윈드 터널을 이용한 개발 시간이 상대적으로 더 많이 제한됐습니다. 이런 변화는 팀 간의 격차를 줄이고, 더 치열하면서 더 흥미로운 레이싱을 만들기 위한 것이었습니다. 팬데믹의 어두운 터널 속에서도 챔피언십을 계속 이어갔다는 점과 함께, 전 세계적으로 인기를 얻은 넷플릭스 다큐멘터리 〈F1, 본능의 질주〉를 몰아보는 새로운 시청자와 소통하려는 노력을 통해 F1의 팬층은 사상 최대 규모로 성장했습니다.

2020년대는 젊은 드라이버가 새로운 시대의 중심에 섰습니다. 먼저 막스 베르스타펜과 레드불의 조합이 최강의 자리를 차지했고, 샤를 르클레, 카를로스 사인스, 죠지 러셀, 에스테반 오콘, 피에르 가슬리 등이 그랑프리 우승자가 되었습니다. 세대교체의 흐름 속에 루이스 해밀턴과 페르난도 알론소와 같은 베테랑들은 여전히 날을 세우고 그 어느 때보다 빛났습니다. 그러나, 레드불과 막스 베르스타펜 앞에 맞설 드라이버는 많지 않았고, 베르스타펜은 2021시즌부터 2023시즌까지 3년 연속으로 챔피언 타이틀을 획득했습니다. 이 기간 베르스타펜과 레드불은 F1 연승 신기록을 새로 썼고, 2023시즌은 그들의 '완벽한 시즌'이라는 목표에 가장 근접했습니다.

미래를 준비하는 F1은 2026시즌 새로운 규정 도입을 준비하고 있습니다. 새로운 자동차 제조사와 과거의 친숙한 이름이 다시 F1 챔피언십 참가를 예고했습니다. F1은 더 많은 지역으로 개최지를 늘리고, 역사상 가장 긴 시즌이 펼쳐지고 있습니다. 영화와 대중문화에서도 F1이 재조명되고 있으며, 세계에서 가장 짜릿한 레이싱 이벤트를 찾는 유명 인사가 그리드에 가득합니다. F1은 이제 뉴스의 헤드라인을 장식하고, 티켓은 불티나게 팔립니다. F1의 미래는 그 어느 때보다 밝습니다.

/// 2024 현역 드라이버 ///

# MAX VERSTAPPEN

**《 막스 베르스타펜 · 4회 챔피언 》**

카트 레이싱의 유망주는 F1 역사상 최연소 그랑프리 우승자가 되었습니다. 2020년대를 대표하는 드라이버로 성장한 막스 베르스타펜은 F1의 판도를 바꾼 하나의 현상이 되었습니다. 여러 차례 챔피언 타이틀을 차지했지만, 그는 아직도 자신의 드라이빙 스킬을 개발하고 연마하기 위해 노력하고 있습니다. 이제 남은 질문은 베르스타펜이 앞으로 얼마나 많은 챔피언 타이틀을 차지하고, 얼마나 많은 기록을 새로 쓸 것인가 뿐입니다.

F1 드라이버였던 요 베르스타펜과 카트 레이싱 스타 소피 쿰펜의 아들로 태어난 베르스타펜에게 모터스포츠는 유전자에 각인된 것과 같았습니다. 모터스포츠에 둘러싸였던 어린 시절부터 아버지와 함께 F1 그랑프리를 관람했고, 걸음마를 떼자마자 레이싱을 시작했습니다. 그의 천부적인 재능과 압도적인 잠재력은, 공격적이면서 타협하지 않는 드라이빙 스타일과 결합해 레이싱 신동이라는 명성을 얻게 했습니다.

그는 유럽과 세계 무대에서 카트 챔피언십을 휩쓸며 주요 타이틀을 모두 차지한 최연소 드라이버가 되었습니다. 2014년 만 16세에 오픈-휠 레이싱에 입문한 베르스타펜은 F4 레이스카로 진행되는 플로리다 윈터 시리즈에 잠시 출전하기도 했습니다. 같은 해, 처음이자 유일한 F3 시즌을 치르던 중 그의 천부적인 재능이 메르세데스와 페라리의 관심을 끌었고, 치열한 영입 경쟁이 펼쳐진 끝에 레드불이 승자가 되었습니다. 베르스타펜은 2014시즌 말 레드불의 주니어 팀인 토로로쏘를 통해 처음으로 F1 그랑프리 프랙티스 세션에 모습을 드러냈습니다.

베르스타펜은 2015년 3월, 17세의 나이로 F1에 데뷔해 최연소 출전 기록을 세웠습니다. 그는 토로로쏘에서 활약하며 주목을 받은 뒤, 2016시즌 초반 레드불의 메인 팀으로 승격됐습니다. 승격 후 첫 레이스에서 우승을 차지한 베르스타펜은 만 18세 228일의 최연소 우승 기록까지 수립했습니다. 그러나, 그는 타고난 스피드 못지않게 많은 논란도 불러왔습니다. 공격적인 드라이빙 스타일과 뒤늦게 방어를 위해 움직이는 방식은 다른 드라이버와 FIA의 강한 비판을 받았고, 그의 독특한 스타일을 억제하기 위한 규정이 만들어지기도 했습니다. 때로는 젊은 혈기가 선을 넘기도 했고, 종종 큰 그림을 보기보다 순간의 성공에 초점을 맞추는 모습도 보였습니다. 그러나, 모두가 신중한 접근과 긴 승부를 표준으로 삼는 시대에, 단 한 번의 기회라도 놓치지 않으려는 그의 공격적인 스타일 덕분에 많은 팬이 생겼습니다.

2021시즌, 처음부터 끝까지 경쟁을 계속했던 루이스 해밀턴의 여덟 번째 타이틀 획득을 저지하면서, 베르스타펜은 자신의 첫 번째 F1 월드 드라이버 챔피언 타이틀을 차지했습니다. 2022시즌에는 샤를 르끌레와 함께 부활한 페라리의 추격을 뿌리치며, 두 번째 타이틀을 획득했습니다. 2023시즌, 성숙함까지 더해진 베르스타펜은 뛰어난 타이어 관리 능력과 완벽에 가까운 레이스 운영을 보여줬습니다. 세 번째 드라이버 챔피언 타이틀을 거머쥐는 과정에서 베르스타펜은 F1 그랑프리 연승 신기록을 세우기도 했습니다.

현재 F1 무대에서 승리를 원한다면, 반드시 막스 베르스타펜을 넘어서야 합니다. 레드불과 함께 새로운 시대를 지배한 베르스타펜은, F1 최다승 기록 부문에서도 벌써 역대 3위의 자리에 올랐습니다.

2020년대

# 현역 드라이버들

### 샤를 르끌레

여러 차례 그랑프리에서 우승한 샤를 르끌레는 한 랩을 달려 기록에 도전했을 때 가장 빠른 현역 드라이버로 여겨지고 있으며, 그의 퀄리파잉 스피드만큼은 F1에서 무적에 가깝습니다. 모나코 출신의 르끌레는 2022시즌 타이틀 경쟁에 뛰어들었지만, 여러 차례 개인적인 실책과 팀의 전략적 실수가 겹치면서 챔피언십에서 멀어졌습니다. 그러나, 페라리는 그를 매우 높게 평가했고, 르끌레와 팀 역사상 가장 긴 계약을 체결했습니다. 앞으로 그의 팬들은 스쿠데리아 페라리에서 활약하는 르끌레의 모습을 매우 오랫동안 보게 될 예정입니다.

### 카를로스 사인스

스페인 출신의 카를로스 사인스는 레드불의 주니어 팀을 통해 F1에 입문해 막스 베르스타펜과 팀메이트가 되었고, 현재 그리드에서 가장 존경받는 드라이버가 되었습니다. 그는 토로로쏘에서 두각을 나타낸 뒤, 르노와 맥라렌을 거쳐 페라리에 합류할 때까지 성공적인 커리어를 이어왔습니다. 사인스는 레이스의 큰 그림을 파악하고 콕핏에서 전략적인 선택을 하는 능력이 뛰어납니다. 사람들은 레이스에서 빠른 페이스를 유지하는 것은 물론, 스포츠와 소속 팀에 헌신적이면서 레이스에서 우승하는 법을 잘 알고 있는 사인스를 좋아할 수밖에 없습니다.

### 세르히오 페레스

멕시코 출신의 세르히오 페레스는 오랫동안 자신의 재능에 걸맞은 레이스카를 타지 못했고, 항상 한 걸음 뒤쳐진 위치에 머물러 있었습니다. 그러나, 포스인디아에서 보낸 시간은 '자이언트-킬러'로서 그의 능력을 더 날카롭게 다듬는 계기가 됐습니다. 그는 레이싱포인트로 이름을 바꾼 팀에서도 활약을 계속했고, 한때 최하위까지 밀려났던 2021 바레인 그랑프리에서 자신의 첫 우승을 기록했습니다. 자신들의 주니어 드라이버 중 누구도 베르스타펜의 페이스를 따라잡을 수 없다고 판단한 레드불은 페레스 영입을 결정했고, 챔피언십 위닝 카에 타게 된 페레스는 항상 폴 포지션과 우승을 노릴 수 있는 위치에서 챔피언십에 나설 수 있게 되었습니다.

### 죠지 러셀

주니어 시절부터 슈퍼스타였던 영국 출신의 죠지 러셀은, 챔피언십에서 가장 느린 팀이었던 윌리암스에서 F1 커리어를 시작했습니다.
당시 윌리암스는 퀄리파잉에서 늘 최하위권에 머물렀지만, 타고난 빠른 스피드를 앞세운 러셀은 자주 기대를 뛰어넘는 성적을 거뒀습니다. 결국 그의 믿을 수 없는 퍼포먼스는 F1에서 가장 위대한 팀 중 하나의 시트로 보상을 받았습니다. 러셀은 2022시즌부터 자신의 어린 시절 영웅이었던 해밀턴의 팀메이트로 메르세데스에 합류했고, 팀의 다음 세대를 이끌 중요한 임무를 맡았습니다.

## 피에르 가슬리

프랑스 출신의 피에르 가슬리는 레드불 드라이버 아카데미에 포함되었고, 레드불의 지원을 받아 주니어 커리어를 마쳤습니다. 빠르게 성장한 가슬리는 토로로쏘 소속으로 F1에 데뷔했고, 얼마 뒤 레드불의 메인 팀으로 승격되어 막스 베르스타펜의 팀메이트가 되었습니다. 그러나, 그의 성적은 기대에 미치지 못했고, 레드불은 그를 다시 주니어 팀으로 강등시켰습니다. 강등은 충분히 드라이버의 의욕을 꺾을 수 있었지만, 가슬리는 오히려 이를 동기로 삼아 2020 시즌 몬짜에서 자신의 첫 승이자 이탈리아 팀의 두 번째 우승을 이끌었습니다. 피에르 가슬리는 여전히 F1에서 가장 뛰어난 드라이버 중 한 명으로 평가받고 있으며, 알핀에서 프랑스 국적으로만 구성된 라인업을 구성하고 있습니다.

## 에스테반 오콘

다른 많은 드라이버들과 달리, 프랑스 출신의 에스테반 오콘은 부유한 환경에서 자라지 못했습니다. 그의 부모는 아들의 카트 커리어를 유지하기 위해 집을 팔아야 했고, 트레일러에서 생활하며 오콘의 꿈을 응원했습니다. 부모의 희생은 오콘에게 성공을 향한 강한 의지를 심어줬습니다. F1에 데뷔한 뒤 소형 팀에서 인상적인 퍼포먼스를 보인 오콘은, 프랑스 드라이버로만 라인업을 구성하려는 알핀의 부름을 받았습니다. 2021 헝가리 그랑프리에서는 그의 첫 번째 우승이자 알핀이라는 이름으로 기록한 첫 번째 우승의 주인공이 되었습니다. 에스테반 오콘은 F1의 새로운 세대 중에서 가장 확고한 의지를 가진 드라이버 중 한 명으로 여겨지고 있습니다.

### 랜도 노리스

죠지 러셀과 마찬가지로 랜도 노리스는 F1에 입성할 때까지 주니어 포뮬러의 거의 모든 카테고리에서 챔피언 타이틀을 차지했고, 결국 맥라렌의 총애를 받는 드라이버가 되었습니다. 팀 보스 잭 브라운은 그를 맥라렌 아카데미로 영입했고, 노리스는 F1에 데뷔한 뒤 모든 커리어를 맥라렌과 함께하면서 여러 차례 포디엄에 올랐습니다. 최근 챔피언 타이틀 획득과 그랑프리 우승 경험이 많은 팀들로부터 계속 영입 제안을 받고 있지만, 랜도 노리스는 오랫동안 자신을 후원해 줬던 팀에 대한 충성심을 지키고 있습니다.

### 알렉산더 알본

태국 국적의 알렉산더 알본은 카트를 타던 시절부터 뛰어난 드라이버였고, 현재 F1에서 그의 라이벌이 된 드라이버 중 몇몇은 알본의 포스터를 벽에 붙여놓기도 했습니다. 어린 시절 레드불의 주니어 프로그램에 발탁됐다가 성적 기복으로 프로그램에서 제외되는 경험을 하기도 했지만, 주니어 카테고리에서 좋은 성적을 내기 시작한 뒤 프로그램에 복귀할 수 있었습니다. 알파타우리를 통해 F1에 데뷔해 레드불에서의 커리어를 거친 알본은, 현재 윌리암스의 리더가 되어 팀이 다시 강팀의 면모를 되찾을 수 있도록 최선을 다하고 있습니다.

## 오스카 피아스트리

호주 출신의 오스카 피아스트리는 F3와 F2에서 연이어 챔피언 타이틀을 차지하며, F1으로 향하는 계단을 빠르게 올랐습니다. 피아스트리는 알핀의 리저브 드라이버로 한 시즌 이상을 보냈고, 페르난도 알론소가 애스턴마틴 이적을 발표했을 때 프랑스 팀은 피아스트리가 자연스럽게 그 공백을 메꿀 것이라고 생각했습니다. 그러나, 피아스트리는 이미 맥라렌과 계약을 체결한 상태였고, 알핀이 이런 사실을 몰랐을 뿐이었습니다. 그가 매우 높은 평가를 받는 드라이버였기 때문에 자연스럽게 법적 분쟁이 발생했고, 분쟁에서 승리한 것은 맥라렌이었습니다. 2023시즌 맥라렌을 통해 F1에 데뷔하며 강렬한 인상을 남긴 피아스트리는, 카타르 그랑프리 스프린트에서 우승을 차지해 그를 둘러싼 분쟁이 치열했던 이유를 모두에게 잘 보여주었습니다.

## 케빈 마그누센

덴마크 출신의 케빈 마그누센은 주니어 카테고리에서 눈부신 성적을 거둔 뒤, 2014시즌 F1에 데뷔할 기회를 얻었습니다. 아버지 얀 마그누센이 짧게나마 F1 커리어를 보냈던 맥라렌을 통해 데뷔한 케빈 마그누센은, 데뷔전에서 포디엄 피니시를 기록해 사람들을 놀라게 했습니다. 그러나, 화려했던 데뷔 시즌 이후, 그는 자신의 진가를 보여줄 만한 레이스카에 탈 기회가 없었습니다. 잠시 F1을 떠나 스포츠카 레이싱에 뛰어들었던 마그누센은 2021시즌 하스의 부름을 받으며 F1 무대에 복귀했습니다. 그는 풍부한 경험과 강한 집중력을 바탕으로 F1에서 가장 믿을만한 드라이버 중 하나로 여겨집니다.

## 니코 휼켄버그

니코 휼켄버그는 F1에서 가장 안타까운 기록을 보유하고 있는 드라이버입니다. 그는 포디엄 피니시 없이 가장 많은 그랑프리에 출전한 드라이버입니다. 2010시즌 데뷔 당시만 해도 화려한 주니어 카테고리에서의 커리어로 주목받았던 것을 생각하면 믿을 수 없는 기록입니다. 그러나 그는 아직 도전을 계속하고 있고, 그랑프리 출전 횟수는 벌써 200회를 넘겼습니다. 이 글을 쓰고 있는 시점에도 포디엄 피니시를 향한 니코 휼켄버그의 도전은 계속되고 있습니다.

## 랜스 스트롤

랜스 스트롤은 캐나다의 억만장자이자 애스턴마틴 F1 팀의 오너인 로렌스 스트롤의 아들로 유명합니다. 이 때문에 그는 종종 F1으로 향하는 여정을 모두 돈으로 샀다는 비판을 받고 있으며, 아버지가 소유한 팀이라 F1 시트가 보장된다는 따가운 시선을 받고 있습니다. 그러나, 이런 단순한 설명은 그가 F1에 진출하기 위해 주니어 카테고리에서 보여줬던 뛰어난 능력을 간과하는 것입니다. 그는 모두가 불가능하다고 생각했던 레이스카로 폴 포지션과 포디엄 피니시를 기록하기도 했습니다. 모든 것이 잘 풀리는 날의 랜스 스트롤은 최고의 드라이버들과 맞먹는 페이스를 보여주기도 합니다.

## 츠노다 유키

혼다와 레드불의 후원을 바탕으로 F1에 입성할 수 있었던 일본의 츠노다유키는 데뷔 초부터 많은 찬사를 받았습니다. 작고 날렵한 드라이버는 종종 기대 이하의 레이스카에서 기대를 훌쩍 뛰어넘는 성적을 뽑아내며 이목을 끌었습니다. 트랙 위에서 격한 감정 표현으로 잘 알려진 츠노다지만, 트랙 밖에서는 온화한 성격으로 팀 내외에서 사랑받고 있습니다. 츠노다는 여러 역경을 이겨내며 꾸준한 퍼포먼스를 보여주고 있습니다.

## 저우관유

중국 최초의 F1 드라이버인 저우관유는 2022시즌 알파 로메오를 통해 F1에 데뷔해 발테리 보타스의 팀메이트가 되었습니다. 그의 주니어 커리어에서 활약이 두드러 졌던 것은 아니기 때문에, F1에 데뷔할 때 많은 기대를 받지는 않았습니다. 그러나, 저우관유는 예상보다 빨리 F1에 적응했고, 종종 자신보다 훨씬 경력이 많은 팀메이트보다 더 많은 포인트를 획득하기도 했습니다.

## 로건 사전트

로건 사전트는 2007시즌 이후 처음으로 F1 풀 타임 시트를 차지한 미국 국적 드라이버입니다. 사전트는 F4, F3, F2를 거치며 여러 레이스에서 우승을 기록한 뒤 F1에 진출할 기회를 얻었습니다. 주니어 카테고리에서 챔피언 타이틀을 차지하지는 못했지만, 그의 성실한 태도와 꾸준한 퍼포먼스는 윌리암스가 개발 드라이버로 사전트를 영입하는 계기가 되었습니다. 2023시즌 윌리암스는 로건 사전트를 정규 F1 드라이버로 데뷔시켰고, 사전트는 모터스포츠의 정점에 있는 F1에서 벌써 두 번째 시즌을 맞이했습니다.

# 현재 F1 팀

## 레드불

터보-하이브리드 시대가 열린 후 고전을 면치 못하던 레드불은, 2020년대에 접어들어 파워유닛을 르노에서 혼다로 교체한 뒤 얼마 지나지 않아 그 보상을 받았습니다. 혼다는 2010년대 맥라렌과 악전고투를 펼쳤던 아픔을 딛고, 신뢰할 수 있으면서도 경쟁력 있는 우수한 엔진 공급자로 거듭났습니다. 레드불은 다시 레이스에서 우승에 도전할 수 있게 되었고, 곧 챔피언십 경쟁에 나설 수 있는 팀으로 성장했습니다. 그리고, 2021시즌 막스 베르스타펜이 2013시즌 세바스찬 베텔 이후 처음으로 드라이버 챔피언 타이틀을 획득하는 데 성공했습니다. 규정이 크게 바뀐 022시즌 애드리언 뉴이는 거의 완벽에 가까운 레이스카를 디자인했고, 레드불과 베르스타펜은 모든 것이 새로운 시대의 첫 시즌에 챔피언 타이틀을 모두 손에 넣었습니다. 그러나, 논란도 있었습니다. 레드불은 재정 규정 도입 첫 해 예산 제한을 초과했고, 2023시즌 레이스카의 개발 시간을 추가로 제한하는 페널티를 받았습니다. 그럼에도 불구하고, 레드불은 더 뛰어난 레이스카를 선보였고, F1 역사상 가장 압도적인 시즌을 만들었습니다.

## 메르세데스

2010년대의 대부분 시즌에서 메르세데스가 최강자로 군림했지만, 2022시즌 레이스카 디자인의 큰 변화는 F1 챔피언십의 경쟁 구도를 완전히 바꿔놓았습니다. 백지상태에서 설계를 시작한 메르세데스는 사이드포드가 없는 듯한 혁신적인 디자인을 선보였습니다. 그러나, 독특한 공기역학적 특성과 서스펜션 설계에서의 결함이 더해지면서 메르세데스는 최강자의 자리에서 멀어졌고, 2022시즌에는 레드불과 페라리에게 크게 뒤처졌습니다. 2023시즌 초반까지 기존 디자인 철학을 고수했던 메르세데스는 단 한 경기를 치른 뒤 자신들의 혁신적인 디자인을 포기하기로 결정했고, 레드불을 따라잡기 위해 대대적인 디자인 변경과 함께 다시 전통적인 레이스카의 형태를 갖추게 됐습니다.

## 페라리

2022시즌의 새 규정은 페라리가 F1 챔피언십에서 다시 선두권 경쟁에 뛰어들 기회를 제공했고, 터보-하이브리드 시대에 접어든 이후 가장 경쟁력 있는 레이스카가 탄생했습니다. 그러나, 페라리는 시즌 중반 개발 경쟁에서 뒤처졌고, 레이스 중에는 전략 선택에서 초보적인 실수를 저질렀습니다. 이 때문에 20년 이상 페라리를 위해 헌신했던 팀 수석 마티아 비노토에게 비판이 집중됐고, 얼마 뒤 팀 수석이 프레데릭 바서로 교체됐습니다. 바서는 주니어 카테고리에서 20년 가까이 팀을 관리하며, 한창 성장 중이던 루이스 해밀턴과 니코 로스버그 등을 이끌었던 인물이었습니다. 바서와 함께 보강된 페라리는 레드불의 완벽한 독주를 무너뜨렸고, 2023시즌 처음이자 마지막으로 레드불을 꺾고 우승한 팀이 되었습니다.

## 맥라렌

맥라렌은 새로운 규정의 도입을 통해 과거 1970년대와 1980년대, 1990년대의 F1에서 최강자로 군림하던 시절의 모습을 되찾을 수 있을 것이라 기대했습니다. 그러나, 디자인 방향 설정에서부터 문제가 생기면서 기대했던 것과 반대의 결과가 나왔습니다. 2010년대가 끝날 무렵 3위 자리를 놓고 싸우던 맥라렌은, 2020년대에는 종종 포인트를 얻는 것조차 만만치 않은 팀이 되었습니다. 몇 차례 기적적으로 포디엄에 오르기도 하고 2021시즌 몬짜에서 우승을 차지하기도 했지만, 믿을 수 없을 정도로 치열한 경쟁이 펼쳐져 격차가 전보다 크게 줄어든 F1 챔피언십에서 최상위권에 복귀하기 위해 맥라렌은 기술 부문 핵심 인력과 드라이버 라인업에 큰 변화를 주기로 결정했습니다. 2023시즌이 진행되는 동안 개발 경쟁에서 인상적인 모습을 보여준 맥라렌은 어려웠던 시절의 그림자를 떨쳐버렸고, 다시 챔피언십 경쟁에 나설 수 있는 기반을 마련했습니다.

## 애스턴마틴

포스인디아가 법정 관리에 들어갔을 때, 캐나다의 억만장자 로렌스 스트롤이 팀을 인수하며 자신이 소유한 영국 자동차 제조사의 이름을 딴 애스턴마틴으로 재탄생시켰습니다. 스트롤은 막대한 자금과 함께 팀에 긍정적인 변화를 가져왔고, 최첨단 시설을 갖춘 본부를 건설하는 등의 투자로 예산 제한의 시대에 최강팀으로 약진하기 위한 기반을 마련했습니다. F1 최고의 디자이너와 기술 부문 인력을 영입해 강력한 팀을 구축했고, 두 차례 챔피언 타이틀을 차지했던 경험 많은 페르난도 알론소가 팀의 핵심으로 합류했습니다. 이런 적극적인 투자를 통해 애스턴마틴은 2020년대 중반 월드 챔피언이 된다는 목표를 향해 전진하고 있습니다.

## 알핀

톨만, 베네통, 르노, 로터스, 다시 르노의 이름으로 불리던 팀은 2020년대 초반 또 한 차례 이름을 바꿨고, 자동차 제조사 르노의 스포츠카 브랜드 알핀의 이름으로 재탄생했습니다. 예산 제한이라는 규제 아래에서 알핀은 자금을 효율적으로 사용해 꾸준히 레이스카의 성능을 향상시키는 데 집중했습니다. 2020년대의 알핀은 꾸준히 포인트를 획득하는 팀이 되었고, 가끔 포디엄에 오르는 것은 물론 한 차례 그랑프리 우승도 기록했습니다.

## 자우버

스위스의 피터 자우버는 1990년대부터 F1 팀을 운영했고, 한때 BMW와 파트너가 되어 그랑프리에서 우승을 차지하기도 했습니다. 2010년대에는 F1 챔피언십 초창기를 지배했던 이탈리아의 브랜드 알파로메오와 네이밍 스폰서 계약을 체결하면서, 스위스 팀의 새로운 아이덴티티는 알파로메오가 되었습니다. 알파로메오와의 계약이 끝난 뒤 2024시즌부터 자우버는 '스테이크'와 새로운 네이밍 스폰서 계약을 체결했고, 2026시즌부터는 아우디가 팀을 완전히 인수해 독일 제조사의 팩토리 팀으로 거듭날 예정입니다.

## RB

대기업 레드불은 2006시즌부터 두 개의 F1 팀을 운영해 왔습니다. 하나는 챔피언 타이틀을 노리는 메인 팀이고, 다른 하나는 주니어 드라이버에게 기회를 줄 수 있는 자매 팀입니다. 처음에는 토로로쏘(이탈리아어로 '레드불')로 불렸던 자매팀은 2020년대에 레드불의 의류 브랜드 이름을 딴 '알파타우리로'로 이름을 바꿨습니다. 여전히 주니어 팀으로 여겨지기도 하지만, 2020 이탈리아 그랑프리에서 피에르 가슬리가 우승을 차지한 것처럼 기회가 생기면 놓치지 않았습니다. 2024시즌부터 이름을 RB로 바꾼 이탈리아 팀은, 독립팀으로 인정받기를 원하는 동시에 레드불과 더 밀접한 관계를 맺으면서 논란을 불러일으키기도 했습니다.

## 윌리암스

2010년대에 어려운 시기를 보냈지만, 여전히 윌리암스는 F1에서 두 번째로 성공적인 팀입니다. 2021시즌 창립자인 프랭크 윌리암스 경이 세상을 떠난 뒤, 재정적 지원이 절실했던 윌리암스는 결국 미국의 투자 회사에 매각됐습니다. 2023시즌 윌리암스는 메르세데스가 챔피언 타이틀을 독식하던 시절 전략 책임자 역할을 했던 제임스 볼스를 새로운 팀 수석으로 임명했습니다. 그는 팀의 리빌딩 작업에 착수해 인상적인 2023시즌을 보냈으며, 팀을 다시 챔피언십 상위권으로 올려놓기 위해 노력하고 있습니다.

## 하스

수년간 NASCAR 팀을 운영했던 미국의 사업가 진 하스는 2010년대 중반 F1 진출을 결심했습니다. 사업적 통찰력을 발휘한 진 하스는 처음부터 구입할 수 있는 모든 부품을 페라리로부터 구매하고, 규정상 '컨스트럭터' 자격을 유지하기 위해 필요한 최소한의 부품만 직접 제작하는 방식을 채택했습니다. 이렇게 비용을 절감하는 새로운 운영 방식과 함께 하스는 초창기부터 포인트를 획득하는 등 어느 정도 성과를 냈습니다. 그러나, F1의 발전 속도가 빨라지면서 하스는 점차 경쟁에서 뒤처졌지만, 부침을 겪는 가운데에서도 미국 국적의 F1 팀으로 다른 누구보다 많은 레이스에 출전한 팀의 자리를 지키고 있습니다.

# F1의 미래

F1은 멈춰 서 있었던 적이 없습니다. 초창기부터 F1의 미래를 내다본 천재적인 엔지니어들은 항상 최첨단의 레이스카를 개발해 기술적인 한계를 극복해 왔습니다. 기술적 혁신이 과거에 단순히 경쟁에서 이기기 위한 것이었다면, 오늘날에는 더 보편적이고 어쩌면 더 중요한 목적이 추가되었습니다.

미래를 바라보는 F1은 사회에 기여할 수 있는 더 큰 역할이 있다는 것을 깨닫기 시작했고, 세계에서 가장 우수한 엔지니어를 보유한 팀들이 막대한 자금을 투입해 개발한 기술은 세상을 위해 전략적으로 활용되기도 합니다. 그리고, 경쟁이 심해지면 변화와 기술적인 혁신의 속도는 더 빨라집니다. 1980년대와 1990년대의 전자장비 '드라이버 에이드'가 일반 양산차에 도입된 것처럼, FIA가 F1 레이스카에 의무화했던 충돌 테스트는 오늘날 모든 자동차의 도로 안전 평가에 기준이 되는 글로벌 NCAP의 탄생으로 이어졌습니다. 2010년대 F1의 하이브리드 파워유닛 시스템의 획기적인 발전은, 모든 내연기관의 효율을 큰 폭으로 향상시켰습니다. 이처럼 F1은 현재와 미래에 긍정적인 변화를 선도할 수 있는 힘을 가지고 있습니다.

F1과 챔피언십에 참가하는 팀들 모두 지속가능성을 높이고 탄소 중립을 실현하기 위한 여정에 헌신하고 있습니다. 미래를 위한 새로운 엔진 규정이 준비되고 있고, 다수의 세계적 브랜드가 F1을 친환경적인 신기술의 시험 무대로 삼고 있습니다. F1과 관련된 모든 분야에서 글로벌 의식과 함께 미래 기술 개발을 촉진하기를 희망하고 있습니다.

F1은 모두에게 패독의 문을 열기 위한 노력에 큰 진전을 이루고 있고, 포용성과 평등에 대한 추구는 미래를 향한 계획의 핵심으로 자리 잡았습니다. 또한, 다음 세대의 재능있는 여성 드라이버가 모터스포츠의 정점에 도달해 F1 월드 챔피언십에서 경쟁하는 날이 올 수 있도록 주니어 챔피언십의 새로운 성장 시스템을 구축했습니다.

# F1의 포용성

F1은 전 세계적으로 인기를 끌고 있지만, 오랫동안 상류층 백인 남성을 위한 엘리트 스포츠로 여겨졌습니다. 사회적인 인식의 변화가 빠르게 진행된 2020년대 초반, F1은 새로운 오너인 리버티 미디어와 루이스 해밀턴의 주도로 F1과 관련된 모든 업종의 인력 구성 면에서 더 나은 대표성과 포용성을 갖추기 위해 적극적인 노력을 시작했습니다.

F1의 첫 번째 목표는 역사적으로 소외되고 대표성이 부족했던 지역의 학교에서 STEM, 즉 과학, 기술, 공학, 수학 교육을 강화하는 한편, 사람들이 STEM 교육에 더 쉽게 접근할 수 있도록 만드는 것이었습니다. 이런 교육 기반이 충분히 갖춰진다면, 모터스포츠의 엔지니어링 분야에서 일할 인재를 키울 수 있다는 생각이었습니다. 2021년 F1은 소수자, 여성, 상대적으로 사회경제적 배경이 좋지 않은 사람들이 레이싱에 대한 꿈을 키우고 모터스포츠 분야에서 일할 기회를 주기 위해, 여러 대학에 엔지니어링 장학금을 지급하는 새로운 정책을 발표했습니다.

루이스 해밀턴은 2019년 '해밀턴 커미션'을 설립해 다양한 연구를 시작했고, 첫 번째 보고서를 통해 F1 팀의 팀원 중 흑인 비율이 단 1%에 불과하다는 사실을 알렸습니다. 보고서는 이렇게 흑인 비율이 낮은 가장 큰 원인으로 사회적 장벽을 지목했습니다. 이후 해밀턴은 교육, 취업, 역량 강화에 도움을 주기 위한 목적으로 '미션 44 재단'을 설립했습니다. 이 재단은 더 어릴 때 커리어를 시작할 수 있도록 도우면서 조언과 각종 지원을 제공하고, 사회 운동 단체와 학교, 비영리 단체 사이의 연결 고리를 만드는 역할을 하고 있습니다. 이를 통해 대상자들이 STEM 분야에 진출할 수 있는 길을 열어줄 수 있는, 포용성이 강화된 교육 시스템 구축을 목표로 하고 있습니다.

해밀턴의 소속 팀 메르세데스 역시 월드 챔피언과 함께 2023년, 영국의 왕립 엔지니어링 아카데미에서 흑인 학생이 모터스포츠와 관련된 학문을 배울 수 있도록 장학금을 지급하는 '이그나이트 파트너십'을 설립한다고 발표했습니다. 더불어 메르세데스는 2025년까지 신규 채용 과정에서 최소 25퍼센트를 대표성이 부족한 그룹에 할당한다는 계획, '액셀러레이트 25 프로그램'을 발족시켰습니다.

여성의 F1 참여는 그 어느 때보다 높은 수준으로 늘어났습니다. 팀의 본부와 핏 월, 개러지, 그리고 이사회까지 F1의 모든 부문에서 여성이 중요한 역할을 맡고 있습니다. 현재 F1은 당연히 그래야 하는 것처럼 성별, 인종, 정체성과 관계없이, '능력만큼 인정받고 최고 중의 최고가 더 높은 자리에 올라설 수 있는 무대'라는 것에 자부심을 갖고 있습니다. 레이싱 프라이드와 같은 단체는 많은 F1 팀과 협력해, LGBTQ+ 커뮤니티가 팬들 사이에서나 팀 내부에서나 환영받을 수 있도록 노력하고 있습니다.

위에 설명한 포용성 강화 노력은 몇 가지 예에 불과합니다. 현재 모든 F1 팀은 다양성과 포용성, 형평성을 강화하기 위해 적극적으로 노력하고 있습니다.

# F1의 여성 드라이버

모터스포츠는 남성과 여성이 함께 경쟁하는 많지 않은 스포츠 중 하나입니다. 다른 스포츠 분야에서는 남성과 여성의 리그가 구분되는 경우가 많지만, 모터스포츠에서는 남녀를 구분해 별도의 계층 구조를 만들 필요성을 느끼지 못했습니다. 모터스포츠의 핵심은 사람과 레이스카가 조화를 이루고, 결과적으로 드라이버가 차이를 만들도록 하는 것입니다. 헬멧을 착용하면 성별은 중요하지 않습니다. 중요한 것은 시간과의 싸움에서 누가 승리하는가 뿐입니다.

대니카 패트릭은 인디카에서 우승을 기록했고, 엘런 로어는 DTM에서 우승을 경험했습니다. 미셸 무통은 WRC에서 챔피언 타이틀에 근접하기도 했습니다. 2023년에는 사라 보비, 미셸 게팅, 라헬 프라이 등 모두 여성으로만 구성된 아이언데임즈 LMGTE 팀이 WEC의 바레인 8시간 레이스에서 우승을 차지했고, WEC의 LMGTE Am 클래스에서 챔피언십 최종 순위 2위에 올랐습니다. 2022년 페라리 챌린지 유럽 챔피언 타이틀을 차지한 도리안 판은, 2023 F4 동남아시아 챔피언십의 일부 레이스에만 참가해 한 차례 우승과 함께 챔피언십 2위에 오르는 저력을 보여줬습니다. 도리안 판은 WEC LMP2에도 데뷔해 인상적인 레이스를 펼쳤고, 2023년 19세의 나이에 WEC '올해의 발견'에 선정되기도 했습니다. 그러나, F1 역사를 통틀어 포인트를 획득한 여성은 단 한 명에 불과하고, 최근에는 30년 이상 F1 그랑프리 퀄리파잉에 출전한 여성이 한 명도 없었습니다.

그렇다고 해서 여성이 F1에 도전하려는 시도가 전혀 없었던 것은 아닙니다. 수지 울프는 2010년대 중반 F1 팀의 테스트 및 리저브 드라이버로 활약했고, 같은 시기 여러 명의 여성 드라이버가 현재 FIA F3에 해당하는 GP3 시리즈에 출전했습니다. 그러나, 많은 여성이 재정 지원 부족으로 어려움을 겪었고, 경쟁력 있는 팀에 합류하지 못했습니다. 아시아 포뮬러 르노 챔피언 타이틀을 획득했던 앨리스 파월 같은 뛰어난 드라이버조차 상위 포뮬러 챔피언십에 진출하지 못했습니다.

여성 드라이버에게 충분한 기회가 제공되지 않거나 스폰서십과 상위 카테고리의 시트 확보에 실패하는 상황이 반복되면서, 여성 드라이버에게도 자기 실력을 세상에 알릴 수 있는 기회를 주기 위해 W 시리즈가 창설되었습니다. W 시리즈는 몇 가지 문제에 대한 해결책이 되기는 했지만, 단순하게 기회와 무대를 제공하는 것 이상이 필요하다는 사실이 분명해졌습니다. 남성 드라이버와 제대로 경쟁할 수 있는 역량을 갖추려면, 다음 세대의 여성 드라이버에게 체계적인 훈련 과정이 필요했습니다.

이런 문제를 고민한 끝에 2023년 F1 아카데미가 출범했습니다. 여성을 위한 챔피언십인 F1 아카데미는 현재 F2와 F3에서 활약 중인 5개의 명문 모터스포츠 팀이 3대씩의 레이스카를 운영합니다. 이 챔피언십은 드라이버들에게 더 많은 트랙 타임을 제공해 실력을 연마할 기회를 주고, 기술적, 신체적인 부분은 물론 정신적인 부분까지 충분히 준비할 수 있도록 지원합니다. 시간이 지나면 F1 아카데미를 통해 여성 드라이버들이 F3와 F2는 물론, 궁극적으로 F1까지 진출할 수 있는 길이 열릴 수 있습니다. 현재 F1 아카데미 챔피언십은, 마지막으로 F1 그랑프리 공식 세션에 참가했던 여성 드라이버인 수지 울프가 이끌고 있습니다.

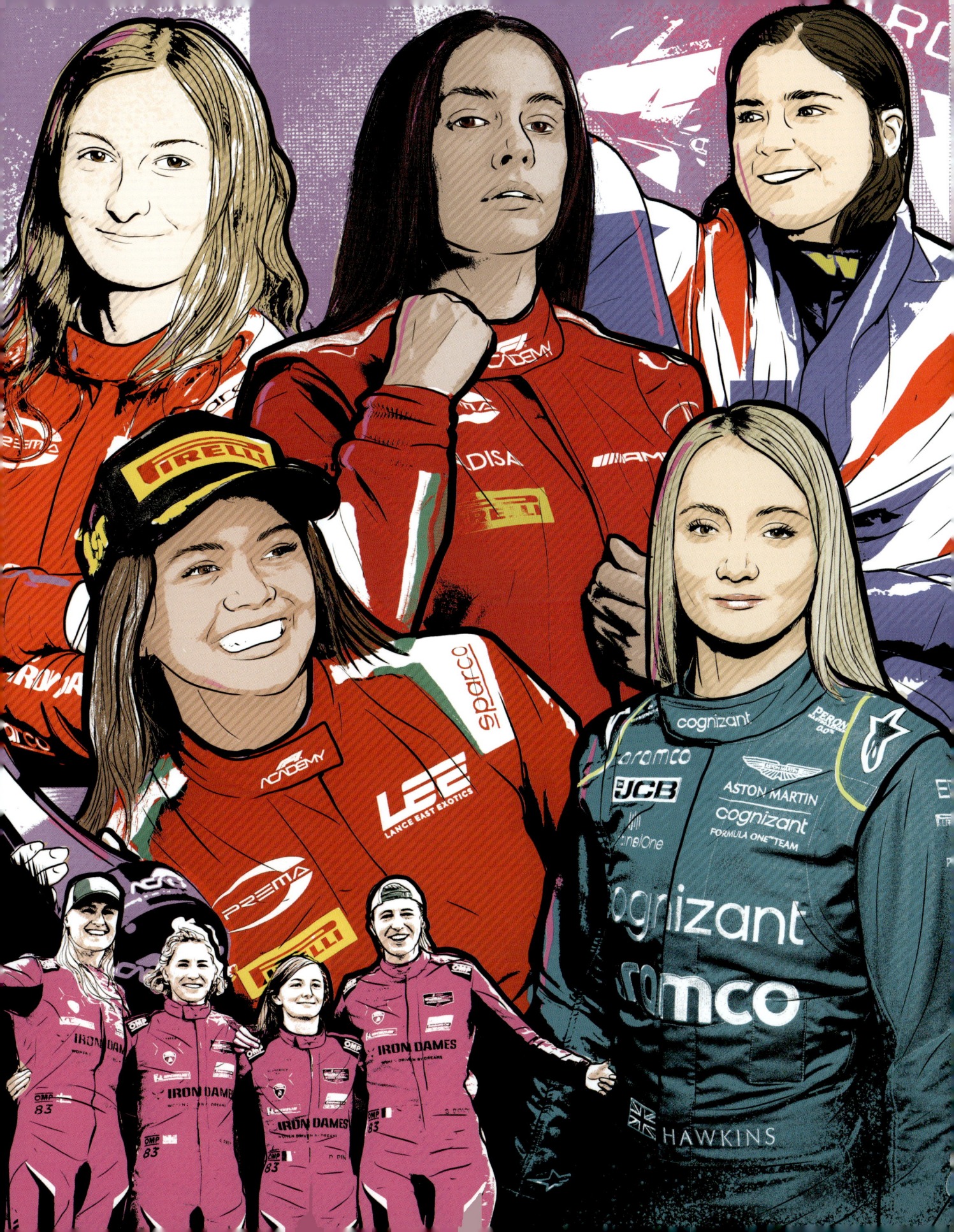

# 지속가능성

F1은 오랫동안 자동차 관련 기술의 최전선에 있었고, 트랙 위에서 개발된 기술은 일반 도로와 세계 사회에 긍정적인 영향력을 발휘했습니다. 지구의 미래를 지켜야 한다는 과제가 인류 모두에게 주어진 가운데, F1은 각 팀이 보유한 뛰어난 인재들을 활용해 지속가능성을 높이기 위한 노력을 선도하고 있습니다. F1의 핵심 목표는 2030년까지 탄소 중립을 달성한다는 것입니다.

2014시즌 F1에 터보-하이브리드의 시대가 열린 것은 지속가능성 면에서 큰 도약이었습니다. 19세기 후반 처음 등장한 내연기관의 효율이 약 17% 정도였지만, 놀랍게도 이후 120년 동안 발전한 일반 자동차 엔진의 효율은 30% 정도까지 상승한 것이 고작이었습니다. 그러나, F1의 엔진 디자이너들은 2014시즌을 앞둔 12개월의 개발 기간 동안 엔진 효율을 40%까지 끌어올렸고, 10년이 지난 현재 엔진 효율은 50%를 훌쩍 넘기고 있습니다. 지난 10년간의 발전이 그 이전 120년의 발전을 뛰어넘은 셈입니다. 그러나, F1은 항상 미래를 바라보며 다음 도전을 준비했고, 2026시즌 지속가능성을 획기적으로 높일 새 엔진을 준비하고 있습니다.

그러나, 레이스카의 파워유닛이 배출하는 탄소의 양은 F1 전체 탄소 배출량의 1%도 되지 않습니다. F1 전체 탄소 배출량의 7%는 그랑프리 이벤트 운영 과정에서 발생하고, 각 팀의 팩토리와 시설 운영에서 19%, 직원과 관련자들의 이동 및 숙박에서 28%, 화물의 물류 과정에서 45%가 발생합니다. 이런 점을 고려해, 2030 탄소 중립을 목표로 하는 F1은 이를 달성하기 위한 중요 과제로, 모든 레이스가 '지속가능한 이벤트'의 조건을 충족할 수 있어야 한다고 규정했습니다. 2023 오스트리아 그랑프리는 최초로 태양광 발전과 바이오연료만을 사용해 패독, 핏 레인, 방송 시설 등 써킷의 모든 곳에 전력을 공급하는 자체 에너지 스테이션을 도입했습니다.

모든 F1 팀의 사무실과 시설, 팩토리는 2030년까지 100% 재생가능 에너지를 사용해야 하고, 다른 영역에서는 믿을만한 탄소 상쇄를 통해 탄소 배출량을 '넷 제로'로 만들어야 합니다. 2023년에는 이미 모든 F1 팀이 FIA의 최고 환경 등급인 3성급 환경 인증을 획득했습니다. 레이스 캘린더의 동선을 더 짧고 단순하게 만들기 위한 작업이 진행 중이며, 화물 운송에서도 더 효율적인 항공기와 유연한 배송 컨테이너를 활용해 연료 효율을 크게 높였습니다. 2023년 메르세데스는 유럽 레이스에서 화물 운송에 사용하는 트럭을 바이오 연료만으로 운행한 최초의 F1 팀이 되었고, 이를 통해 탄소 배출량을 89% 줄이는 큰 성과를 거뒀습니다. 같은 해 F1의 물류 파트너 DHL도 같은 방식으로 화물 운송이 환경에 미치는 영향을 크게 줄이는 데 성공했습니다.

# 미래의 기술

2026시즌 F1에 큰 규정 변경이 예정되어 있습니다. 탄소 중립 달성을 목표로 하는 동시에 더 치열한 레이싱과 트랙 위에서 더 멋진 장면을 연출하겠다는 약속 아래 레이스카 차체와 엔진 규정이 완전히 바뀝니다. 2026시즌 도입되는 2세대 파워유닛은 완전히 지속가능한 '드롭-인' 연료를 사용합니다. F1 연료 공급자는 새로운 원료로부터 얻은 탄소를 연소시키는 대신, 비식용의 바이오매스와 도시 폐기물, 대기 그 자체로부터 연료를 추출합니다. 이것만으로도 화석 연료를 사용하는 기존 방식에 비해 온실가스 배출을 65% 줄일 수 있습니다. 이런 새로운 연료를 연소할 때도 여전히 탄소가 배출되지만, 순환하는 구조를 거치며 연료를 만드는 과정에서 사용한 탄소가 대기 중의 탄소를 대체하는 시스템이 만들어질 것입니다.

새로운 파워유닛의 MGU-K는 이전 버전보다 3배의 전력을 공급합니다. 브레이킹 과정에서 최대 350kW의 에너지를 얻는데, 이는 현세대의 120kW와 비교했을 때 큰 차이가 납니다. 재활용되고 재사용되는 에너지에서 더 많은 전력을 생성해 새로운 지속가능 탄소 연료의 사용량을 줄일 수 있습니다. 2023시즌 기준으로 그랑프리의 레이스 거리를 소화하기 위해 필요한 연료가 100kg이지만, 새로운 세대에서는 70kg만으로 완주를 목표로 하고 있습니다. 너무 복잡했고 비용 부담만 컸던 MGU-H는 사라질 예정입니다.

새로운 엔진 규정은 기존 F1 엔진 공급자는 물론, 챔피언십 외부의 기업들로부터도 큰 관심을 끌었습니다. 기존 공급자인 페라리, 메르세데스, 르노는 일찌감치 2세대 파워유닛 제작을 결정했고, 포드와 혼다가 F1 복귀를 선언했습니다. 아우디는 2026시즌부터 직접 챔피언십에 참가하겠다는 계획을 진행 중이고, 다른 자동차 제조사 중에도 F1 참전을 검토하는 곳이 있습니다.

레이스카 자체도 큰 변화를 겪습니다. 현재 무게가 약 800kg에 달하는 F1 레이스카는 역사상 가장 크고 무겁습니다. 이 때문에 놀라운 속도에도 불구하고, 과거의 레이스카만큼 민첩하지 못합니다. 2026시즌에 계획된 변화는 전체적인 크기를 줄이고, 더 짧고 폭이 좁은 가벼운 레이스카를 만드는 것입니다. 레이스카의 크기를 줄이는 또 다른 이유는 현재 큰 차체가 만드는 드래그의 양을 줄이고, 직진 가속 구간에서의 속도와 추월 가능성을 높이는 것입니다. 2022시즌 규정 변경 직후의 경험이 2026시즌 공기역학 관련 규정을 정하는 데 중요한 교훈이 되었습니다.

일부 부품을 표준화하는 것은, 지속가능하고 재활용할 수 있는 소재의 사용을 늘려 환경 보호를 위해 노력하는 과정에서 비용을 절감할 수 있는 핵심 요소로 여겨집니다. 그러나, 이런 모든 변화는 드라이버의 안전을 확보한다는 기반 위에서 진행돼야 합니다. 그런 의미에서 F1은 능동적으로 작동하면서 상호 작용을 통해 더 확실하게 작용하는 안전 시스템을 구축해 드라이버의 안전을 보장할 수 있는 방향으로 발전을 계속하고 있습니다.

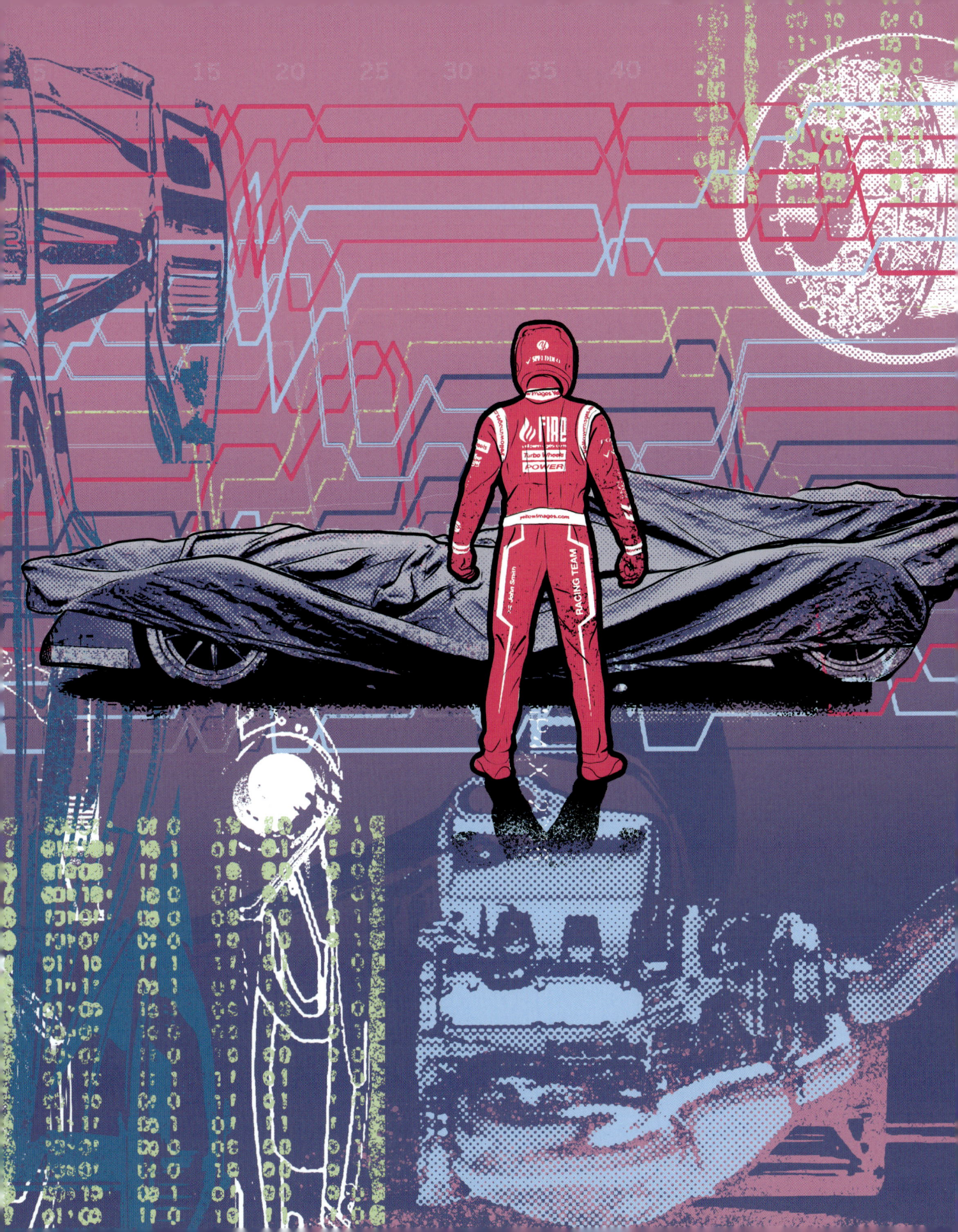

# 영화 속의 F1

F1 챔피언십이 출범할 때부터, 보고 듣는 사람을 흥분시키는 레이스와 두려움이 없는 듯한 세계 최고 드라이버들은 위대한 작가와 영화제작자들에게 좋은 이야깃거리로 여겨졌습니다. 1950년대부터 F1을 주제로 매우 많은 다큐멘터리가 만들어졌고, 할리우드 스튜디오들 역시 F1을 은막 위에 영원히 남기기 위해 노력했습니다.

첫 번째 도전 중 하나는 마크 데이먼과 윌리엄 캠벨이 주연을 맡은 로저 코먼 감독의 1963년 작 〈영 레이서〉였습니다. 제작비는 10만 달러 이하로 규모가 크지 않은 영화였지만, 제작진은 F1 1962시즌의 여러 그랑프리 이벤트에서 멋진 레이스 장면을 영상에 담아냈습니다.

1960년대 세계적으로 F1의 인기가 높아지면서 대형 스튜디오들이 관심을 보이기 시작했습니다. 1965년 존 프랑켄하이머 감독이 F1 영화를 준비하기 시작했고, 1966년 〈그랑프리〉를 발표했습니다. 영화계의 전설 스티브 맥퀸도 자신의 F1 영화 〈데이 오브 더 챔피언〉을 제작하기 위한 작업에 착수했습니다. 그러나, 제작 지연 문제로 워너 브라더스가 프로젝트를 취소하면서, 처음으로 대자본이 투입된 F1 영화를 만들려던 맥퀸의 계획은 무산됐습니다. 반면, 프랑켄하이머는 900만 달러의 예산으로 제임스 가너와 에바 마리 세인트가 출연한 영화를 완성했고, 〈그랑프리〉는 제작비 두 배 이상의 수익을 냈습니다. 1967년 아카데미 시상식에서 3개 부문 트로피를 수상한 〈그랑프리〉는 지금까지도 F1 영화 중 최고의 작품으로 여겨집니다.

1969년에는 배우 폴 뉴먼이 인디 500을 무대로 한 레이싱 영화 〈영광이여 영원히〉를 완성했고, 1971년에는 스티브 맥퀸이 르망 24시간을 다룬 전설적인 영화 〈르망〉을 선보였습니다. 이로써 F1과 인디카, 스포츠카 레이싱을 아우르는 비공식적인 모터스포츠 3부작이 완성되었습니다.

F1은 알 파치노가 주연을 맡은 1977년 작 〈바비 디필드〉에서 다시 중요한 배경으로 등장했습니다. 당시 브라밤 팀 보스였던 버니 에클스톤은 제작진과 자기 팀의 촬영을 허가했고, 레이스 장면이 스토리 전개에서 중요한 역할을 차지하는 영화의 여러 장면이 브라밤의 F1 팩토리에서 촬영됐습니다.

이후 40년 동안 할리우드 영화에서 F1의 중요한 소재로 쓰인 경우는 없었습니다. 중계권 강화 작업이 진행되는 과정에서 모든 권리가 독점적으로 변해 가격이 올랐기 때문입니다. 1990년대 실베스터 스탤론은 패독에서 팀 보스들과 대본 작업을 진행하며 F1 영화 제작을 눈앞에 두고 있었지만, 영화의 제작 방향에 불만을 가진 F1 측에서 영화 〈록키〉의 스타와의 협력을 일방적으로 중단했습니다. 이후 스탤론은 영화의 컨셉을 인디카로 수정해 2001년 〈드리븐〉을 완성했지만, 비평가들로부터 혹평을 들어야 했습니다.

2000년대 중반에는 픽사의 애니메이션 〈카〉 시리즈에 많은 F1 드라이버의 목소리가 담겼습니다. 마리오 안드레티와 미하엘 슈마허, 니키 라우다와 루이스 해밀턴, 세바스찬 베텔 등을 포함해 많은 전설적인 드라이버가 이 작품에 참여했습니다.

2013년 론 하워드 감독이 〈바비 디필드〉 이후 처음으로 본격적으로 F1을 다룬 대작 영화를 발표했습니다. 〈러시 : 더 라이벌〉은 F1 1976시즌 니키 라우다와 제임스 헌트의 챔피언십 경쟁을 다룬 작품이었습니다. 이 영화는 BAFTA상을 수상했고, 제임스 헌트를 연기한 크리스 헴스워스와 니키 라우다를 연기한 다니엘 브륄의 연기는 평론가들의 찬사를 받았습니다. 2019년에는 애덤 샌들러와 제니퍼 애니스톤 주연의 코미디 영화 〈머더 미스터리〉에 F1이 깜짝 등장했습니다. 이 영화는 모나코 그랑프리에서 촬영되었고, 맥라렌과 페르난도 알론소가 참여했습니다.

2020년대 들어 F1을 배경으로 한 할리우드 영화 제작이 다시 활기를 띠고 있습니다. 2023년에는 마이클 만 감독이 엔초 페라리의 삶을 다룬 영화 〈페라리〉를 제작했고, 같은 해 〈그랑프리〉 이후 가장 야심 찬 F1 영화 프로젝트의 촬영이 시작됐습니다. 조셉 코신스키 감독과 제작자 제리 브룩하이머는 앞선 〈탑건: 매버릭〉의 성공을 바탕으로 F1을 소재로 한 영화를 제작하기로 했고, 브래드 피트와 댐슨 이드리스가 주연으로 실제 현역 F1 드라이버들과 경쟁하는 내용의 영화 촬영에 들어갔습니다.

# 감사의 글

텐스피드 출판사와 펭귄 랜덤 하우스의 환상적인 팀에게 깊은 감사의 마음을 전합니다. 함께 작업하자는 제안을 주셨을 뿐만 아니라, 우리가 만든 컨셉에 대해 굳건한 신뢰를 보여주셨습니다. 무엇보다, 처음부터 저를 믿어 준 아론 웨너에게 감사드립니다. 프로젝트를 뒷받침해 준 놀라운 팀에게 감사드리며, 특히 케이틀린 케첨, 리지 앨런, 켈리 부스, 카우소르 파히무딘, 제인 친, 조이스 웡, 브리앤 스퍼버, 제이나 브랜슨에게 감사드립니다.

놀라운 일러스트레이터 다비 아우구스토와 그의 에이전트 콜러진 패리스에게도 감사드립니다. 아우구스토가 없었다면 이 책도 없었습니다. 당신의 예술적 재능에 경의를 표하며, 함께 작업할 수 있어 정말 기뻤다는 말씀을 드립니다. 또한, 기술적 요소가 담긴 그림이 정확하게 그려질 수 있도록 도와주신 크레이그 스카버러에게도 진심으로 감사드립니다.

제 가족과 친구들, 사랑하는 아내와 자랑스러운 딸들에게도 감사의 말을 전합니다. 모두의 사랑과 응원이 큰 힘이 됐습니다.

저의 에이전트 벤 고먼에게도 감사를 전합니다. 언제나 제 곁을 지켜 주었고, 모든 계약 과정도 책임져 주었습니다. 때로는 과격한 방법으로 동기부여 해 주신 것도 감사드립니다.

이 책은 오랜 세월 축적된 지식 위에 만들어졌습니다. 저는 30년 넘게 모터스포츠 분야의 위대한 잡지들을 읽으며 지식을 흡수했고, 업계 최고의 작가들로부터 많은 것을 배워왔습니다. 그들의 통찰력과 폭넓은 지식은 제 얕은 지식의 기반이 되었습니다. 오토스포트, 모터스포트 뉴스(제 어린 시절에는 모터링 뉴스라고 불렸던), 모터스포트 매거진, F1 레이싱 매거진, 오토카, 레이서, 오토코스, 그리고 최근에는 온라인 플랫폼 Autosport.com과 Motorsport.com, The Race, F1.com이 저의 동반자이자 길잡이가 되어 주었습니다. 저와 이 책은 제럴드 도널드슨, 데이빗 트레메인, 모리스 해밀턴, 앨런 헨리, 리처드 윌리엄스, 마크 휴즈, 사이먼 아론, 나이젤 로벅, 조 사워드, 제임스 앨런, 에드 스트로, 데니스 젠킨슨의 그랑프리 레이스 리포팅과 특집 기사에 많은 영향을 받았습니다.

특별히 데이빗 트레메인에게는 각별한 감사를 표하고 싶습니다. 그는 제 첫 번째 직장 상사로서 젊은 시절의 저에게 매일 같이 F1의 역사에 관해 물으며 시험하셨고, 현대 F1의 발전 속에서 그 지식을 유지하는 것이 얼마나 중요한지 가르쳐 주셨습니다.

통계와 날짜와 관련해, FORIX.com과 위키피디아는 제 지식이 부족한 부분과 모호한 부분을 채우는 데 매우 유용했습니다.

F1에도 깊은 감사를 드립니다. 훌륭한 서문을 써주신 스테파노 도메니칼리, 도움을 주시면서 친구로서 조언을 아끼지 않으신 리암 파커에게 감사드립니다. 또한 이안 홈스, 데이빗 힐, 딘 로크, 헤일리 맥데이드, 팀 밴프턴과 F1 관련자 가운데 이 프로젝트를 도와주신 모든 분께 감사드립니다.

모든 F1 팀과 그들의 홍보 부서에도 무한한 감사의 마음을 전하고 싶습니다. 특히 애스턴마틴 아람코 F1 팀의 애드리언 앳킨슨과 스티브 쿠퍼, 윌리암스 레이싱의 레베카 뱅크스, 스쿠데리아 페라리의 일원이었던 토마스 호프만, 오라클 레드불 레이싱의 앨리스 헤드워스에게 감사드립니다. FIA의 톰 우드에게도 감사하다는 말씀을 드립니다.

그리고 〈F1, 본능의 질주〉라는 하나의 현상을 만들어낸 션 브래처스, 폴 마틴, 제임스 게이 리스, 네이트 그루이의 비전에 대해서도 깊이 감사드립니다. 이 놀라운 시리즈에 작은 역할을 맡을 수 있었던 것은 제게 가장 큰 영광이었으며, 이 책을 쓰면서 F1에 대한 사랑을 새로운 독자들과 나눌 기회가 생긴 것 역시 여러분 덕분입니다.

마지막으로, 이 책을 읽어 주신 여러분께 가장 깊은 감사의 말씀을 드립니다. 이 책은 놀라운 F1의 역사와 그 속에 담긴 흥미진진한 이야기를 만들어낸, 믿을 수 없는 인물들에 대해 아주 조금 다뤄본 안내서입니다. 위대한 스포츠에서 1,000번 이상의 F1 레이스를 만들어온 수백 명의 드라이버와 팀의 역사에 더 깊이 빠져드는 길로 여러분을 이끄는 데 이 책이 도움이 되기를 바랍니다.

# 저자 소개

윌 벅스턴은 20년 이상 전 세계의 정상급 모터스포츠 무대에서 활발히 활동해 왔습니다. 그는 2000년대 초반 모터스포츠 언론 매체에서 경력을 시작했고, 이후 3년 동안 GP2와 GP3 시리즈의 커뮤니케이션 부서를 이끌었습니다. 언론으로 복귀한 벅스턴은 해설에 도전할 기회를 얻었고, 이를 계기로 미국으로부터 영입 제의를 받아 F1 핏 리포터로 활동했습니다. 그가 미국 TV에서 10년간 활동했을 무렵 리버티 미디어의 주도로 F1이 디지털 방송 부문을 확장했고, 벅스턴은 이때 F1이 구성한 자체 방송팀에 합류했습니다. 윌 벅스턴은 F1 TV와 넷플릭스의 글로벌 히트작 〈F1, 본능의 질주〉로 전 세계에 이름을 알렸고, F1 팬들에게 가장 널리 알려진 대표적인 목소리가 되었습니다. 2023년 윌 벅스턴은 커리어 600번째 레이스를 보도했고, 300번째 F1 그랑프리와도 함께했습니다.

# 역자 소개

윤재수 | F1/모터스포츠 해설가

**주요 해설 이력**

- 쿠팡플레이 전속 F1 해설위원(2022~)
- CJ 슈퍼레이스 해설위원(2016 ~ 2021)
- SBS Sports F1 생중계 해설위원(2014)
- SBS ESPN F1 생중계 해설위원(2011~2013)
- MBC SPORTS+ F1 생중계 해설위원(2010)

**저서**

- 《그랑프리 블랙북 제0권 : F1 용어집 1111》(2024, 골든래빗)
- 《그랑프리 블랙북 제1권 : F1 레이스카의 공기역학》(2023, 골든래빗)
- 《블랙북 제0권 : F1 용어집 1000》(2019, 개인 출판)
- 《블랙북 제1권 : F1 레이스카의 공기역학》(2015, 개인 출판)
- 《블랙북 제2권 : F1 그랑프리 위닝 카》(2016, 개인 출판)

# INDEX

### 숫자

1950년대의 F1, 56-75
1957 독일 그랑프리, 75
1960년대의 F1, 78-99
1970년대의 F1, 102- 123
1971 이탈리아 그랑프리, 123
1980년대의 F1, 126-145
1984 모나코 그랑프리, 145
1990년대의 F1, 148-167
1993 유러피언 그랑프리, 167
2000년대의 F1, 170-187
2005 일본 그랑프리, 187
2010년대의 F1, 190-203
2011 캐나다 그랑프리, 203
2020년대의 F1, 206-219

### ABC

ADR, 23
AIACR, 46
AMR 기술 캠퍼스, 36-37
BAR, 16, 179, 184 〈참조: 메르세데스〉
BMW 자우버, 17, 170, 185
　〈참조: 자우버〉
CAD, 24
COVID-19, 206
F1, 7, 9, 16-17, 18-19, 36-37, 42-43
F1에서의 포용성 강화, 222
F1의 미래, 221-230
F1 팀, 16, 18-19
F2 챔피언십, 32, 33
F3 챔피언십, 32, 33
F4, 32, 33
FIA, 31, 32-33
FIA F2 챔피언십, 32, 33
FIA F3 챔피언십, 32, 33
FOCA, 103, 126, 142
Formula 1, 7, 9, 16-17, 18-19, 36-37, 42-43
HANS, 23, 171
KERS, 171
NASCAR, 34
NCAP, 221
RB, 219
TCS, 127, 164, 167, 171

### ㄱ

가라지스테, 78
가속도계, 23
가슬리 (피에르), 207, 212, 219
갈리차 (디비나), 119
개러지, 38-39
거니 (댄), 67, 79, 93, 99
게팅 (미셸), 224
고-카트, 32, 33
고든 머레이, 102, 121, 131, 142
곤잘레스 (호세 프로일란), 70
공기역학, 20, 78-79, 102, 103, 127, 171, 207, 217, 228
국제 중계방송, 31, 44-45, 149
규정, 20-21, 31, 46, 57, 226
그라운드 이펙트, 20, 102, 103, 120, 121, 126-127, 142, 207
그랑프리 (영화), 79, 230
그랑프리 주말 포맷, 18-19
그레이엄 힐, 83, 96, 99
그린 플랙, 26
글러브 (드라이버), 23
기술적 진보, 228
깃발 신호와 세이프티 카, 26

### ㄴ

나스카, 34
나이젤 만셀, 131, 143, 145, 151, 162
남아프리카공화국 (F1 지도), 10-11
내구 레이싱, 35
내셔널 레이싱 컬러, 16
네덜란드 (F1 지도), 10-11
넬슨 피케, 131, 142, 143, 145
넬슨 피케 주니어, 184
노리스 (랜도), 213
뉘르부르크링, 14, 99
뉴이 (애드리안), 121, 164, 185, 190, 200
니코 로스버그, 177, 195, 198, 200
니코 훌켄버그, 215
니키 라우다, 103, 109, 111, 120, 142, 145, 230

### ㄷ

대니얼 리카도, 197, 200
대니카 패트릭, 224
대한민국 (F1 지도), 10-11
댄 거니, 67, 79, 93, 99
데니 흄, 89
데앤젤리스 (엘리오), 140
데이먼 힐, 153, 155, 157, 163
데이빗 쿨싸드, 183, 185
데이 오브 더 챔피언 (영화), 230
데지레 윌슨, 141
데 필리피스 (마리아 테레사), 71
도리안 판, 224
독일 (F1 지도), 10-11
독일 그랑프리 (1957), 75
뒤카루주 (제라르), 143
드라이버, 28-29, 32-33, 50-52
드라이버 방향 고속 카메라, 23
드라이버 에이드 전자 장비, 127, 148-149
드라이버 장비의 진화, 50-52
드리븐 (영화), 230
디디에 피로니, 139, 141, 143
디비나 갈리차, 119
디트리히 마테시츠, 91, 165

### ㄹ

라우다 (니키), 103, 109, 111, 120, 142, 145, 230
라이코넨 (키미), 170, 175, 184, 185, 187
라첸버거 (롤랜드), 148
라헬 프라이, 224
랄프 슈마허, 170, 185, 187
랜도 노리스, 213
랜스 맥클린, 65
랜스 스트롤, 206, 215
랠리, 35
러드 (토니), 96, 120
러셀 (죠지), 207, 211
러시 : 더 라이벌 (영화), 230
러시아 (F1 지도), 10-11
레가조니 (클레이), 118, 123
레드불, 17, 40, 48-49, 190, 200, 203, 217, 219
레드 플랙, 26
레우테만 (카를로스), 119
레이스 베이, 37
레이스 컨트롤, 31
레이스 컨트롤 논란, 206
레이싱 컬러, 16
레이싱포인트 〈참조: 메르세데스〉
렐라 롬바르디, 119
로건 사전트, 216
로니 페터슨, 117, 120, 123
로드리게스 (페드로), 94
로렌스 스트롤, 201, 215
로리 번, 164, 165
로버트 쿠비차, 181, 185, 193
로스버그 (니코), 177, 195, 198, 200
로스버그 (케케), 133, 142, 159
로스 브런, 164, 165, 171, 179, 184, 190, 200

로어 (엘런), 224
로터스, 17, 48-49, 78-79, 96, 99, 102, 120, 127, 143, 149, 167
론 타우라낙, 97
롤랜드 라첸버거, 148
롤 후프, 22
롬바르디 (렐라), 119
롭 워커, 69, 96, 105
루벤스 바리첼로, 148, 165, 167, 182
루이스 해밀턴, 16, 131, 170, 173, 177, 181, 182, 185, 190, 195, 198, 200, 201, 203, 206, 207, 211, 222
르끌레 (샤를), 207, 209, 210
르네 아르누, 139, 141
르노, 17, 48-49, 102-103, 143, 145, 167, 170, 184, 187 〈참조: 메르세데스〉
르망 (영화), 230
르베 (피에르), 65
리어 임팩트 스트럭쳐, 22
리지에, 135, 165
리카도 (대니얼), 197, 200
리카르도 파트레제, 162, 167
린트 (요헨), 103, 105, 107, 120

## ㅁ

마그누센 (케빈), 214
마리아 테레사 데 필리피스, 71
마리오 안드레티, 113
마싸 (펠리페), 182, 184, 203
마우로 포기에리, 120
마이크 호손, 65, 69, 70, 75
마이클 안드레티, 159
마제라티, 61, 73, 75
마치, 117, 121, 126
마크 웨버, 198
마테시츠 (디트리히), 91, 165
마트라, 97, 123, 165
막스 베르스타펜, 197, 200, 207, 208, 217
만셀 (나이젤), 131, 143, 145, 151, 162
말레이시아 (F1 지도), 10-11
맥라렌 (팀), 16, 17, 48-49 121, 127, 142, 145, 164, 167, 170, 185, 187, 201, 218
맥라렌 (브루스), 94, 99, 121
맥스 모슬리, 126, 127, 149, 190
맥클린 (랜스), 65
머더 미스터리 (영화), 230
머레이 (고든), 102, 121, 131, 142

메디컬 센터/의료 장비, 26, 50, 53, 91, 103, 127, 148
메르세데스, 16, 17, 46, 48-49, 57, 73, 170, 190, 195, 200, 206, 207, 217, 222, 226
멕시코 (F1 지도), 10
모나코 (F1 지도), 10-11
모나코 그랑프리 (1984), 145
모나코 써킷, 12
모로코 (F1 지도), 10-11
모스 (스털링), 65, 67, 69, 71, 72, 73
모슬리 (맥스), 126, 127, 149, 190
몬짜 써킷, 15
몬토야 (후안 파블로), 170, 183, 185, 187
무게 (규정), 20
무통 (미셸), 224
물류와 화물 운송, 30
미국 (F1 지도), 10-11
미나르디, 17 〈참조: RB〉
미들랜드, 17 〈참조: 애스턴마틴〉
미션 컨트롤, 37
미셸 게팅, 224
미셸 무통, 224
미카 하키넨, 149, 159, 164, 175, 183
미하엘 슈마허, 16, 149, 153, 159, 164, 165, 167, 170, 173, 175, 184, 187, 193, 195, 200, 201

## ㅂ

바레인 (F1 지도), 10-11
바리첼로 (루벤스), 148, 165, 167, 182
바비 디필드 (영화), 230
바이오메트릭 글러브, 23
바지 (드라이버), 23
반월, 57, 72
발레스트레 (장-마리), 126, 127, 143
발테리 보타스, 198, 216
배당금 지급 구조, 16
버나드 (존), 127, 142
버니 에클스톤, 103, 121, 126, 127, 131, 142, 190-191
버튼 (젠슨), 171, 179, 184, 185, 187, 201, 203
번 (로리), 164, 165
베네통, 17, 143, 149, 164 〈참조: 알핀〉
베르스타펜 (막스), 197, 200, 207, 208, 217
베텔 (세바스찬), 193, 197, 198, 203
벨기에 (F1 지도), 10-11
보비 (사라), 224
보이콧, 79

보타스 (발테리), 198, 216
볼프강 폰 트립스, 81, 96
브라밤 (잭), 67, 73, 89, 97, 99
브라밤 (팀), 97, 102, 103, 121, 127, 131, 142, 149
브라질 (F1 지도), 10
브런 (로스), 164, 165, 171, 179, 184, 190, 200
브런GP, 16, 17, 49, 171, 184, 190 〈참조: 메르세데스〉
브루스 맥라렌, 94, 99, 121
브룩스 (토니), 71, 72
블랙 플랙, 26
블루 플랙, 26
비앙키 (쥴스), 191
빌너브 (자끄), 155, 157, 181, 184
빌너브 (질), 115, 120, 129, 139, 141, 143

## ㅅ

사고 기록 장치, 23
사라 보비, 224
사우디아라비아 (F1 지도), 10-11
사인스 (카를로스), 207, 210
사전트 (로건), 216
상징적인 F1 써킷, 12-15
샤를 르끌레, 207, 209, 210
서바이벌 셀, 20, 22, 127
서티스 (존), 87, 96, 97, 99, 129
설계, 개발, 테스트, 24-25
세계대전 이전 시대, 16, 46-47
세나 (아일톤), 127, 131, 135, 137, 142, 145, 148, 149, 151, 155, 159, 162, 164, 167
세르히오 페레스, 201, 206, 211
세바스찬 베텔, 193, 197, 198, 203
세베 (프랑수아), 91, 115, 120, 123
세이프티 카, 26
섹터 (조디), 115, 120, 130
셸비 (캐롤), 93
소화기, 23
속옷 (드라이버), 23
수지 울프, 199, 200, 224
슈마허 (랄프), 170, 185, 187
슈마허 (미하엘), 16, 149, 153, 159, 164, 165, 167, 170, 173, 175, 184, 187, 193, 195, 200, 201
스웨덴 (F1 지도), 10-11
스위스 (F1 지도), 10-11
스즈카, 12
스털링 모스, 65, 67, 69, 71, 72, 73

스테이크 〈참조: 자우버〉
스튜어트 (재키), 79, 91, 97, 120, 123, 149, 165
스튜어트 (팀), 17, 165 〈참조: 레드불〉
스트롤 (랜스), 206, 215
스트롤 (로렌스), 201, 215
스티어링 휠, 21, 52
스파-프랑코샹, 15
스파이커, 17 〈참조: 애스턴마틴〉
스페인 (F1 지도), 10-11
스폰서 계약, 16
스프린트 편성 주말 포맷, 18-19
시퍼트 (조), 95, 123
신발 (드라이버), 23
신체 훈련, 28-29
실버스톤, 14
싱가포르 (F1 지도), 10-11
써킷의 진화, 53

## ㅇ

아르누 (르네), 139, 141
아르헨티나 (F1 지도), 10
아마티 (지오반나), 163
아부다비 (F1 지도), 10-11
아스카리 (알베르토), 63, 113
아일톤 세나, 127, 131, 135, 137, 142, 145, 148, 149, 151, 155, 159, 162, 164, 167
아제르바이잔 (F1 지도), 10-11
안드레티 (마리오), 113, 117, 120
안전 장비, 22-23
안토니오 아스카리, 63
알도 안드레티, 113
알란 존스, 129, 133, 142
알랑 프로스트, 127, 135, 137, 142, 145, 149, 151, 155, 165, 167
알레시 (장), 161
알렉산더 알본, 213
알론소 (페르난도), 170, 173, 184, 187, 200-201, 203, 207
알베르토 아스카리, 63, 113
알본 (알렉산더), 213
알파로메오 (1950년대 팀), 17, 46, 48-49, 57, 72
알파타우리, 219 〈참조: RB〉
알핀, 17, 173, 218
애드리안 뉴이, 121, 164, 185, 190, 200
애스턴마틴, 17
어바인 (에디), 163
언더웨어 (드라이버), 23
에디 어바인, 163

에디 조단, 153, 155, 165
에머슨 피티팔디, 107, 117, 121
에스테반 오콘, 207, 212
에어로스크린, 191
에이먼 (크리스), 95, 99, 123
에클스톤 (버니), 103, 121, 126, 127, 131, 142, 190-191
엔진, 20, 21, 32, 46, 49, 56, 57, 76, 78, 102-103, 126-127, 143, 148-149, 171, 190, 200, 207, 217, 226, 228
엔초 페라리, 46, 59, 63, 65, 70, 72, 76, 109, 139, 143, 230
엘런 로어, 224
엘리오 데앤젤리스, 140
여성 드라이버, 50, 56, 222, 224-225
연료, 20
연료 탱크, 22
영광이여 영원히 (영화), 230
영국 (F1 지도), 10-11
영 레이서 (영화), 230
옐로우 플랙, 26
옐로우 플랙과 'SC' 표지판, 26
오렌지 볼기, 26
오버럴 (드라이버), 23, 51
오스카 피아스트리, 214
오스트리아 (F1 지도), 10-11
오일기, 26
오콘 (에스테반), 207, 212
왓슨 (존), 140
요헨 린트, 103, 105, 107, 120
운동 에너지 복원 시스템, 171
울프 (수지), 199, 200, 224
워커 (롭), 69, 96, 105
웨버 (마크), 198
윈드 터널, 37
윌리암스 (팀), 16, 17, 42-43, 48-49, 121, 127, 142, 149, 164, 167, 170, 185, 201, 219
윌리암스 (프랭크), 121, 131, 142, 155, 164, 201, 219
윌슨 (데지레), 141
유러피언 그랑프리 (1993), 167
육체적 훈련, 28-29
의류 (드라이버), 23, 50
이탈리아 (F1 지도), 10-11
이탈리아 그랑프리 (1971), 123
익스 (재키), 118, 123
인도 (F1 지도), 10-11
인디애나폴리스, 13
인디카, 34
인터라고스, 13
일본 (F1 지도), 10-11

일본 그랑프리 (2005), 187
임팩트 스트럭쳐, 22

## ㅈ

자끄 빌너브, 155, 157, 181, 184
자동차 설계, 개발, 테스트, 24-25
자우버 (팀), 17, 219
자우버 (피터), 149, 219
장-마리 발레스트레, 126, 127, 143
장갑 (드라이버), 23
장 알레시, 161
장 토드, 165, 170, 190
재규어, 17 〈참조: 레드불〉
재급유 금지, 20
재키 스튜어트, 79, 91, 97, 120, 123, 149, 165
재키 익스, 118, 123
잭 브라밤, 67, 73, 89, 97, 99
저우관유, 216
전기 레이싱 (포뮬러 E), 34
제라르 뒤카루주, 143
제임스 헌트, 109, 111, 121, 230
젠슨 버튼, 171, 179, 184, 185, 187, 201, 203
조단 (에디), 153, 155, 165
조단 (팀), 17, 149, 165, 201 〈참조: 애스턴마틴〉
조디 섹터, 115, 120, 130
조 시퍼트, 95, 123
존 버나드, 127, 142
존 서티스, 87, 96, 97, 99, 129
존스 (알란), 129, 133, 142
존 왓슨, 140
죠지 러셀, 207, 211
중국 (F1 지도), 10-11
쥬세페 파리나, 59
쥴스 비앙키, 191
지도 (그랑프리 개최지), 10-11
지속가능성, 226
지앙카를로 피지켈라, 184, 187
지오반나 아마티, 163
진 하스, 219
질 빌너브, 115, 120, 129, 139, 141, 143
짐 클라크, 79, 83, 85, 91, 93, 96, 99

## ㅊ

채프먼 (콜린), 72, 78, 85, 96, 105, 107, 113, 117, 120, 143, 151
체커드 플랙, 26

최초의 월드 챔피언십 그랑프리, 56
츠노다유키, 216
침투-방지 패널, 22

## ㅋ

카 (애니메이션), 230
카를로스 레우테만, 119
카를로스 사인스, 207, 210
카메라 (드라이버 방향), 23
카본 파이버 모노코크 섀시, 127, 142
카타르 (F1 지도), 10–11
카팅, 32, 33
캐나다 (F1 지도), 10
캐나다 그랑프리 (2011), 203
캐롤 셸비, 93
컨스트럭터, 16, 20, 57
컨스트럭터의 역사 (그래프), 17
컨스트럭터 챔피언 타이틀, 16, 73, 96, 97, 120, 121, 142, 143, 164, 165, 184, 185, 200, 217
케빈 마그누센, 214
케케 로스버그, 133, 142, 159
켄 티렐, 91, 97, 102, 115, 120
코로나19, 206
콜린스 (피터), 70, 75, 81, 85
콜린 채프먼, 72, 78, 85, 96, 105, 107, 113, 117, 120, 143, 151
콩코드 협정, 126, 127
쿠비차 (로버트), 181, 185, 193
쿠퍼 (팀), 48, 57, 67, 73, 78
쿨쌔드 (데이빗), 183, 185
크리스 에이먼, 95, 99, 123
클라크 (짐), 79, 83, 85, 91, 93, 96, 99
클레이 레가조니, 118, 123
키미 라이코넨, 170, 175, 184, 185, 187

## ㅌ

타우라낙 (론), 97
타이어와 휠, 10, 27
탐베 (패트릭), 141, 145
터보-하이브리드 시대, 20, 49, 190, 200, 207, 217, 226
터보차저, 20, 32, 102–103, 143, 190
터키 (F1 지도), 10–11
테스트 (레이스카), 24–25
토니 러드, 96, 120
토니 브룩스, 71, 72
토드 (장), 165, 170, 190
토로로쏘, 17, 219 〈참조: RB〉
토요타, 170, 171, 185, 187

톨먼, 17, 143, 145 〈참조: 알핀〉
톰 프라이스, 129
투어링카, 35
트랙션 컨트롤, 127, 164, 167, 171
트립스 (볼프강 폰), 81, 96
티렐 (팀), 16, 17, 120, 123, 149 〈참조: 메르세데스〉
티렐 (켄), 91, 97, 102, 115, 120
팀 로터스, 17, 48–49, 78–79, 96, 99, 102, 120, 127, 143, 149, 167

## ㅍ

파리나 (쥬세페), 59
파워유닛, 20, 49, 190, 200, 207, 217, 226
파트레제 (리카르도), 162, 167
판 (도리안), 224
판지오 (후안 마누엘), 61, 69, 71, 73, 75
패독, 42–43, 206
패트릭 (대니카), 224
패트릭 탐베, 141, 145
패트릭 헤드, 121, 164
팩토리 〈참조: AMR 기술 캠퍼스〉
페드로 로드리게스, 94
페라리 (팀), 16, 17, 39, 48–49, 57, 72, 75, 78, 96, 120, 123, 143, 149, 165, 170, 184, 185, 190–191
페라리 (엔초), 46, 59, 63, 65, 70, 72, 76, 109, 139, 143, 230
페라리 (영화), 230
페레스 (세르히오), 201, 206, 211
페르난도 알론소, 170, 173, 184, 187, 200–201, 203, 207
페터슨 (로니), 117, 120, 123
펠리페 마싸, 182, 184, 203
포기에리 (마우로), 120
포드 v 페라리 (영화), 89
포르투갈, (F1 지도), 10–11
포뮬러 1, 7, 9, 16–17, 18–19, 36–37, 42–43
포뮬러 E, 34
포뮬러 리저널, 32, 33
포스인디아, 17, 201 〈참조: 애스턴마틴〉
포인트 시스템, 16, 18, 32, 34–35, 56
폴 스튜어트, 165
표준 그랑프리 주말 포맷, 18–19
프라이 (라헬), 224
프라이스 (톰), 129
프랑수아 세베, 91, 115, 120, 123
프랑스 (F1 지도), 10–11
프랭크 윌리암스, 121, 131, 142, 155, 164, 201, 219
프렌첸 (하인츠-하랄드), 163, 165
프로스트 (알랑), 127, 135, 137, 142, 145, 149, 151, 155, 165, 167
프론트 임팩트 스트럭쳐, 22
피로니 (디디에), 139, 141, 143
피아스트리 (오스카), 214
피에르 가슬리, 207, 212, 219
피에르 르베, 65
피지켈라 (지앙카를로), 184, 187
피케 (넬슨), 131, 142, 143, 145
피터 자우버, 149, 219
피터 콜린스, 70, 75, 81, 85
피티팔디 (에머슨), 107, 117, 121
필 힐, 81, 96
핏 스탑, 40–41

## ㅎ

하네스, 23
하스 (팀), 17, 219
하스 (진), 219
하이브리드, 20, 49, 190, 200, 207, 217, 226
하인츠-하랄드 프렌첸, 163, 165
하키넨 (미카), 149, 159, 164, 175, 183
헌트 (제임스), 109, 111, 121, 230
헝가리 (F1 지도), 10–11
헤드 (패트릭), 121, 164
헤드레스트, 23
헤일로, 22, 191
헬멧, 23, 50
호세 프로일란 곤잘레스, 70
호손 (마이크), 65, 69, 70, 75
호주 (F1 지도), 10–11
혼다 (팀), 16, 17, 97, 99, 142, 164, 171, 179, 184, 201
혼다소이치로, 12
화이트 플랙, 26
후안 마누엘 판지오, 61, 69, 71, 73, 75
후안 파블로 몬토야, 170, 183, 185, 187
훈련, 28–29
훌켄버그 (니코), 215
휠 테더, 23, 148
흄 (데니), 89
흑백 반기, 26
힐 (그레이엄), 83, 96, 99
힐 (데이먼), 153, 155, 157, 163
힐 (필), 81, 96

239

### 그랑프리, 그림으로 보는 F1 역사

1판 1쇄 발행 2025년 4월 1일
1판 2쇄 발행 2025년 11월 1일

지은이  윌 벅스턴 · 옮긴이  윤재수
펴낸이  최현우 · 편집  박현규, 김성경, 최혜민
디자인  골든래빗(주) · 조판  SEMO
마케팅  버즈 · 피플  최순주

펴낸곳  골든래빗(주)
등록  2020년 7월 7일 제 2020-000183호
주소  서울 마포구 양화로 186 LC타워 5층 514호
전화  0505-398-0505 · 팩스  0505-537-0505
이메일  erroeta@goldenrabbit.co.kr
홈페이지  www.goldenrabbit.co.kr
SNS  facebook.com/goldenrabbit2020

ISBN  979-11-94383-15-4    03660

* 파본은 구입한 서점에서 바꿔드립니다.

### 우리는 가치가 성장하는 시간을 만듭니다.

골든래빗은 가치가 성장하는 도서를 함께 만드실 저자님을 찾고 있습니다.
내가 할 수 있을까 망설이는 대신, 용기 내어 골든래빗의 문을 두드려보세요.
apply@goldenrabbit.co.kr

이 책은 대한민국 저작권법의 보호를 받습니다.
일부를 인용 또는 재사용하려면 반드시 저자와 골든래빗(주)의 동의를 구해야 합니다.

All rights reserved including the right of reproduction in whole or in part in any form.

**This edition published by arrangement with Ten Speed Press, an imprint of the Crown Publishing Group, a division of Penguin Random House LLC.**